U0117517

·海疆鎖鑰·

故宮檔案與
清代臺灣史研究
（一）

莊 吉 發 著

文 史 哲 學 集 成
文史哲出版社印行

國家圖書館出版品預行編目資料

故宮檔案與清代臺灣史研究 / 莊吉發著. -- 初版. --
臺北市：文史哲,民 108.04
　　冊：　公分. -- (文史哲學集成; 715)
　ISBN 978-986-314-459-5（第 1 冊；平裝 ）
　ISBN 978-986-314-460-2（第 2 冊；平裝 ）
　ISBN 978-986-314-461-8（第 3 冊；平裝 ）
　ISBN 978-986-314-462-5（第 4 冊；平裝 ）

1.清史　2.歷史檔案　3. 臺灣史

655.5　　　　　　　　　　　　108006616

文史哲學集成　　715

故宮檔案與清代臺灣史研究㈠

著　　者：莊　　　　吉　　　　發
出 版 者：文　史　哲　出　版　社
　　　　　http://　w　w　w．l　a　p　e　n．c　o　m．t　w
　　　　　e-mail：lapen@ms74.hinet.net
登記證字號：行政院新聞局版臺業字五三三七號
發 行 人：彭　　　　正　　　　雄
發 行 所：文　史　哲　出　版　社
印 刷 者：文　史　哲　出　版　社
　　　　　臺北市羅斯福路一段七十二巷四號
　　　　　郵政劃撥：16180175 傳真 886-2-23965656
　　　　　電話 886-2-23511028　　886-2-23941774
第 1 冊定價新臺幣四八〇元
民國一〇八年（2019）四　月　初　版
民國一〇九年（2020）二月初版三刷₂

故宮檔案與
清代臺灣史研究

（一）

目　　次

保存於臺北新公園碑林之北門外郭門額「巖疆鎖鑰」

（民國八十一年攝）

《故宮檔案與清代臺灣史研究》

導　讀

　　清宮文物，主要是我國歷代宮廷的舊藏，北平故宮博物院即由清宮遞嬗而來。北平故宮博物院原藏清宮檔案，從民國三十八年（1949）以後，分存海峽兩岸。臺北國立故宮博物院現藏清宮檔案，按照清宮當年存放的地點，大致分為《宮中檔》、《軍機處檔》、《內閣部院檔》、《國史館暨清史館檔》及各項雜檔等五大類。

　　檔案是一種直接史料，發掘檔案，掌握直接史料，就是重建信史的正確途逕。近數十年來，由於清宮檔案的不斷發現及積極整理，充分帶動了清史的研究。

　　臺灣與閩粵內地一衣帶水，明朝末年，內地漢人大量渡海來臺。鄭芝龍等人入臺後，獎勵拓墾，泉、漳等府民人相繼東渡，篳路藍縷，墾殖荒陬，經過先民的慘澹經營，於是提供內地漢人一個適宜安居和落地生根的海外樂土。清聖祖康熙二十三年（1684），清廷將臺灣納入版圖後，繼續保存臺灣的郡縣行政制度，設府治於臺南府城，領臺灣、鳳山、諸羅三縣，並劃歸廈門為一區，設臺廈道，臺灣府隸屬於福建省，開科取士，實施和福建內地一致的行政制度，就是將臺灣作為清朝內地看待，清廷的治臺政策確實有其積極性，對臺灣日後的歷史發

展，影響深遠。清代臺灣史是清史的一部分，清宮檔案的整理不僅帶動了清史研究，同時也帶動了臺灣史的研究。

　　人口的流動，主要是人口因壓力差而產生流動規律。已開發人口密集地區，形成了人口高壓地區，開發中地曠人稀地區，則為人口低壓地區，於是人口大量從高壓地區快速流向低壓地區。臺灣地土膏腴，四時多暄，物產豐富。明朝末葉，內地漢人因避戰亂，而紛紛渡海入臺。荷蘭人佔據臺灣後，由於勞力的需要，而獎勵漢人的移殖，以增加蔗糖的生產。鄭成功實施寓兵於農的政策，更奠定了漢族在臺灣經營的基礎。康熙年間（1662-1722），閩粵地區的流動人口，相繼冒險渡海來臺，發展農業，內地兵糧與民食，多取給於臺灣所產的米穀，臺灣遂成為內地的穀倉。

　　在內地漢人大量移殖臺灣之前，島上雖有原住民分社散處，但因土曠人稀，可以容納閩粵沿海的流動人口。閩粵民人移殖臺灣，對臺灣的開發與經營，具有重大的意義。閩粵內地渡臺民人，起初多春時往耕，秋成回籍，隻身去來，習以為常。其後由於海禁漸嚴，一歸不能復往，其在臺立有產業者，不願棄其田園，遂就地住居，漸成聚落。閩粵移民渡海入臺之初，缺乏以血緣紐帶作為聚落組成的條件，通常是同一條船，或相同一批渡海來臺的同鄉聚居一處，或採取祖籍居地的關係，依附於來自祖籍同姓或異姓村落，而形成了以地緣關係為紐帶的地緣村落。同鄉的移民遷到同鄉所居住的地方，與同鄉的移民共同組成地緣村落。基於祖籍的不同地緣，益以習俗、語言等文化價值取向的差異，大致形成泉州庄、漳州庄及廣東客家庄，以地緣為分界，於是形成了早期的移墾社會。

　　早期臺灣移墾社會裡的地方社會共同體，是以地緣、血緣

和共同利益關係等等因素相互作用下維繫起來的，這種地方社會共同體是屬於一種鄉族組織的共同體，它可以反映清代臺灣移墾社會的組織特徵。其同姓不同宗者，則以泛家族主義的概念合同組成一種宗族式的鄉族組織。至於不同宗又不同姓的異姓結拜組織，也是以泛家族主義的概念結盟拜會，形成一種虛擬宗族的地方社會共同體，可以稱為秘密會黨。在早期臺灣移墾社會裡，秘密會黨的活動，頗為頻繁，結盟拜會，分類械鬥，蔚為風氣，可以反映臺灣移墾社會的特徵。

　　人口的變遷，移墾社會的發展與行政區的調整，關係極為密切。早期渡海來臺的閩粵漢人，主要是從福建沿海對渡臺灣西部海岸，其拓墾方向，主要分佈於臺灣前山平地。清朝將臺灣納入版圖後，設立臺灣府，府治在臺南府城，領臺灣、鳳山、諸羅三縣。雍正元年（1723），將諸羅縣北分設一縣為彰化縣，建縣治於半線，淡水增設捕盜同知一員。新設立的彰化縣，荒地甚廣，可以開墾，徵收賦稅。鳳山縣所轄瑯嶠，地勢險峻，移巡檢於崑麓，開墾生界原住民鹿場。雍正九年（1731），割大甲以北至三貂嶺下遠望坑刑名錢穀諸務，歸淡水同知管轄。乾隆末年，南路鳳山縣城移建埤頭街，將東港下淡水巡檢移駐鳳山舊城。北路斗六門添設縣丞一員，原設巡檢一員移駐大武壟。

　　嘉慶十五年（1810），以遠望坑迤北而東至蘇澳止，計地一百三十里，增設噶瑪蘭通判，並經閩浙總督方維甸奏准開墾。同治十三年（1874），沈葆楨為防列強窺伺而奏請於南路鳳山縣瑯嶠猴洞築城設官，增設恆春縣。隨著移墾重心的向北轉移，以及八里坌、滬尾的開港通商，臺灣北路的行政區劃，亦多調整。光緒元年（1875），沈葆楨設立臺北府。自彰化大

甲溪起至頭重溪止，改設新竹縣，裁去淡水同知；自頭重溪起至中壢，北劃遠望坑為界，改設淡水縣；噶瑪蘭廳改設宜蘭縣，原設通判，移駐雞籠。臺北府治設於大加蚋保的艋舺庄。光緒十一年（1885），中法戰役後，為鞏固臺灣防務，臺灣正式建省。

設立行政中心，是臺灣經營過程中的重要措施。臺灣孤懸外海，缺乏藩籬之蔽，為加強防衛，亟需修築城垣。清初領有臺灣以後，府廳各縣，僅以莿竹木柵環插為城，難以防守。乾隆五十三年（1788），清軍平定林爽文之役以後，福康安等奏請將臺南府城改築土城。雍正元年（1723），諸羅縣城修築土城。林爽文之役以後，諸羅縣改名嘉義縣，縣城按照舊規，加高培厚。嘉慶、道光年間（1796-1850），彰化縣城，改建磚城。鳳山縣城，移回興隆里舊城，改建石城。臺灣建省後，以臺北府城為省會，一方面說明臺灣發展史由南向北的過程，一方面說明臺北地利條件的優越。

臺灣與閩粵內地，一衣帶水，先民絡繹渡臺，篳路藍縷，墾殖荒陬，由於臺灣的自然環境，較為特殊，它孤懸外海，宛如海上孤舟，較易產生同舟共濟的共識。臺灣建省後，正經界，籌軍防，興文教，社會漸趨整合，族群加速融合，地域觀念日益淡化，臺灣終於成為閩粵等內地民人落地生根的海外樂土。劉銘傳等人慘澹經營臺灣的貢獻，確實值得肯定。

歷史學並非單純史料的堆砌，也不僅是史事的整理。史學研究者和檔案工作者，都應當儘可能重視理論研究，但不能以論代史，無視原始檔案資料的存在，不尊重客觀的歷史事實。

庭院深深，清宮檔案可以走出庫房，近年以來，因整理清宮臺灣檔案，出席學術研討會，所發表的論文，多涉及清代臺

灣史研究，雖然只是臺灣史的片羽鱗爪，缺乏系統，不能成一家之言。然而每篇都充分利用第一手史料，不作空論，嘗試整理出版，題為《海疆鎖鑰—故宮檔案與清代臺灣史研究》，錯謬疏漏，在所難免，敬祈讀者不吝教正。本書由國立中正大學博士班林加豐同學、中國文化大學博士班簡意娟同學打字排版，原任駐臺北韓國代表部連寬志先生協助校對，並承文史哲出版社彭正雄先生熱心支持，在此一併致謝。

莊 吉 發 謹 識
二〇一九年四月

《宮中檔》，康熙五十八年四月二十九日，閩浙總督覺羅滿保滿文奏摺

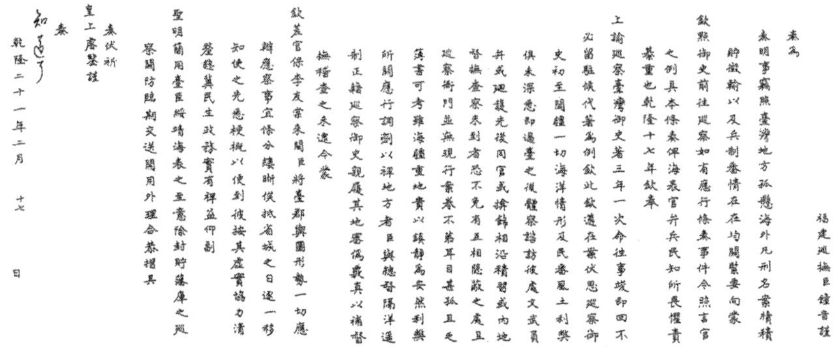

奏

福建巡撫臣鐘音謹

奏為

奏明事竊照臺灣地方孤懸海外凡刑名案牘稽

防欺弊以及兵制奏情在在均關緊要向蒙

欽命御史前往社迴察如有應行條奏保泰事件令兵民分所長懲責

之例具奏保泰如有應行條奏保泰案查乾隆十七年欽奉

上諭巡察臺灣御史三年一次令�'s恩思慮卻四不

必留駐察代署每例欽此欲遣在黃伏思恩察御

史初至閩雖一切海洋情形及民意里利樂

俱未週悉即遣往臺之後體察諸防彼度文武員

并風土迴察官或徐斟相沿積習以內地

督撫臺奏悉心酌者恐不見且相隱版之處且

從奏衛門益奏現行案卷不若耳目昌親且

薄言可考雅海疆重之貴以禹靜為安照則樂

所屬應行調劃以詳地方者臣與穗哥隔洋遠

制正轄即察御史親屬其地臺偏義其以補習

梅條查之未逸心念

聖明俯用臺灣靖海奏之至當除封時陳庫之風

察開防臨期文送閱用外理合恭摺具奏

奏伏祈

皇上廛鑒謹

奏伏祈

知道了

乾隆二十一年二月　十七　日

《宮中檔》，乾隆二十一年二月十七日，鐘音奏摺

諭

福建巡撫臣富綱跪

奏為欽奉

上諭事竊臣四月初七日奉

上諭為歲仲冬該省撫拮將各府的前戶口增減倉穀存

用一摺生員具摺奏阿欽此欽遵

上諭朕以為各督拮拘泥於具奏在民數上之督拮撫拮

愛摺上之諭朕以特披覽之而惠侯也年成重要

而直省偶有保甲之責心共存即於此處為欵

體而力小之毋愿欽此欽遵各署兼蕆屆仲冬

奏報之期欽核本政候逐之益注適欵弱奏特札

隆四十四年奉到廣戶口欵等

奏確保蓋閏到四柱清冊並核對各項急穀實

數分晰造冊呈詳共數目覆查閏的省桾撫等九

府二州並鹽埕洲戶實在土著民戶民丁男

婦大小共二千一百七十七萬二千七百十

七名口又一府二州之茅屁屬撫附名項居民实

大小共二千一百一十又土著此名居民

主兰者民戶大小男游夫女大小共二千二百三十

九名口又二的茅房屁屬撫附名項居民实

奉到部居倉穀數三百三萬九千四百六十八石又

部用省實在居倉穀三百五萬七千四不餘不等

實信待各項欵目逐一送冊報部查核欽具運會同

大學士管行閩的總督臣三寶恭閏合摺具

奏分晰繕造具陳等主

御覽伏祈

皇上廛鑒謹

奏

乾隆四十四年十二月十六日奏

硃批冊发交戶部核此

十二月二八日

《軍機處檔·月摺包》，乾隆四十四年十二月十六日，富綱奏摺錄副

熟等閩浙總督臣楊建鋒巡撫臣徐繼畬跪

奏為查明鳳山縣治移駐埤頭毋庸改建石城與隆舊城亦
無滯呂行分防恭摺覆

奏仰祈

聖鑒事竊查臺灣鳳山縣原建於興隆里地方乾隆五
十一年奏請移駐埤頭抖竹為城嗣因埤頭阻海缺
速又於嘉慶十一年奏請移四興隆舊治旋援奏明
查熙舊城基址移向東北建築石城道光二十
年前督臣劉韻珂渡白閩伍因該縣紳者士庶僉名
呈叩名以興隆里舊城地勢如盂居民苦遷怨以埤
頭作為縣治當查埤頭居民八千餘戶興隆居民不過

五百餘因與隆僻處海陬規模狹隘埤頭地當中
道氣局宏而鳳山文武員弁又向在埤頭駐劄休
冢與情把擾形勢均當以埤頭為鳳山縣治逐會同
臣繕招援前

欽差大臣福康安奏請移縣之糞即將鳳山縣城移駐埤
頭俾免邊移而弊控扼經軍機大臣會同兵部照例核
覆並令將埤頭地方應否改建石城與隆舊城應否另
行分防詳慎妥議次第奏辦等因於道光二十七年

十一月十二日具奏奉

旨依議欽此欽遵轉行到閩當經創韻珂撒行台灣鎮道妥議
籌辦去後茲據台灣鎮呂恒妥台灣道徐宗幹暨同台
灣府裕鐸查明埤頭種竹為城厤時已久根本既極堅
茂技黃亦甚蕃衍其城勘為一軍固宴不下於石城若複
改建碼石城垣則所需工費計甚不費若將興隆原有

石城移建埤頭則多年料物一經拆卸卻又未必全行合
用似不若於竹城之內再行加築土垣籍資捍衛其所
需土垣經營即由該官等自行捐辦無庸勤項至與
隆地方原有巡撫一員北總一千駐劄分防亦無須另
行添設等情移咨到福建慶端與會詳請

奏前來臣查與隆地方原係鳳山舊治此時縣城雖已移駐
埤頭而該處北止海灣防禦之本不便議戴戒情況與
隆與埤頭相距止十五里原建石城既可為本地之保障
且足為埤頭之外衛現在埤頭地方既議捲寨查
明舊有竹城極為堅固堪加築寨土垣即可藉以捍衛
自無須改建石城不必將與隆舊城仍行拆毀
尚可移建埤頭仍責成該縣隨時補種新竹以期日益周密至與隆地方煙
戶水屬無多既有巡撫把總在坡駐劄足資彈壓巡防
目可仍就伤共舊無庸另議辦理惟撫捲加築土垣經費
由該官神等自行捐辦應無煩籌同該縣
妥為勘估趕緊收集不惟稍有扣累亦不得捎任草率
仍於工竣後由該鎮道詳加寨驗收其報陷洛吏二部
外所有查明鳳山縣新疆二城無庸改建分防各緣由理

合恭摺覆

奏伏乞

皇上聖鑒訓示再福建巡撫係臣本任無庸會銜合併陳明謹

奏

咸豐元年二月十一日奉

硃批知道了欽此

沈葆楨留影　同治十三年（1874）

故宮檔案的典藏與整理

——清宮檔案的由來及其概況

　　史料與史學，關係密切，沒有史料，便沒有史學。史料有直接史料和間接史料的分別，檔案是一種直接史料，具有高度的史料價值。歷史學家憑藉檔案，比較公私記載，作有系統的排比、敘述與分析，使歷史的記載，與客觀的事實，彼此符合，始可稱為信史。發掘檔案，掌握直接史料，就是重建信史的正確途徑。近數十年來，由於檔案的不斷發現及積極整理，頗能帶動清代史的研究。

　　清宮文物，主要是我國歷代宮廷的舊藏，故宮博物院即由清宮遞嬗而來。民國六年（1917）七月，張勳復辟，破壞國體，違反清室優待條件。民國十三年（1924）十一月五日，攝政內閣總理黃郛代表民意，修正皇室優侍條件。廢除皇帝尊號，溥儀即日遷出紫禁城，並交出國璽及各皇宮。國務院成立辦理清室善後委員會，以接收清宮，敦聘李煜瀛為委員長。李煜瀛，字石曾，早年赴法留學，並加入革命黨，他深悉巴黎羅浮宮（Louvre）為昔日法國王宮，大革命後改成博物館，返國後即倡議改清宮為博物院，以利中外人士的參觀。同年十一月二十日，李煜瀛正式就職任事，辦理清室善後委員會開始分組點查清宮物品。民國十四年（1925）九月二十九日，因點查工作將次告竣，為遵照組織條例的規定，並執行攝政內閣的命令，辦理清室善後委員會乃籌備成立故宮博

物院。同年十月十日雙十節，在清宮乾清門內舉行開幕典禮，北平故宮博物院正式成立。

　　北平故宮博物院的成立，不僅成為中外人士參觀遊覽之所，其有裨於歷代文物的保全，更是功不可沒。北平故宮博物院成立後，即在圖書館下設文獻部，以南三所為辦公處，開始集中宮內各處檔案。民國十四年（1925）十二月，提取東華門外宗人府玉牒及檔案存放寧壽門外東西院。民國十五年（1926）一月，北平故宮博物院向國務院接收清代軍機處檔案，移存大高殿。同年二月，著手整理軍機處檔案。八月，提取內務府檔案，存放南三所。民國十六年（1927）十一月，改文獻部為掌故部。民國十七年（1928）六月，掌故部接收東華門內清史館。民國十八年（1929）三月，改掌故部為文獻館。同年八月，著手整理宮中懋勤殿檔案及內務府檔案。九月，接收清代刑部檔案，移存大高殿。十月，清史館檔案移存南三所。十一月，清史館起居注冊稿本移存南三所。十二月，著手整理清史館檔案；壽皇殿方略移存大高殿。民國十九年（1930）三月，提取實錄庫所存漢文實錄及起居注冊，移存大高殿。同年六月，清理皇史宬實錄。八月，整理乾清宮實錄。民國二十年（1931）一月，著手整理內閣大庫檔案。

　　九一八事變後，華北局勢動盪不安，為謀文物的安全，北平故宮博物院決定南遷。民國二十一年（1932）八月，文獻館所保存的各種檔案物件，開始裝箱編號。十一月，北平故宮博物院改隸行政院。民國二十二年（1933）二月六日起，文物分批南遷上海。民國二十三年（1934）十月二日，公佈修正國立北平故宮博物院組織條例。民國二十五年（1936）八月，南京朝天宮庫房落成。十二月八日，文物由上海再遷

南京朝天宮。七七事變發生後，文物疏散後方，分存川黔各地。抗戰勝利後，文物由後方運回南京。

　　民國三十七年（1948）十二月，徐蚌戰事吃緊，北平故宮博物院與南京中央博物院籌備處決議甄選文物精品，分批遷運臺灣。民國三十八年（1949），遷臺文物存放於臺中北溝。同年八月，北平故宮博物院、中央博物院籌備處等單位合併組織聯合管理處。民國四十四年（1955）十一月，改組為國立故宮中央博物院聯合管理處。民國五十年（1961），行政院在臺北市郊士林外雙溪為兩院建築新廈。民國五十四年（1965）八月，新廈落成，行政院公佈國立故宮博物院管理委員會臨時組織規程，明定設立國立故宮博物院，將中央博物院籌備處文物，暫交國立故宮博物院保管使用。新址為紀念孫中山先生百歲誕辰，又稱中山博物院。同年十一月十二日，正式開幕。

　　民國三十八年（1949）一月，大陸文管會接收北平故宮博物院，以後改稱北京故宮博物院。民國四十年（1951）五月，文獻館改稱檔案館，將原管圖書、輿圖、冠服、樂器、兵器等移交北京故宮博物院保管部，從此，檔案館成為專門的明清檔案機構。民國四十四年（1955）十二月，檔案館移交檔案局，改稱第一歷史檔案館。民國四十七年（1958）六月，第一歷史檔案館改名為明清檔案館。民國四十八年（1959）十月，明清檔案館併入中央檔案館，改稱明清檔案部。民國六十九年（1980）四月，明清檔案部由國家檔案局接收，改稱中國第一歷史檔案館。

　　北平故宮博物院原藏明清檔案，從民國三十八年（1949）以後，分存海峽兩岸。北平故宮博物院文獻館南遷的明清檔

案，共計 3773 箱，其中遷運來臺，現由國立故宮博物院典藏者，計 204 箱，共約四十萬件冊。北京中國第一歷史檔案館現藏明清檔案，共 74 個全宗，一千餘萬件。其中明代檔案只有三千多件，以清代檔案佔絕大多數。從時間上看，包括滿洲入關前明神宗萬曆三十五年（1607）至入主中原清朝末年宣統三年（1911），此外還有溥儀退位後至民國二十九年（1940）的檔案。從所屬全宗看，有中央國家機關的檔案，有管理皇族和宮廷事務機關的檔案，有軍事機構的檔案，有地方機關的檔案，也有個人全宗的檔案。從檔案種類和名稱來看，其上行文書、下行文書、平行文書及特定用途的文書包括：制、詔、誥、敕書、題、奏、表、箋、咨、移、札、片、呈、稟、照、單、函、電、圖、冊等等。從文字上看，絕大部分是漢文檔案，其次是滿文及滿漢合璧檔案，此外也有少量的外交檔案及少數民族文字檔案。

臺北國立故宮博物院現藏清代檔案，按照清宮當年存放的地點，大致可以分為《宮中檔》、《軍機處檔》、《內閣部院檔》、《史館檔》及各項雜檔等五大類。從時間上看，包括明神宗萬曆三十五年（1607）至清宣統三年（1911）的清朝官方檔案，此外還有少量宣統十六年（1924）的檔案。從文字上看，絕大部分是漢文檔案，其次是滿文檔案，此外也含有少量藏文、蒙文、回文等少數民族文字檔案。從文書的性質看，有上行文書、下行文書、平行文書等，亦可謂品類繁多。

《宮中檔》的內容，主要是清代歷朝君主親手御批及軍機大臣奉旨代批的奏摺及其附件。此外，諭旨的數量，亦相當可觀。從時間上看，主要包括康熙朝中葉至宣統末年。按照書寫文字的不同，可以分為漢文奏摺、滿文奏摺及滿漢合

璧奏摺。清初本章，沿襲明代舊制，公事用題本，私事用奏本，公題私奏，相輔而行。康熙年間採行的奏摺是由明代奏本因革損益而來的一種新文書。定例，督撫等題奏本章均須投送通政使司轉遞內閣，奏摺則逕呈御覽，直達天聽，不經通政使司轉遞。奏本與題本的主要區別，是在於文書內容的公私問題，奏摺則相對於傳統例行文書的缺乏效率及不能保密而言，不在內容公私的區別。凡涉及機密事件，或多所顧忌，或有滋擾更張之請，或有不便顯言之處，或慮獲風聞不實之咎等等，俱在摺奏之列。奏摺在採行之初，一方面可以說是皇帝刺探外事的工具，一方面則為文武大臣向皇帝密陳聞見的文書。臣工進呈御覽的奏摺，以硃筆批諭發還原奏人。皇帝守喪期間，改用墨批。同治皇帝、光緒皇帝都以沖齡即位，他們親政以前，都由軍機大臣奉旨以墨筆代批，而於守喪期間，改用藍批。因御批奏摺，以硃批者居多，所以習稱硃批奏摺。康熙皇帝在位期間，奏摺奉御批發還原奏人後，尚無繳回內廷的規定。雍正皇帝即位以後，始命內外臣工將御批奏摺查收呈繳，嗣後繳批遂成定例。御批奏摺繳還宮中後，貯存於懋勤殿等處，因這批檔案原先存放於宮中，所以習稱為《宮中檔》。

軍機處開始設立的名稱叫做軍需房，是由戶部分設的附屬機構，其正式設立的開始時間是在雍正七年（1729）。其後，名稱屢易，或稱軍需處，或稱辦理軍需處。雍正十年（1732）辦理軍機事務印信頒行後，因印信使用日久，遂稱辦理軍機事務處，習稱辦理軍機處，簡稱軍機處。雍正十三年（1735）八月二十二日，雍正皇帝崩殂，乾隆皇帝繼承大統，以總理事務王大臣輔政。同年十月二十九日，乾隆皇帝以西北兩路

大軍已經撤回，故諭令裁撤辦理軍機處，總理事務處遂取代了辦理軍機處。由於準噶爾的威脅並未解除，軍務尚未完竣，軍機事務仍需專人辦理。乾隆二年（1737）十一月，因莊親王允祿等奏辭總理事務，乾隆皇帝即下令恢復辦理軍機處的建置，並換鑄銀印。軍機大臣以內閣大學士及各部尚書、侍郎在辦理軍機處辦事或行走，而逐漸吸收了內閣或部院的職權，其職掌範圍日益擴大，它不僅掌戎略，舉凡軍國大計，莫不總攬，逐漸取代了內閣的職權，國家威命所寄，不在內閣，而在辦理軍機處。國立故宮博物院現藏《軍機處檔》，主要分為月摺包和檔冊兩大類。月摺包主要為《宮中檔》奏摺錄副存查的抄件及原摺的附件如清單、圖冊等等，其未奉御批的部院衙門奏摺，或代奏各摺，則以原摺歸檔，俱按月分包儲存，稱為月摺包。國立故宮博物院現藏月摺包始自乾隆十一年（1746）十一月，迄宣統二年（1910）七月。除月摺包外，各種檔冊的數量，亦相當可觀。依照現藏檔冊的性質，大致可以分為目錄類、諭旨類、專案類、奏事類、記事類、電報類等六大類，主要為軍機處分類彙抄經辦文移的檔冊。

　　皇太極在位期間，積極倣效明朝政治制度。天聰三年（1629）四月，設立文館，命儒臣繙譯漢字書籍，並記注滿洲政事。天聰五年（1631）七月，設吏、戶、禮、兵、刑、工六部。天聰十年（1636）三月，改文館為內國史、內秘書、內弘文三院，各置大學士、承政、理事官等員。順治十五年（1658）七月，內三院更名內閣，其大學士加殿閣大學士，別置翰林院，軍國機要，綜歸內閣。自從雍正年間設立辦理軍機處後，內閣權力雖然漸為辦理軍機處所奪，但它承辦例行刑名等政務的工作，並未輕減，所保存的文獻檔案，亦極

可觀。徐中舒撰〈內閣檔案之由來及其整理〉一文已指出,「清代內閣在雍乾以前為國家庶政所自出之地,在雍乾以後猶為制誥典冊之府,所存檔案,都是當時構成史蹟者自身的敘述。雖不免帶些官家的誇張,究竟還是第一等的史料。」國立故宮博物院現藏內閣部院檔,大致可以分為五大類:第一類,是內閣承宣的文書,如詔書、敕書、誥命等;第二類,是帝王言動國家庶政的當時記載,如起居注冊、六科史書等;第三類,是官修書籍及其文件,如滿漢文實錄等;第四類,是內閣日行公事的檔冊,如上諭簿、絲綸簿、外紀簿等;第五類,是盛京移至北京的舊檔,如《滿文原檔》等,各類檔案都可說是直接史料。

　　史館檔包括清朝國史館及民國初年清史館的檔案。清代的國史館,設在東華門內,成為常設修史機構,附屬於翰林院。民國三年(1914),國務院呈請設立清史館,以修清史。史館檔的內容,主要為紀、志、表、傳的各種稿本及其相關資料。

　　清朝檔案的整理出版,早在清代就已開始。雍正十年(1732),雍正皇帝特檢歷年批發的奏摺,命內廷詞臣繕錄校理,付諸剞劂,彙成數帙,即頒賜在廷群臣及外任文武臣工。惟工未告竣,雍正皇帝已崩殂。乾隆皇帝即位後,就雍正皇帝檢錄已定的御批奏摺,彙著為目,於乾隆三年(1738)刊印成書,計十八函,共一百一十二冊,冠以雍正皇帝硃筆特諭,殿以乾隆皇帝後序,稱《世宗憲皇帝硃批諭旨》,簡稱《硃批諭旨》,其內容主要是雍正朝外任官員二百二十三人繳還宮中的硃批奏摺、硃批旨意及硃筆特諭。《硃批諭旨》所選刻的奏摺,不過佔雍正朝奏摺總數的十之二、三而已。且其所刊

奏摺，不僅格式與原摺有出入，奏摺內容亦經刪略，硃批旨意，尤多潤飾，而相對減低其史料價值。北平故宮博物院成立後，文獻館先後出版《史料旬刊》、《文獻叢編》、《掌故叢編》、《清代文字獄檔》、《掌故拾零》、《大清太祖武皇帝實錄》等書。民國五十四年（1965），國立故宮博物院在臺北正式恢復建置以來，即積極進行檔案的整理工作。首先著手《宮中檔》的整理編目工作，將奏摺按具奏年月日的順序編排，在原摺尾幅背面鈐蓋登錄號碼，此即件數號碼。編號既定，然後摘錄事由，填明年月日及具摺人官職姓名，先填草卡，經核校後，再繕正卡，並編製具奏人姓名索引及分類索引。《宮中檔》編目工作告竣後，又賡續軍機處月摺包的編目工作，以奉硃批日期的順序排列，亦在每件尾幅背面鈐蓋登錄號碼，亦即件數號碼，先編草卡，再繕正卡，除登錄硃批年月日、官銜、姓名及事由外，另填明原摺具奏年月日，以便查檢原摺，並編製具奏人姓名索引。至於檔冊的編目，則按編年體分類編目。為便於提件翻檢各類檔案，國立故宮博物院另編輯出版《國立故宮博物院清代文獻檔案總目》、《國立故宮博物院藏清代文獻傳包傳稿人名索引》各一冊，標列檔冊名稱，現存年月及冊數。《史館檔》傳包、傳稿，亦標明姓名及編號，便於借閱提件。為便利中外學人的研究，國立故宮博物院計畫將院藏清代檔案陸續影印出版。民國五十八年（1969）八月，出版《舊滿洲檔》十巨冊。民國五十九年（1970）七月，出版《大清太祖武皇帝實錄》漢文本四卷。同年十月，出版《袁世凱奏摺專輯》八冊。民國六十年（1971）十二月，出版《年羹堯奏摺專輯》三冊。民國六十二年（1973）六月起出版《宮中檔光緒朝奏摺》二十六輯。民國六十五年（1976）

六月起出版《宮中檔康熙朝奏摺》九輯。民國六十六年（1977）十一月起出版《宮中檔雍正朝奏摺》三十二輯。民國七十一年（1982）五月起出版《宮中檔乾隆朝奏摺》七十五輯。民國八十二年（1993）十一月，出版《先正曾國藩文獻彙編》八冊。民國八十三年（1994）十月，出版《清宮月摺檔臺灣史料》八冊。民國八十五年（1996）十月，出版《清宮諭旨檔臺灣史料》六冊。民國八十七年（1998）十月，出版《清宮廷寄檔臺灣史料》三冊。各輯俱將諭旨、奏摺、清單等按照年月日先後編次影印出版，分冠簡目，標明日期，具奏人官銜姓名及事由，頗便於查閱。為便於中外學人了解現藏檔案概況，又先後出版《故宮檔案述要》、《故宮臺灣史料概述》等指南性質的專書。近數十年來，海內外學人利用國立故宮博物院現藏檔案撰寫完成的專書及學位論文，已指不勝屈。展望未來，必將有更豐碩的研究成果。

　　國立故宮博物院典藏清代檔案中，含有頗豐富的臺灣史料，尤以宮中檔、軍機處檔、史館檔傳稿最值得重視。奏摺抄件及其原件中頗多涉及臺灣史的資料，例如閩浙總督、福建巡撫、福州將軍、福建布政使、福建水師提督、福建臺灣鎮總兵官、巡視臺灣監察御史、巡視臺灣給事中等人的摺件，奏報臺郡事宜者頗多。

諭旨檔臺灣史料的價值

　　國立故宮博物院現藏清代檔案，除《宮中檔》硃批奏摺及《軍機處檔》月摺包的件數較多以外，各類檔冊的數量，亦相當龐大。在各類檔冊之中，又以諭旨類的檔冊為數較多。

　　諭旨是皇帝曉諭臣民的一種文書。清代諭旨，名目繁多，性質不同。據《欽定大清會典》記載：「凡特降者為諭；因所

奏請而降者為旨；其或因所奏請而即以宣示中外者亦為諭。其式，諭曰內閣奉上諭，旨曰奉旨，各載其所奉之年月日。」諭旨就是指上諭和聖旨，其中由皇帝特降的，稱為上諭；凡須宣示全國臣民的，也叫做上諭，以內閣的名義頒降，並冠以「內閣奉上諭」字樣；凡因臣工奏請批示而頒降的，稱為旨，也叫做奉旨，都須書明所奉諭旨的年月日。內閣奉上諭又稱為明發上諭，簡稱明發。由軍機大臣擬寫的諭旨，述旨發下後交兵部由驛站馳遞，不經內閣傳抄，這類諭旨稱為寄信上諭，簡稱寄信，也叫做字寄。因軍機處在內廷隆宗門內，寄信上諭既由內廷發下，所以又習稱廷寄。

　　國立故宮博物院現存各類檔冊之中，諭旨類的檔冊，數量頗多。依照各類檔冊的來源，大致可以分為兩大類：一類是內閣的上諭簿；一類是軍機處的各類諭旨檔冊。依照檔冊的規格形式，可以分為方本上諭檔和長本上諭檔。依照諭旨的文書性質，可以分為明發上諭檔、寄信上諭檔、譯漢上諭檔及兼載各類諭旨的上諭檔。

　　兼載各類諭旨的上諭檔，其簿冊規格，形似方本，為便於區別，習稱方本上諭檔，是軍機處的重要檔冊。國立故宮博物院現存軍機處方本上諭檔始自乾隆朝，每季一冊，或二冊。嘉慶朝以降，每月增為一冊，全年十二冊，閏月另增一冊，現存各朝方本上諭檔，雖有闕漏，但其數量卻佔各類檔冊中的多數。

　　軍機處設於雍正七年（1729），稱為軍需房，是由戶部分設的附屬機構，其主要職掌是清廷用兵於準噶爾而密辦軍需。雍正皇帝崩殂後一度裁撤，乾隆二年（1737），軍機處恢復建置，威權日隆，軍機大臣又以大學士及各部尚書、侍郎

在軍機處行走，而逐漸吸收了內閣或部院的職權，其職責範圍日益擴大，軍機處遂由戶部的分支演變成為獨立的中央政治機構。其後不僅掌戎略而已，舉凡軍國大計，莫不總攬，於是逐漸取代了內閣的職權，成為清廷政令所自出之處。

軍機處方本上諭檔所抄錄的文書種類較多，主要為：寄信上諭、明發上諭、硃筆特諭、奉旨、傳諭、敕諭、軍機大臣奏稿及奏片、咨文、知會、箚文、供詞、清單等等，品類繁多。撰擬諭旨是軍機處的主要職掌，明發上諭即內閣奉上諭，例應由內閣大學士撰擬，自乾隆初年以來，不僅寄信上諭由軍機大臣撰擬，即內閣奉上諭或奉旨事件，亦由軍機大臣撰擬。

林爽文起事以後，軍機處曾就林爽文一案，將往返文移抄錄成冊，稱為《臺灣檔》，是屬於軍機處專案類的檔冊，習稱專案檔。這類檔冊是以事為綱，逐日抄繕，然後按年月裝訂成冊，其每一種檔冊，僅關一類之事，並不雜載。臺北國立故宮博物院整理檔冊時，將臺灣專案檔歸入方本上諭檔內，以致軍機處專案檔內獨缺臺灣檔。清軍平定林爽文的起事，義民有不世之功。清廷為鼓舞義民，乾隆皇帝親書匾額，令福康安等描摹賞賜義民村莊，方本上諭檔亦記載匾額名稱，其中廣東客家莊賞給褒忠匾額，泉州莊賞給旌義匾額。因諸羅縣義民堅守城池，被圍困數月之久，仍能保護無虞，乾隆皇帝認為「該處民人，急公嚮義，眾志成城，應錫嘉名，以旌斯邑。」乾隆五十二年 C 十一月初二日，方本上諭檔記載軍機大臣遵旨更定諸羅縣名，擬寫：嘉忠、懷義、靖海、安順四名，進呈御覽，恭候硃筆點出，以便寫入諭旨。乾隆皇帝就「嘉忠」與「懷義」二名中，各取一字，而定名為嘉

義，取嘉獎義民之義。十一月初三日，正式頒降諭旨，將諸
羅縣改為嘉義縣。

　　清軍平定林爽文後，福康安將林爽文部眾所使用的武器
解送軍機處。乾隆五十三年（1788）七月初十日，方本上諭
檔記載軍機處奉旨將福康安解送的盔、甲、刀、矛等件，除
竹盔、紙甲交學藝處外，其餘鐵尖、竹弓二張，撒袋連箭二
付，半截刀二把，撻刀二枝，鉤鐮刀二枝，牛角叉二枝，三
角叉二枝，竹篙矛二枝，竹篙鎗二枝，鳥鎗二桿，炮二個，
於北京紫光閣及熱河避暑山莊萬壑松風閣每樣各貯一件，此
外竹藤牌一面，貯放於紫光閣，皮藤牌一面，貯放於萬壑松
風閣。由前列名目，可以說明乾隆年間臺灣地區所使用的武
器已經引起清廷的重視。

　　人類體質外表的差異，不是造成道德和智力懸殊的原
因。我國歷代以來，就是一個多民族的國家，我國的歷史文
化，是各民族共同創造的。由於生活環境的不同，各少數民
族都擁有保持自己獨特風俗習慣及發展自己長久使用語文的
自由權利。官書檔案對臺灣原住民的稱呼，多使用「生番」
字樣，但並無歧視的含意。為了求其客觀，今後可採用「內
山原住民」，或「生界部落」等字樣。內山原住民對平定林爽
文起事，曾作出貢獻。清軍平定亂事後，臺灣內山原住民屋
鰲總社華篤哇哨等大小首領共七名，阿里山總社阿吧哩等大
小首領共九名，大武壠總社樂吧紅等大小首領共六名，傀儡
山總社加六賽等大小首領共八名，奉旨入京覲見，方本上諭
檔將各大小首領、通事、社丁名字逐一記錄下來，留名後世，
可供鉤考史實。各社大小首領在京師瞻覲期間，乾隆皇帝分
別在西廠小金殿、重華宮、紫光閣等地筵宴，並賞賜物件，

方本上諭檔詳載軍機大臣擬賞物件清單。其中布疋衣帽清單，主要包括：回子花布、紅花氆氌、彩色布、印花布、八絲緞、五絲緞、綾、騷鼠帽、官用緞面灰鼠皮補褂、羊皮蟒袍、袖襖、緞靴、布襪、絲線帶手巾、紅氈大褂等。所賞食物清單，包括：鹿、豬、羊、麂子、野雞、魚、掛麵、小棗、哈密瓜乾、磚茶、鹽、糖、煙等物。在賞賜物件清單中還包括各種珍玩器物，如：磁器、玻璃器、螺鈿匣、鼻煙壺、鼻煙等等。乾隆五十五年（1790）七月十六日，方本上諭檔記載臺灣內山原住民進貢給乾隆皇帝的貢單，包括：「胎鹿皮一百張，豹皮四十張，番錦一百疋，千年藤五匣，沙連茶五匣。」七月十七日，方本上諭檔記載賞給內山原住民十二名每名「漳絨一疋，五絲緞一疋，綾一疋，皮漆碗一個，火鐮一把，磁鼻煙瓶一個。」七月十九日，方本上諭檔記載賞給內山原住民首領十二名每名磁盤一件，磁碗一件，漆茶盤一件。以上清單是探討清代族群融和及清廷民族政策的重要文獻，值得重視。

　　方本上諭檔抄錄頗多軍機大臣的奏稿，各式奏稿，多屬於軍機大臣遵旨會議覆奏事件。例如福康安在兩廣總督任內曾具奏〈捕盜章程並現辦巡緝事宜〉一摺，於乾隆五十四年（1789）八月初一日奉旨：「軍機大臣會同核議具奏」。軍機大臣和珅等即遵旨閱看原摺，並會同酌核，逐條分析，議覆呈覽。八月初十日，奉旨：「依議」。方本上諭檔詳載軍機大臣議覆奏稿，為了便於說明史料價值，僅就其中偷渡臺灣問題，節錄於後。福康安原奏稱：

> 粵閩洋面，毗連兩省，無籍貧民，以臺灣地方膏腴，
> 往往私行偷渡，現在實力稽查，數月以來，節據澄海

縣拏獲大埔縣民黃非等五名，又該營盤獲大埔縣民陳
阿為等三名，又拏獲海陽縣民陳阿趣等七名。先後飭
縣審訊，均係無業貧民，因有親屬在臺灣耕種，欲往
相依。當照偷渡未成本例杖責遞籍，嚴行管束。又據
海門營拏獲潮陽縣偷渡民人周淑加等十名，訊係縣民
陳志儀招攬同往臺灣尋覓生理，陳志儀上岸，未知去
向等供。現飭該縣將已獲各犯切實嚴審，並速拏陳志
儀到案，嚴行究辦。

軍機大臣針對偷渡一款，議定：「查閩粵無業貧民偷渡臺
灣向來設有例禁，且臺匪甫於上年搜捕淨盡，更宜嚴加防範，
剷除萌孽，以絕奸民滋事之端，現獲各犯，固應嚴審，照例
定擬，嗣後尤須嚴切示禁，諄飭各守口員弁等實力稽查，無
稍疎懈。」軍機大臣認為無業貧民偷渡臺灣，是奸民滋事之
端，必須嚴禁。

軍機大臣會議覆奏時，必須閱看原奏，斟酌核議，其議
覆奏稿，例應節錄原奏內容。因此，方本上諭檔所抄錄的奏
摺，就可以補充《宮中檔》硃批奏摺及《軍機處檔‧月摺包》
奏摺錄副的缺漏。例如閩浙總督覺羅伍拉納等具奏〈籌議設
立官渡事宜〉一摺，於乾隆五十四年（1789）十二月初一日
具奏發文，原摺計約一千二百餘字。同年十二月二十一日奉
硃批：「軍機大臣會該部議奏速行。」十二月二十四日，軍機
大臣等議覆具奏。方本上諭檔抄錄軍機大臣奏稿全文，對照
覺羅伍拉納原摺，可知軍機大臣奏稿節錄了原摺大部分的內
容，連同議覆文字，合計約一千六百餘字，保留了覺羅伍拉
納奏摺的重要原文，倘若硃批奏摺或奏摺錄副缺漏時，即可
查閱方本上諭檔。覺羅伍拉納原奏已指出，從福建渡海來臺，

其渡海正口，共設三處，如泉州府屬廈門，與臺灣鹿耳門對渡，蚶江則與鹿仔港對渡，五虎門則與淡水八里坌對渡。凡商船貨物，並搭載民人出口，俱責成福防、廈防、蚶江三廳管理，會同守口汛弁驗放。船隻抵達臺灣入口，又責成淡防、臺防、鹿港三廳會同營員稽查，其餘沿海口岸，一概不許船隻私越。淡水八尺門、彰化海豐港、嘉義虎尾溪、鳳山竹仔港等處，可容小船出入，亦經添撥汛防駐守，訪拏辦理，但偷渡積弊，仍復年辦年有，其主要原因，就是由於官渡必須給照，難免守候稽延，一經胥役之手，不無掯索留難等弊。若由正口赴商船搭載，每名索取番銀四、五圓不等，其價較昂。遂有積慣船戶、客頭於沿海小港私相招攬，每人不過番銀二、三圓，即可登舟開駕。因此，覺羅伍拉納奏請凡遇客民請照赴臺，該管廳員查驗屬實，立即給予執照。同時酌定船價，商船搭載民人，如由廈門至鹿耳門，更程較遠，每名許收番銀三圓，由南臺至八里坌，蚶江至鹿仔港，更程較近，每名只許收番銀二圓。軍機大臣等悉心會議，立定章程，使「渡海民人既無慮給照之留難，又得省搭載之繁費。」雖然未能永杜偷渡的弊端，然而軍機大臣奏稿對研究渡臺禁令沿革等問題，卻提供了第一手的原始資料。

　　一九九一年六月，北京中國第一歷史檔案館整理《乾隆朝上諭檔》，共十八冊，由檔案出版社出版，各冊都含有部分臺灣史料，可補國立故宮博物院現藏上諭檔的缺漏。民國八十五年（1996）十月，國立故宮博物院整理出版《清宮諭旨檔臺灣史料》，共三冊。民國八十六年（1997）十月，續出三冊。所選各件史料，均與清代臺灣史有關，取材於院藏方本上諭檔、長本上諭檔、木刻本上諭檔。內含明發上諭、寄信

上諭、奉旨、軍機大臣奏稿、清單、供詞等，均依年月先後排列，屬於編年體的史料彙編，對清代臺灣史研究，提供可信度較高的珍貴直接史料。

口供史料的評估與運用

　　口供是一種直接史料，具有較高的史料價值，口供散見於各類檔案中，《宮中檔》硃批奏摺含有口供的摘要，《軍機處檔・月摺包》含有供單，各類檔冊含有供詞筆錄，都是當事人的口述歷史，本文僅就清朝前期臺灣民變事件各要犯口供舉例說明。

　　朱一貴是福建漳州府長泰縣人，兄朱勤，朱一貴居次，弟朱萬。朱一貴渡海來臺後，寄居羅漢內門。康熙五十三年（1714），朱一貴在臺灣道衙門充當夜不收。他告退以後，在大目丁地方，向民人鄭九賽租種田地度日。康熙五十九年（1720），臺灣府知府王珍攝理鳳山縣事務，令其次子徵糧，折銀繳納，百姓怨恨，康熙六十年（1721），朱一貴聚眾起事，南北兩路，紛起響應，這是康熙年間臺灣最大規模的一次反清運動。朱一貴起事失敗被捕後，解送北京，經刑部會同都察院、大理寺審訊，錄有朱一貴供詞。中央研究院歷史語言研究所出版的《明清史料》中含有朱一貴原供，但脫漏殘闕之處頗多，為了便於對照，將原供照錄於下：

　　　　我係漳州府長泰縣人，今年三十三歲，我母李氏，兄朱勤，弟朱萬，俱現在家，我並無妻子。康熙五十三年，我到臺灣道衙門當夜不收。後我告退，在大目□□□□□民人鄭九賽田地度日。去年知□□□□□□□山縣事務，他不曾去，令伊次子□□□□□□間要糧，每石要折銀七錢二分，百□□□□□眾人俱各含怨。

續因地震，海水泛漲，眾百姓合夥，謝神唱戲。知府王珍又令伊次子去說百姓無故拜把，拿了四十餘人監禁。又拿了砍竹的二三百人，將給錢的放了，不給錢的責四十板，俱逐過海，攆回原籍。又民間耕牛每隻給銀三錢打印子，方許使喚，不給銀，即算私牛，不許使喚。每座糖磨舖要銀七兩二錢，方許開舖。又向來米隆砍藤人俱勒派抽分，騷擾民間。因此，今年三月內李勇、鄭定瑞等會合到羅漢□管□□舍庄屯之黃殿家內尋我去。我向□□□□□地方官種種騷擾，百姓受不過，眾□□□□姓朱，聲揚我是明朝後代，順我者必□□□□定散了。至四月十九日，我帶領李勇、吳外、鄭定瑞等到黃殿庄上，我們五十二人拜了把，我們各自會人，得了一千餘人。我們砍竹為尖鎗，旗旛上書寫「激變良民大明重興大元帥朱」字樣。二十一日，杜君英夥內楊來、顏子京執旗二竿來向我說檳榔林管施仁舍庄屯廣東之杜君英在南路淡水會了他們一處種地傭工人等要打搶臺灣倉庫，在檳榔林地方聚集如□□會我，我同李勇等曉諭眾人隨豎旗拜□□□三日，我的人在崗山下駐扎，臺灣府發□□□五百，拿了十竿旗纛與我們打仗，被我□□□，得了他們鳥鎗、藤牌等械十數件，不知□□□字，我們掣了兵。傍晚時遊擊周應龍帶領□□番子前來，甚是驍勇，我們奪了元交，有村庄藏躲居住，楊來、顏子京與周應龍戰敗帶了他帶來的人投杜君英去了。周應龍傳諭殺賊首領一名，賞銀五十兩，殺賊一名，賞銀三兩。因此，番子殺了良民四人，放火燒死八人。因此，百姓

懼怕，投順我們有二萬餘人。二十五日，因下雨不曾
打仗。二十六日，周應龍之兵在赤山敗□□君英。二
十七日，杜君英我們兩路夾攻，殺□□應龍兵丁。周
應龍隻身敗出後，聽說杜□□□人在宛大江口地方與
參將苗景龍兵□□□取了南路營，將苗景龍殺死，手
下兵丁□□□備馬定國自盡。二十八日，我們在崗山
下札營。二十九日，住了一日。三十日，總兵歐陽凱
帶領一千餘兵，副將許雲、遊擊游崇功等也帶一千來
兵在春牛堡排列設砲，向我們交戰。水營副將兵丁打
仗利害，又放大砲，我們人數雖眾，兵器缺少，因此，
不曾交戰。五月初一日，我同杜君英合夥，我們數萬
人將總兵兵丁四下圍住□殺進去，總兵兵丁內亂，一
麾下外委把總□□勇將總兵官殺死，兵丁俱各奔散，
杜君英□□臺灣府佔了道裡衙門，並倉庫，我帶領（下
缺）[1]。

由前引供詞內容，可知朱一貴起事的主因是由於臺灣府知府
次子到鳳山縣徵糧，每石要折銀七錢二分；監禁謝神唱戲的
百姓，逮捕砍竹的二、三百人，將給錢的放了，不給錢的責
打四十板；民間耕牛每隻給銀三錢打印子，方許使喚；每座
糖磨要銀七兩二錢，方許開舖；米隆砍藤人俱勒派抽分。官
府苛捐雜稅，騷擾民間。朱一貴以地方官種種擾民，百姓已
經忍無可忍，於是起兵誅殺貪官污吏。朱一貴原供對探討臺
灣民變事件，提供了珍貴的資料。乾隆五十一年（1786）十
一月，林爽文起事以後，軍機大臣遵旨將朱一貴聚眾抗官一

1　《明清史料》（臺北，維新書局，民國 61 年 3 月）戊編，第 1 本，
　　頁 21，朱一貴供詞。

案相關卷宗調取查閱。軍機大臣將其中紅本即題本查出後摘敘略節清單，並將閩浙總督覺羅滿保、提督施世驃、總兵官藍廷珍等列傳副本進呈御覽。國立故宮博物院典藏乾隆朝《臺灣檔》抄錄了朱一貴的供詞，其內容如下：

> 我係漳州府長泰縣人，康熙五十三年，我到臺灣道衙門當夜不收。後我告退，在大目丁地方種地度日。去年知府王珍攝理鳳山縣事，他不曾去，令伊次子去收糧，每石要折銀七錢二分，百姓含怨。續因海水泛漲，百姓合夥謝神唱戲。伊子說眾百姓無故拜把，拏了四十餘人監禁，將給錢的放了，不給錢的責四十板，又勒派騷擾不已。因此，今年三月內，有李勇等尋我去說，如今地方官種種騷擾，眾心離異，我既姓朱，聲揚我是明朝後代，順我者必眾，以後就得了千數餘人，要打搶臺灣倉庫，臺灣府發官兵四五百與我們打仗，被我們殺敗。傍晚時，遊擊周應龍帶領兵丁番子前來，周應龍懸賞殺賊，番子就殺了良民四人。因此，百姓們懼怕，投順我的有二萬餘人，殺散周應龍的兵丁。後總兵歐陽凱、副將李雲、遊擊游崇功等帶兵來戰，我們數萬人將總兵殺死，兵丁俱各潰散，進了臺灣府，佔了道衙門並倉庫。我手下李勇出來向眾人說，我姓朱，係明朝後代，稱為義王，與我黃袍穿了，國為大明，年號永和，將手下洪鎮封為軍師，王進才為太師，王玉全為國師，李勇、吳外、陳印、翁飛虎等封為將軍，張阿三等為都留，即派兵三千看守鹿耳門。六月十六日，大兵來攻鹿耳門，砲台爆炸，大兵殺進，取了安平寨。我差翁飛虎等與大兵對敵，互相放砲。二

> 十二日早，大兵駕坐三板船，分三路從沼亭等處上岸
> 來攻，我們就敗了，各自奔散。我逃到下加冬地方，
> 同李勇、吳外等到楊旭家去，楊旭等將我們誘挐出首[2]。

前引供詞，是林爽文起事以後調閱康熙六十年（1721）原案
後摘錄朱一貴供詞的要點，並非全文，與《明清史料》所刊
朱一貴原供屬於同一來源，但現存朱一貴原供頗多脫漏或殘
闕，可對照《臺灣檔》朱一貴供詞摘要加以補正，例如「去
年知□□□□□山縣事務」，當作「去年知府王珍攝理鳳山
縣事務」；「臺灣府發□□□五百」，當作「臺灣府發官兵四五
百」；「被我□□□」，當作「被我們殺敗」；「周應龍帶領□□
番子」，當作「周應龍帶領兵丁番子」。從《臺灣檔》朱一貴
供詞摘要，可以知道朱一貴起事以後，稱「義王」，「國為大
明」，「年號永和」，但都不見「天地會」字樣。長期以來，多
以臺灣為天地會的發源地，朱一貴是結拜天地會起兵的，這
種說法既不見於海峽兩岸現存滿漢文奏摺，《明清史料》中朱
一貴原供及《臺灣檔》中朱一貴供詞摘要，對「天地會」字
樣也都隻字未提。朱一貴供詞中雖有「百姓無故拜把」字樣，
但這只是民間金蘭結義的共同模式，不能因此推論康熙年間
臺灣已經出現天地會，所謂朱一貴假借天地會力量起兵的推
論和臆測，並不符合歷史事實。

　　清代臺灣吏治欠佳，封疆大吏具摺奏陳臺灣利弊時，言
之甚詳。雍正年間，巡視臺灣監察御史景考祥於〈奏陳海疆
情形〉一摺已指出臺灣文武各員苟且彌縫的現象，以致兵強
民悍。歷任總兵貪黷廢事，例如臺灣鎮總兵官王元自從履任

2　《清宮諭旨檔臺灣史料》（一）（臺北，國立故宮博物院，民國 85
　　年 10 月），頁 292。乾隆五十一年十一月二十五日，略節清單。

以後，日以沉酣為事，諸事廢弛。乾隆年間，臺灣鎮歷任總兵，操守平常，聲名狼藉，深染綠營惡習，軍紀敗壞，於所管各營，並不督率操演，平日亦不能嚴格管束兵丁，一任營兵游蕩曠玩。乾隆朝後期，臺灣鎮總兵官柴大紀貪劣廢弛，更是有過之而無不及。林爽文起事後所張貼的文告，多列舉臺灣文武官員的劣蹟。例如乾隆五十二年（1787）三月告示中指出「照得本盟主因貪官污吏剝民脂膏，爰是順天行道，共舉義旗，剿除貪污，拯救萬民。」同年七月初一日，林爽文告示中也有「如能將殘官柴大紀生擒獻功者，不論官兵義民，各省人等，俱皆賞銀二萬元，官封公侯之列。如能斬其首級來獻者，賞銀一萬元。」大學士福康安入臺後，柴大紀被解送京師，軍機大臣遵旨研訊柴大紀。國立故宮博物院現存《臺灣檔》錄有柴大紀等人的供詞，節錄柴大紀供詞內容如下：

> 我係浙江江山縣人，年五十九歲，武進士出身，由海壇總兵於四十八年調任臺灣。是年我往南北兩路各營巡閱，聞得從前總兵查閱各營俱預備人夫抬送行李，後來就折送酒席銀兩。我原糊塗貪小，照營分大小舊有規程收受，共巡過四次，每次番銀三千圓，共得受過一萬二千圓。再我拔補各營外委，經巡捕鄭名邦、高大捷等說合，得受過余登魁、劉欽、林上春、伍永信、柴景山五人番銀各七、八十圓及一百餘圓不等。又外委甘興隆班滿要回內地，求我早發了委牌，給過我番銀四十圓。又鹿耳門等海口管理稽查將弁向來都有陋規，每月各繳銀一百圓至三、四百圓不等。我因鹿耳門春季船隻較多，曾叫他們每月加增二百圓，都

是有的。再我巡查時，經過廳縣，都送盤費銀兩二、三百圓不等，共得過番銀七千三百餘圓。又每年收受營員生日節禮番銀三千七百餘圓，亦是有的。總兵衙門內原有旗牌等四項頭目，他們所管兵丁代替該班，每月出錢三百文，是他們分用，我並未得過錢文[3]。

　　就前引供詞而言，臺灣鎮總兵官柴大紀收受陋規、生日節禮、巡查盤費等項約番銀二萬四千餘圓，約折合紋銀一萬七千餘兩。閩浙總督李侍堯赴任途中曾訪查柴大紀貪贓枉法各款，內地派駐臺灣的戍兵，多已賣放私回，其在臺地者，僅福建延建等兵留在營中當差，而漳泉兵丁多在外營生、開賭、窩娼，甚至販賣私鹽。其中漳泉兵丁因與臺灣漳泉原籍的移民，大半同鄉，語言相通，多有在外生理之事，或在街市售賣檳榔、糕餅，或編織草鞋，日積錙銖，以為添補衣履之用。其汀州兵丁善於製造皮箱、皮毯，多在皮貨舖中幫做手藝，以賺取工資。營兵日逐微利，閒散自由，憚於差操拘束，每月出錢三百文至六百文不等，僱倩同營兵丁替代上班，稱為包差。柴大紀遇事婪索，遂致相率效尤，營兵曠伍，南北兩路皆然。大學士福康安曾就兵丁窩娼一節訊問柴大紀等，並繕摺奏聞，節錄內容如下：

戍兵來至臺灣，因近年兵房坍塌，無可棲止，租賃民房，力有不贍，娼家留兵居住，藉以包庇，而兵丁既省房租，兼可寄食，並非自行窩娼，亦無另得錢文，再三究詰，似無遁飾。查臺灣各營將弁不知勤慎操防，整飭營伍，乃於上司巡閱，則餽送逢迎，於所管兵丁，

3　《臺灣檔》（臺北，國立故宮博物院），乾隆五十三年七月二十一日，柴大紀供詞。

則貪得餘潤，縱令包差，曠伍貿易。甚至索取庇賭陋規，不論錢數多寡，自數十文至百餘文不等，遇事婪索，卑鄙不堪，且任聽兵丁居住娼家，不加約束，以致存營兵少，武備日益廢弛，其貪劣貽誤，釀成巨案之罪，實為重大[4]。

軍機大臣審訊柴大紀時，亦多次詰問：「你身為總兵，整飭行伍，是你專責，乃平日既如此廢弛」，以致「縱賊蔓延」，貽誤軍機。「拔補外委，你既得贓賣缺，自必不止余登魁們五人，千總、把總等官，亦必有賄拔的了。甘興隆委牌得錢纔發，凡有委牌，想都是要錢纔發的。你這樣貪婪，一定還有虛捏兵額扣剋兵餉，侵蝕官租情弊，即得受各項陋規，亦必不止此數。」柴大紀也供認，「臺灣營伍廢弛，我不能實力整頓，隨時操演，以致兵丁在外包庇娼賭，原是有的，無可置辯。」柴大紀貪劣婪索，營伍廢弛，軍紀不佳，吏治敗壞，林爽文遂揭竿起事。

康熙六十年（1721）四月十九日，朱一貴在臺灣南路起事，提督施世驃、總兵藍廷珍，於同年五月二十七日俱由澎湖進兵，至六月初三日收復臺灣府城，計閱七日，於閏六月初五日擒獲朱一貴，計閱三十二日。至雍正元年（1723）四月十五日朱一貴餘黨悉平。計算朱一貴起事時至臺灣全郡安定，共計兩年。林爽文於乾隆五十一年（1786）十一月內起事，福康安等於乾隆五十二年（1787）十一月初六日由鹿仔港進兵，初八日進抵嘉義縣城，計閱三日。十一月二十一日攻克斗六門。十二月二十七日攻破大里杙。乾隆五十三年

4　《軍機處檔・月摺包》，第 2778 箱，161 包，38854 號。乾隆五十三年四月十八日，福康安奏摺錄副。

（1788）正月初四日拏獲林爽文，計閱四十二日。二月初五日拏獲莊大田，計閱三十二日。自林爽文起事時至臺灣全郡平定，共計一年零三個月。

　　林爽文被捕後，經福康安等連日親提鞫審，並與其他各要犯隔別研訊，因為各要犯經過多次提訊，各錄有供詞。林爽文自乾隆五十三年（1788）正月初四日開始，經福康安等多次提訊，錄有多份供詞，國立故宮博物院典藏《軍機處檔‧月摺包》內含有林爽文原供一份，其供詞內容如下：

> 我年三十二歲，乾隆三十八年，隨父母來到臺灣，趕車度日。時常聽見說，漳、泉兩府，設有天地會，邀集多人，立誓結盟，患難相救。我同林泮、林水返、林領、何有志、張回、王芬、陳奉先、林里生等，平日意氣相投，遂於乾隆五十一年八月內，拜盟起會。後來，斗六門地方，有楊光勳弟兄，因分家起釁，立會招人入夥，被人告發，並牽連我們，一齊呈告。彰化文武官員，差人各處查辦，衙役等從中勒索，無論好人、歹人，紛紛亂拏，以致各村庄俱被滋擾。那時，林泮等房屋已被官兵燒燬，他同王芬、陳奉先、林領、林水返、陳傳、賴子玉、蔡福、李七、劉升等，起意招集各庄民人，抗拒官兵，就來邀我。我的家長林繞、林石、林湖、林全等，將我藏匿山內，不許出來。後林泮又來逼迫，不得已纔跟他到了彰化，攻破縣城，眾人要我去攻諸羅。到十二月初，我就帶了許多人，將諸羅攻破。那時，眾人推我做大哥，隨即去圍府城。十二月三十日，攻了一日一夜，總未攻開就將各庄打仗的人，劄在鹽水港。其時，鳳山已被莊大田佔據，

我就仍回北路，沿途派撥林領把守烏日庄，林水返把
守田中央，李七把守斗六門，蔡福把守菴古坑，陳傳
把守南北投。三月裡，到了大里杙，派人建造土城，
設立帥府，眾人因我做人有些義氣，又要我做盟主，
再三推辭，他們不肯，只得依允。大家商量，諸羅地
方，在南北兩路當中，必須先得諸羅，南攻府城，北
攻鹿港。遂調了各庄人來，圍困諸羅。又叫陳梅製造
攢砲、大車前去攻打，總未攻破。十一月，官兵打進
諸羅，將我們殺散，聽見大肚溪又有官兵進來，我自
去抵攔，左臂帶了鎗傷，回至大里杙，就曉得官兵要
來攻打。連夜調取各庄的人，預備打仗。二十四日，
官兵到來，勢頭勇猛，抵攔不住，就於夜間料理家眷，
先到水裡番社藏躲，我連夜帶了多少人，由火焰山逃
到集集埔，在險要地方安卡把守，希圖抄截官兵。到
十二月初五日，又被官兵攻破殺散了。不想杜敷通信
出來，將我父母兄弟並家屬，俱已拏去。沿山各口，
都有官兵把守，我就向北逃走，被官兵生番沿途截殺，
手下人都已沖散，只有何有志跟隨，同走到老衢崎地
方，被官兵義民帶同淡水差役，將我拏住。至發劄、
封官、書寫告示等事，俱是劉懷清、董喜等編造，我
實在不認得字，不知他們編寫些什麼？留頭髮的事，
並無別故，因恐各村的人，去做義民，叫他們都在辮
頂，留髮一圈，便於認識，並不是全留頭髮。我們所
用的銀錢，總向富戶派出米糧，是在各庄勒派，山田
按一九抽收，水田按二八抽收，也有收糧人作弊，對
半平分的。抽來的米石，俱交林侯、林棍、林得瓏、

林水等分散同夥。鳥鎗、大砲，多是攻破城池搶來的，也有私行打造的。搶的火藥，到去年五、六月以後，總不夠用，就將牆上年久的石灰，煎煮成硝，在北路生番山裡，私換硫磺，配作火藥使用。再起意的林泮，在彰化縣打仗被殺。王芬、林理生被鹿仔港義民殺了。陳奉先後來先充當義民，被我們殺了。劉升在內山被番子沖散，不知下落。董喜帶病跟到集集埔，已經死了。至南路莊大田，偽封他做元帥，其實不是一同起事的，前年去攻府城時，他已到鳳山去了，從未見過他的面，南路情形我實在不能知道，不敢妄供[5]。

　　林爽文等人經過多日隔別研訊後，福康安於乾隆五十三年（1788）正月初八日，將鞫審經過摘錄各供詞繕摺具奏，進呈御覽。原摺所錄供詞要點如下：

緣林爽文自幼來臺灣，趕車度日，素喜交結無賴，行竊為匪。乾隆五十一年八月十五日，林爽文與林泮、林領、林水返、張回、何有志等在大里杙山內車輪埔，飲酒結盟，為天地會，互相約誓，有難相救，結黨搶奪。適有楊光勳、楊媽世倡會械鬥案內逸犯逃在彰化，經地方官差役查挐，有差役黃姓、傅姓訪查曾入天地會之人，藉端索詐，人心不服，林泮、王芬、林領、林里生等，起意拒捕，招林爽文入夥，經伊族長林繞、林石等勸阻，將林爽文藏匿山內冀箕湖地方，林泮復來糾約，遂決意聚眾謀逆。十一月二十七日，副將赫生額、遊擊耿世文、知縣俞峻帶兵至大里杙查挐，在

5　《軍機處檔‧月摺包》，第 2778 箱，161 包，38807 號。林爽文供詞。

大墩住宿，賊匪乘夜劫營，全行被害。二十九日，攻陷彰化縣。十二月初六日，攻陷諸羅縣。其淡水之賊，於初七日攻陷竹塹城。南路之賊於十二日攻陷鳳山縣，四處紛紛響應，雖彰化、諸羅旋經收復，起事之林泮、王芬、林里生各犯，亦被官兵義民殺死，無如帶兵各員，株守一城，不能及時進勦，賊匪得以從容修備，將大里杙地方築城挖壕，斗六門、菴古坑、集集埔、水沙連等處要隘，亦皆豎立木柵，壘砌石牆，屯聚糧米，勒派農民等，分季納租，山田按一九抽收；水田按二八抽收，公然以北路一帶村庄屬其管轄，迫脅各庄民人，於辮頂之外，留髮一圈，以為記認。林爽文見黨羽附和日眾，自稱盟主，偽號順天，賊夥內稱林爽文為大哥，彼此相稱為兄弟，受過偽職之有名賊目等，不下數十人，令林領、林水返據守附近賊巢一帶之烏日庄、田中央等處，陳傳佔據南北投，蔡福佔據菴古坑，李七佔據斗六門，劉懷清、董喜、陳梅為之主謀。林爽文自五十一年十二月三十日攻府未陷，並未再往府城，總在新改嘉義縣之諸羅及笨港、鹽水港地方滋擾，以諸羅為全郡適中之地，滋擾更甚，圍困數月之久，必欲攻陷，直至上年十一月內嘉義圍解後，林爽文連夜奔回賊巢。二十二日，舒亮一路官兵進至大肚溪劄營，林爽文親率賊夥前往攻擾，左臂中鎗，從前所聞在嘉義牛稠山受傷之處，係屬訛傳，並無其事。及大兵攻克大里杙時，逆首由火燄山逃至集集埔，以為退守地步，並希圖抄截官兵後路，旋經大兵併力攻克，賊之精壯能打仗者，多被殲戮，始竄

入內山番界[6]。

對照前引兩則林爽文供詞後，可知兩者的內容有雷同之處，也有部分的出入。國立故宮博物院現藏《軍機處檔‧月摺包》內林爽文供詞是林爽文原供，《宮中檔》福康安奏摺所錄林爽文供詞，是福康安節錄林爽文原供並作了部分補充或修改，另繕供詞，成為奏摺內容的一部分，兩者形式不同，林爽文原供屬於一種供單形式，福康安奏摺所摘錄的林爽文供詞是一種奏摺形式，是經過福康安等人增刪潤飾改寫的，其原始性不及原供。但無論是林爽文原供，或是福康安奏摺修改的改寫供詞，都對探討臺灣天地會的活動及起事經過提供了珍貴的資料。林爽文自幼隨父母來到臺灣後趕車度日。地方官差役查拏楊光勳弟兄倡會械鬥案內逸犯時，藉端索詐，人心不服。林爽文等起事後，令林領把守烏日庄，林水返把守田中央，陳傳把守南北投，蔡福把守菴古坑，李七把守斗六門。為了阻止各村的人去充當義民，林爽文令會黨都在辮頂外留髮一圈，以便於認識。天地會所用的銀錢總向富戶派出，米糧是在各庄勒派，山田按一九抽收，水田按二八抽收。其中重要情節，彼此是符合的。

林爽文被捕後，福康安遵旨將林爽文等解赴行在，交大學士九卿審擬。現藏《臺灣檔》含有林爽文等人供詞筆錄，包括大學士阿桂等人的詰問詞和林爽文原供兩部分。例如乾隆五十三年（1788）三月初十日，大學士阿桂等詰問林爽文：

> 你糾眾謀逆，擅立順天年號，你想你們是個百姓，幹這叛逆的事，究竟是順天是逆天呢？且你說既不認得

---

6 《宮中檔乾隆朝奏摺》，第 67 輯（臺北，國立故宮博物院，民國76 年 10 月），頁 14。乾隆五十三年正月初八日，福康安奏摺。

字，何以又曉得取順天二字呢？再你屢次攻犯諸羅，自然知道柴大紀平日不甚操演兵丁，賣放內渡，營伍空虛，所以你心生玩視，敢於造逆。後來大兵一到，你們為何又隨即奔逃，逐一供來。你若再不實供，又要夾你了。

林爽文針對大學士阿桂等的詰問內容作了回答，《臺灣檔》照錄林爽文原供云：

我們入于天地會，後來因地方官查拿緊急，我們一時畏罪，又怕兵役燒毀我們房屋，知道綠營官兵不甚利害，況且一時又未必就能齊集，所以聚眾滋事的。那順天年號，原是董喜替我編造的。我本不認得字，並不曉得什麼叫做年號。如今細想起來，我們俱是小百姓，公然聚眾造反，自然是逆天，該當萬死的了。至我屢次圍攻諸羅，因彼時大家商量，諸羅地方在南北兩路當中，若能得了諸羅，就可南攻府城，北攻鹿港，所以常在那裡攻圍的。至於柴大人營內有多少兵，我實不能知道。他的兵丁平時操演不操演，我亦不曉得。只因與我們打仗的時節，那些兵丁義民不能追趕我們，所以我們敢于在那裡滋擾。後來大兵到了，個個勇猛，槍炮弓箭利害。追趕時，又騎馬行走如飛，我們實在抵敵不住，所以大家害怕，各自逃竄了。至我犯了這等大罪，已被拿獲，後悔無及。況蒙這樣刑訊，我還敢隱瞞不實說嗎[7]？

引文中董喜主謀編造順天年號；諸羅地方在南北兩路當中，

7　《天地會》（四）（北京，中國人民大學出版社，1983 年 3 月），頁 419。

可南攻府城，北攻鹿港；林爽文不認得字等供詞，與林爽文
在《臺灣檔》的原供內容是彼此符合的。天地會中發箚、封
官、書寫告示等事都是董喜等人編造的。

　　乾隆後期，臺灣南路，天地會的勢力，已逐漸壯大。林爽
文在北路起事以後，即遣人前往南路糾約天地會黨同時起
事，福建漳州平和縣人莊大田是南路會首。乾隆五十三年
（1788）二月，莊大田兵敗被俘後，經福康安等迅取供詞，
並於乾隆五十三年（1788）二月初七日繕摺具奏。原摺錄有
莊大田供詞。國立故宮博物院典藏《宮中檔》含有福康安等
奏摺原件，為了便於比較，照錄原摺內莊大田供詞內容如下：

> 緣莊大田籍隸福建漳州平和縣，於乾隆七年隨伊父莊
> 二來臺灣原住嘉義，遷居鳳山縣篤家港地方種田度
> 日。乾隆五十一年十二月內，林爽文滋事，差陳天送
> 到南路糾人謀逆，有莊大田同族弟莊大韮韮聽糾入
> 夥，到阿里港搶劫，逼勒舖戶攢湊番銀三千圓，並向
> 布舖搶布數十疋，製造旗幟，要到北路投奔林爽文。
> 眾人因道遠不肯前往。莊大韮欲自為頭目，眾人不服，
> 遂推莊大田為大哥，自稱洪號輔國大元帥，以簡添德
> 為軍師，許光來為副元帥，與林爽文遙相應和，而攻
> 擾村庄，偽封官職，亦不聽林爽文調遣。十二日，攻
> 陷鳳山，知縣湯大奎被害。二十日，往攻郡城，至二
> 十五日，聞廣東義民燒庄，即行撤回。二十七、八等
> 日，林爽文來攻府城，遣賊夥前往幫助，總未攻開。
> 五十二年正月，鳳山被官兵收復，於三月初八日又往
> 攻陷，殺害官兵一千餘人，以後總在中洲、南潭、大
> 目降、大武壠居住，時來府城外攻圍滋擾，總未得手，

大兵到後，將大武壠、噍吧哖、阿里山等處，凡可通
南路各隘口，俱被官兵嚴密把守，信息不能相通。至
本年正月半後在本縣庄始知北路賊匪蕩平，退守大武
壠，意欲調集人眾，抗拒官兵，又想自行投出，正在
游移，官兵已到，自牛庄、大武壠、大目降、南潭、
中洲、崗山、新園、枋寮、水底寮等處，連次抵禦，
俱經殺敗，即由番界遠山逃至瑯嶠，被官兵直抵番界
四面圍截，追擊緊急，於柴城外被擒[8]。

前引內容，對探討南路天地會起事經過，提供了相當珍貴的
直接史料。莊大田自稱洪號輔國大元帥，乾隆五十一年（1786）
十二月十二日，莊大田率領會黨攻陷鳳山縣縣城，知縣湯大
奎遇害。國立故宮博物院典藏《軍機處檔・月摺包》內含有
莊大田的原供，照錄其供詞於下：

　　我係漳州府平和縣廣坑庄人，年五十三歲，父親莊二，
　　久已亡故，葬在諸羅縣臺斗坑。現存母親黃氏，妻童
　　氏，兄弟莊大麥，兒子三個：大兒子莊天益，娶妻劉
　　氏；二兒子莊天畏，娶妻陳氏；三兒子莊天勇，尚未
　　娶妻。孫子一個，名叫莊有乾。乾隆七年，隨父母來
　　到臺灣種田度日。住篤家港，共有房子十餘間，已被
　　廣東義民燒了。有田四十餘畝，在南路下淡水阿里港，
　　每年收稻子二百多石。又有甘蔗園，每年收糖二千餘
　　觔，俱是我同兒子自己管理。又有田二十餘畝，在北
　　路臺斗坑，每年收稻一百多石，原托表弟黃天養代管，
　　如今也不知逃到那裡去了。五十一年十二月，北路林

8　《宮中檔乾隆朝奏摺》，第67輯（臺北，國立故宮博物院，民國
　　76年11月），頁245。乾隆五十三年二月初七日，福康安等奏摺。

爽文差人到南路來招人造反，勾引我族弟莊大韮到各處搶劫，後搶到陳天恩當舖，他就湊出番銀三千圓，分給眾人。隨又做了多少旗子，叫他們到北路歸順林爽文，眾人不肯遠行，要莊大韮做大哥，因他不能服眾，就來尋我，我聽見就逃走，到臺灣縣三角窟地方，又被他們追趕回來，一定要推我做大哥，手下已有二、三千人，令簡添德做軍師。十二月十二日，攻破鳳山，將湯知縣、史典史殺了。二十日就攻府城，至二十五日，仍未攻開，聽見邵都司帶領廣東義民要來燒庄，我就回來保守庄子，與廣東義民打了一仗。二十七、八日得了林爽文書信，叫我再去攻打府城，我正在抵拒廣東各庄義民，不能分身，就遣人接濟，也未攻開。至五十二年正月，各自退回，保守南潭。二月十五日，我就移住大武壠。聽見郝總兵駐劄鳳山，我們又去攻打。三月初八日被攻破，共殺了一千餘人。三月二十七日又去攻府城，莊錫舍就投出去了，我就回到埤頭。又去攻打南潭，常在中洲、大目降、大武壠居住，圍困府城。至鹽水港、諸羅等處，俱是派人前往，我並未親自前去。到今年正月十七日在本縣庄遇見北路逃來的人纔知道林爽文敗陣逃入內山，不知曾否被拏，商量要出來投誠，自知罪重，正在游移，不想大兵就到了。我連夜遶山逃走，至二十六日在水底寮遇見官兵，我先走至北勢寮街藏躲，派手下的三千餘人前去抵禦，當經官兵殺敗，剩有一千多人，正要逃走，官兵又從枋寮後面殺出，我就由朋山一帶潛逃。官兵追趕緊急，樹林內跌下馬來，碰傷頸項，到了瑯嶠地方，

被官兵圍住，我想乘空逃竄，四面奔走，以致胸前內
傷疼痛，究竟無路逃脫，立即被拏。至我洪號輔國大
元帥，係自己封的，並不是林爽文封我的。我與林爽
文並未見面，也不屬他管轄，所有往來文書等事，俱
是簡添德辦理，撥派人眾，俱是陳聘、張基光管理。
陳聘、張基光俱被官兵殺了。再我內地只有堂兄，弟
名叫莊樹，年三十七、八歲，現在平和廣坑庄生理。
我自幼就到臺灣，內地祖墳，實不知道在那裡？至天
地會係林爽文帶信來叫我們大家入會，見面時只有一
個暗號說「五點二十一」就知道是會內的人了，所以
我叫洪號輔國大元帥，算是會頭，此外並無別故。我
的父母兄弟，業已被拏，妻子俱在柴城一帶沖散，實
不能知道下落。至阿里港陳天恩於上年二月已病故了
是實[9]。

前引莊大田原供，內容詳盡，臺灣南路天地會只有一個暗號
說「五點二十一」就知道是會內的人，將「洪」字拆為「五
點二十一」，「洪號」就是天地會的暗號，「洪號輔國大元帥」
就是天地會大元帥，莊大田的原供，確實說清楚，講明白了。
莊大田原籍是福建漳州府平和縣廣坑庄，乾隆七年（1742），
隨其父親莊二來到臺灣，原住諸羅縣臺斗坑，有田二十餘畝，
每年收稻子一百多石。後來遷居鳳山縣篤家港，共有房子十
餘間，在南路下淡水阿里港有田四十餘畝，每年收稻子二百
多石，平均每畝每年可收稻子五石。莊大田的甘蔗園，每年
收糖二千餘觔，莊大田原供有助於了解閩粵漢人墾拓臺灣的

9　《軍機處檔・月摺包》，第 2778 箱，162 包，38813 號，莊大田等
　　供單。

情形，但是福康安奏摺摘錄原供時，俱刪略不載，以致相對降低了《宮中檔》硃批奏摺的史料價值。

　　在移墾社會或移民社會裡，族群的矛盾與衝突，是一種不容易避免的現象。有清一代，臺灣民變頻仍，義民組織就是受到民變事件的刺激而產生的一種自力救濟的應生團體。義民雖然不是臺灣社會的特有歷史名詞，但是，義民成為臺灣各族群及會黨共同使用的名稱，可以反映義民在臺灣社會的特殊地位。林爽文領導天地會起事以後，建元順天，自稱順天大盟主。順天丁未年，相當於乾隆五十二年（1787），是年七月初一日，林爽文張貼告示。在告示中，將義民與官兵並列，有「為此示仰諸城內外官兵、義民、各省諸邑人等知悉」等字樣。軍機大臣審訊廖東時，他對充當義民的問題作了如下的供述：

> 那當義民的人，是要到府裡報名，領得腰牌，才能做得。我何嘗不想做義民，幫助拿賊，因我住的饅頭庄地方，離府城有五、六十里，沿路賊匪眾多，不敢前往府城報名。我又是本縣衙役，賊人見了官人，就要殺害，所以害怕，總沒敢上府城。不料今年正月十八日，因柴總兵在番社地方經過，我前往迎接，就有義民王守、吳天保、王仕金們，原是天地會內人，因上年我曾經奉官要拿過他們，不料他們做了義民，就賴說我是賊黨，不由分辯，解到柴總兵營裡，轉解府監[10]。

廖東供詞中指出想做義民的人，須要到府裡報名，向臺灣府領取腰牌，才能做得。王守等人原先是天地會的成員，他們

10　《天地會》（三）（北京，中國人民大學出版社，1982 年 12 月），頁 4，廖東供詞筆錄。

投出後充當了義民。監生林文浚則供稱：

> 年三十歲，泉州晉江縣人。在臺灣鹿仔港同林湊米店
> 生理。十一月二十九日，有大里杙庄賊匪林爽文們攻
> 破彰化縣城，殺害文武官弁，又來攻搶鹿仔港。監生
> 與林湊忿恨，糾約泉州、廣東各庄民人起義攻賊，署
> 守備陳邦光也糾集鄉眾。泉州各庄是林湊、黃奠邦、
> 許伯達、歐立淑、施捷世、陳光蔭、陳大用、陳天爵、
> 蔣會祖、黃鏗、陳廷詔、許樂三、萬朝翁、施祥、施
> 欣、張植槐、張明義、王講、尤敬、施察、謝廷、吳
> 編、黃嚴淑、張光輝、王西、王權、洪乾、吉興、蕭
> 士旭、施語、林周、鄭士模，並監生一共三十三人為
> 首；廣東庄是邱丕萬、曾桃、張六世們為首，共招募
> 鄉勇一萬多人。十二月十二日，前往彰化攻賊，那賊
> 人抵敵不過，各皆逃散。當時擒獲賊黨高文麟、楊振
> 國、楊軒、陳高四名，並奪得旗幟、馬匹、炮刀等物。
> 今陳守備將高文麟等四名，差外委許瑪協同原任彰化
> 縣李典史，押解來泉，監生隨同渡海來的。但賊人雖
> 多，都是烏合之眾，只求遣發大兵剿除，就霑恩了[11]。

林文浚和林湊等人都是義首，林文浚是監生出身，他和林湊
開張米店生理。供詞中已指出就鹿仔港而言，義民的族群分
佈，以泉州庄義民較多，其中泉州籍義民首共三十三人，廣
東庄客籍義民較少，義民首只有邱丕萬等三人。泉州庄、廣
東庄義民在義民首領導下於乾隆五十一年（1786）十二月十
二日，收復彰化縣城，天地會頭目高文麟等人被義民擒獲。

---

11 《天地會》㈠，頁 256。乾隆五十二年正月二十日，閩浙總督常
　青奏摺錄副附林文浚供單。

楊振國等人被解送北京後，經軍機大臣會同刑部嚴訊，分別
錄取供詞。據楊振國供稱：

> 我於上年十一月二十九日，林爽文攻陷彰化縣城，將
> 監門打開，放我出監後，叫我踞守彰化縣城。至十二
> 月十二日，官兵帶同義民攻復彰化後，我即逃至鹿仔
> 港一帶躲避。不料遇見義民數千人，內有晉江縣人施
> 禮、施日、施欣，係我素相認識，被他看見，將我拿
> 住的[12]。

楊振國是福建漳州府漳浦縣人，林爽文攻陷彰化縣城
後，加入會黨，替林爽文踞守彰化縣城。官兵義民收復彰化
縣城後，楊振國被施禮等人拏住。施禮等人就是泉州府晉江
縣的義民。鹿仔港一帶的義民，多屬於泉州籍移民。據書辦
蔡運世供稱：

> 小的年六十四歲，原籍晉江縣。來臺灣住居彰化縣牛
> 罵頭庄，在北路理番同知衙門充當書辦。上年十一月，
> 逆匪林爽文攻陷彰化縣城，殺害官民，分設偽官，眾
> 人忿恨。小的會同粵庄饒凌碧等，共集義民二千餘人
> 在庄防守。這陳秀成、鄭低、紀春、饒九如都是義民。
> 十二月十五日，紀春探知匪偽將軍王芬在麻園庄，小
> 的同粵庄義民即圍住麻園庄，是鄭岱把王芬擒獲[13]。

由引文內容可知泉州庄和粵庄義民合作防守牛罵頭庄，並至
麻園庄圍攻會黨，拏住天地會將軍王芬。劉天賜是廣東潮州
府饒平縣人，替林爽文在諸羅北勢尾庄收取百姓田租，每石

---

12 《天地會》（一），頁407。乾隆五十二年三月初一日，楊振國供
　詞。
13 《天地會》（一），頁351。乾隆五十二年，閩浙總督常青奏摺錄
　副附件，蔡運世供單。

抽取二斗。後來又允諾封劉天賜為奮勇將軍。乾隆五十二年
（1787）十一月，劉天賜兵敗逃進水沙連後被捕，隨後解送
北京軍機處，經軍機大臣等審訊。軍機大臣詰問劉天賜：「廣
東居住臺灣之人多有義民，幫同官兵殺賊，各村庄俱蒙旌獎。
你亦係廣東民人，何獨甘心從賊？且賊封你奮勇將軍，必有
與官兵抗拒之處，還不據實供來？」劉天賜供認：「我因被賊
拿去，一時怕死，就順從了他。我實在只替賊人收取租田，
並未與官兵打過仗。廣東義民俱幫同官兵出力，我獨順從了
賊，且受他口許封爵，實屬該死。」由劉天賜供詞可知，廣
東籍移民寄居臺灣者多有義民，但也有甘心投入林爽文陣營
之人，甚至受封將軍，因此，以籍貫區分義民或會黨是不客
觀的。

　　從會黨成員的供詞中，可以了解義民對會黨活動起了極
大的反制作用。莊大田是南路天地會首領，稱洪號輔國大元
帥，他在鳳山篤家港共有房子十餘間。乾隆五十一年（1786）
十二月二十五日，莊大田率眾攻打臺灣府城，久攻未下。莊
大田因聽見都司帶領廣東義民要到篤家港燒庄，就撤回鳳山
保護庄子，與廣東義民打了幾仗，後來，莊大田的房子都被
廣東庄義民燒了。據天地會成員何有志供稱，「初起事時，本
是陳奉先、王芬、劉升、林理生起意謀反，先攻大墩，又陷
彰化縣。那時，眾人邀林爽文出來做大哥，王芬、林理生已
被鹿仔港義民殺了，陳奉先投誠後，招人出去做義民，被我
們殺了。」據許尚供稱，他手下的人紛去做義民。義民對抑
制民變確實產生了很重要的作用。義民隨官兵出征，作戰勇
猛，使會黨遭到致命的打擊。義民的武力，主要是用於保境
安民，倘若將義民留營征戰，必遭嚴旨切責。參將瑚圖里曾

將山豬毛義民千餘人留營助剿，給以鹽菜口糧。但乾隆皇帝認為「在該將軍等不過為添設此千餘人，可以稍增兵力，殊不思該義民等既留大營，則其本庄俱係老弱，豈能自行捍護？其田地貲產豈不委之于賊，適以藉寇兵而齎盜糧，且使賊匪聞知該義民等隨同官兵助剿，自必心懷忿恨，將其家屬老幼肆意戕害，焚燒村庄。是義民協助官兵，不但無所利益，轉為受累，徒使灰心。」乾隆皇帝深恐會黨乘義民遠離本庄，而將其家屬房屋焚劫殘燬，因此，諭令參將瑚圖里親自帶兵將義民護送回庄。

在移墾社會或移民社會裡，族群的矛盾與衝突，是一種不容易避免的現象，義民組織也不是臺灣社會特有的歷史現象，然而臺灣義民的複雜性，確實引起史學家的重視，從義民及會黨供詞的比較研究，有助於了解臺灣義民的性質。有清一代，臺灣民變頻繁，分類械鬥的風氣，十分盛行，義民保境安民的武裝組織，雖然是屬於自力救濟的自衛性團體，但是，義民對抑制亂民破壞社會秩序，維持臺灣社會的穩定，確實具有正面的社會功能。因此，義民組織就是臺灣抑制民變的民間武裝力量，其主要作用就是抵制起事者，反制會黨，或保護村民，或隨軍進剿亂民。然而由於臺灣漳州、泉州、廣東各籍移民的地緣組合，分類械鬥的頻繁發生，地緣意識十分濃厚，各會黨多具有明顯的地緣性及分類性，相應會黨而形成的義民組織，遂帶有濃厚的分類意識。林爽文、莊大田起事以後，到處裹脅焚搶，泉州庄、廣東庄多遭破壞，泉州庄、廣東庄居民為了發揮守望相助的精神，於是多充當義民，拒絕接受天地會的領導，義民組織與天地會勢不兩立，都具有濃厚的分類意識，當官兵進剿天地會期間，義民與官

兵便形成了聯合陣線。但是，義民並非泉州籍或廣東籍移民
的專利，漳州籍移民有充當義民者，廣東籍及泉州籍移民亦
有加入會黨者，義民角色的易位，籍貫或地緣並非唯一的決
定因素。通過各種供詞的歸納、比較、綜合等方法的運用後，
也同時必須應用分析方法。歸納各式口供筆錄及歷史事件，
同時也要應用分析方法，始能顯現口供的史料價值，借助於
當事人的口述歷史，確實有助於了解清代臺灣社會的變遷。

經濟開發的史料價值

臺灣土膏衍沃，物產豐富，閩省督撫常進貢臺灣特產，
例如康熙五十八年（1719）四月，福建巡撫呂猶龍進貢番檨，
其原摺略謂：

> 福建有番檨一種，產在臺灣，每於四月中旬成熟，奴
> 才於四月二十八日購到新鮮者，味甘，微覺帶酸。其
> 蜜浸與鹽浸者，俱不及本來滋味，切條暖乾者，微存
> 原味。奴才親加檢看，裝貯小瓶，敬呈御覽。但新鮮
> 番檨不比法製者可以耐久，奴才細教家人小心保護，
> 將所到之數，盡皆進獻，故於摺內未敢預填數目[14]。

福建巡撫呂猶龍所進貢的番檨，就是現在通稱的芒果。
其原摺奉清聖祖硃批云：「知道了，番檨從未見，故要看看，
今已覽過，乃無用之物，再不必進。」福建浙江總督覺羅滿
保亦曾進貢番檨秧、番薯秧、番稻穗、番雞、臺猴、臺狗等
物。清聖祖在原摺批諭時稱，番稻「現京中熱河都種了，出
的好。」臺狗「試過能拿鹿，不及京裏好狗。」清初在臺灣

---

14 《宮中檔康熙朝奏摺》，第 7 輯（臺北，國立故宮博物院，民國
　65 年 9 月），頁 501，康熙五十八年四月二十九日，福建巡撫呂
　猶龍奏摺。

試種西瓜，其瓜種是由內廷頒發的，從康熙五十二年（1713）起，福建督撫衙門按例將內廷所發瓜種遣人齎往臺灣佈種，每年於十二月成熟後遵奉上諭挑選數十個裝運進貢，雍正元年（1723）以後，泉州遵旨停止種植西瓜。據福建巡撫毛文銓稱，內廷所頒發的瓜種叫做喇嘛瓜，亦即西番瓜，西瓜或許就是由西番瓜而得名，內廷每年八月中將喇嘛瓜種發往臺灣，擇地佈種，現藏宮中檔康熙、雍正朝奏摺可以找到督撫奏報臺灣種植西瓜的資料。巡察臺灣給事中永慶具摺時曾指出臺郡地方多暄少寒，冬令風多，罕見霜雪，夜露如同濛雨，樹木花草猶多鮮妍，四時氣暖，蟲不蟄藏，種植易於發生，其土產有番薯、花生、糖、魚、鹽、米等類。此外果蔬、豆、麥、菁麻等作物亦相宜。福建同安縣人陳次之母陳蘇氏曾託王金山置買布疋，往海山發賣，王金山聽聞臺灣布疋價昂，地瓜價賤，起意偷渡，將布疋在臺變賣，置買地瓜，回至內地，希圖獲利。閩海關糖稅是各省商民前往臺灣購買黑白糖觔，由廈門掛號，按船抽稅，稱為驗規，每船一隻，不論糖觔多寡，各納銀一十六兩二錢，仍回各省銷售。據商客表示，如果糖稅即在臺灣完納，則每年船隻可超過五、六、七百隻以上，糖稅亦可量增，以資助臺餉。

臺灣為產米之鄉，米價低廉，變動也不大。例如雍正元年（1723）三月，據福建督撫的奏報，臺灣府的米價，每石七、八錢不等，而泉州、漳州二府的米價，每石一兩一、二錢不等。雍正二年（1724）四月間，臺灣府的米價，每石八、九錢不等，泉州、漳州二府的米價，每石一兩一、二錢不等。雍正四年（1726）五月，泉州、福州二府的米價，每石價至三兩以上，但臺灣米價依然低廉。據福建布政使潘體豐稱，

臺灣田地廣闊，每年稻米的生產量很大，雖逢收成稍薄之年，米價仍不至昂貴。此外，番薯、豆、麥等作物，每年豐收，米價波動不大，也是不可忽視的重要原因。例如康熙四十六年（1707）夏秋，雨澤愆期，但因民間所種番薯豐收，所以米價不至昂貴。福建漳州、泉州二府，地狹人稠，食指浩繁，向來資藉臺灣所產稻米，定例臺灣府每年自正月起至五月止，每月碾米一萬石，以五千石運往漳州，以五千石運往泉州，交各道府平價糶賣接濟。高其倬在總督任內指出漳州、泉州二府，若遇豐年，僅足六個月民食，尚有六個月都需仰給於臺灣，年歲歉薄時，十分之六以上皆資於臺灣，至於廣東、浙江民食也常苦不足，亦需仰賴臺灣接濟，但因內地人口壓力日增，食指眾多，雖有臺灣米穀接濟，民食維艱的情形依然相當嚴重，米價昂貴，小民為解決生計問題，遂冒險東渡，就食於產米之鄉的臺灣。

　　據統計，雍正年間，閩粵流寓臺灣的漢人已有數十萬人，為使流寓民人室家完聚，清世宗特頒諭旨准許臺地客民搬眷渡臺。但閩浙總督郝玉麟以臺地日久生齒日繁，食指倍增，不可不虞，其原摺略謂：

> 向來臺粟價賤，除本地食用外，餘者悉係運至內地接濟，亦緣粟米充足之故，漳、泉一帶沿海居民賴以資生，其來已久。若臺粟三五日不至，而漳、泉米價即行騰貴。今臺地人民既增，將來臺粟必難充足，價值必至高昂，進入內地者勢必稀少，沿海一帶百姓，捕海為生，耕田者少，臺粟之豐絀，實有關內地民食也。

　　閩粵濱海，山多田少，生產面積有限，兵民所食，望濟於臺粟者十分迫切，臺民生齒日繁，則內地民食必日漸稀少。

由此可知清初以來內地人口的壓迫，就是閩粵民人甘觸法網偷渡臺灣的主要原因，而限制臺郡人口的膨脹，嚴禁偷渡，則為清廷解決漳、泉等郡民食的消極辦法。

臺灣資源亟待開發，除農作物外，其餘硫磺、磺油、樟腦、茶葉、煤炭等的開採，已逐漸引起清廷的重視。《月摺檔》內含有督撫大員奏請開發各項資源的摺件。光緒二年（1876）九月，福州將軍兼署閩浙總督文煜等具摺指出，硫磺產於淡北、北投山冷冰窟等處，向例封禁，同治二年（1863），經閩浙總督左宗棠奏請開採，不久又中止。磺油產在淡南的牛頭岩罅中，與泉水並流而下，初每日不過湧出四、五十斤，同治元年（1862），即有華商、英商爭購之事。據稱磺油若用機器疏通，每日可得萬斤。樟腦是用樟木片煎煉而成的，官辦多年。淡水的種茶，始於同治初年，洋商曾到淡水販買出洋，茶價驟高，農人爭相種植。文煜等指出以拳山、石碇諸堡所產的茶較佳，山高露重，味甘。金包里、雞籠、三貂等所產的茶較劣，山多產煤，且近海，所以味鹹。據稱種茶萬株，工本百金，三年以後，一歲所採，便足抵之，其利甚厚。文煜等認為臺灣物產除米、糖外，實以煤、茶為大宗，而硫磺、磺油、樟腦，或為軍火之用，或為民間所需，「既產之於天，貨即不宜棄之於地」。

光緒三年（1877）四月，福建巡撫丁日昌據督辦礦務局道員葉文瀾稟稱，雞籠老寮坑煤井已鑿至二百六十九尺五寸，已於是年三月十二日看見煤層，厚約三尺五寸半，據洋匠翟薩稱，其煤成色甚佳，與外國上等洋煤相埒，間有煤油湧出，其質堅亮且輕，能耐久燒，又少灰土，實屬好煤，據調查淡水所屬牛琢山出產煤油。雞籠附近五十里的金包里左

右有冷冰窟，每月可產硫磺二百擔左右，洞旁有池一區，亦產硫磺，後因山崩，為沙泥淤塞，若將池前石溝鑿深，放出池水，亦可出磺。此外距金包里二十里的大黃山，距金包里十八里的始洪窟，距金包里五十餘里的北投等處，都產硫磺。磺油與泉水同時從石罅流出，當地人盛以木桶，另由桶底開竅放水，水盡以後，留在桶裏的都是油，其色黃綠，氣味與洋油相近。丁日昌主張以機器開鑽，估計每日可得百擔左右。

　　檔案的發掘與整理出版，是帶動臺灣史研究的重要途徑。由於清代檔案的浩繁，蒐集維艱，為便於學者的研究，似可將各地所保存的檔案先行編印目錄，標明文書種類、年月日、內容事由、現藏機構等項，出版聯合目錄；《宮中檔》、《月摺包》、《月摺檔》、《外紀檔》及明清史料奏摺則彙編成冊，亦按年月先後排列，集中史料，分冊出版；至於滿文奏摺等資料，亦宜逐件譯出漢文，以供參考，可補漢文資料的不足。有了聯合目錄或索引，便於蒐集資料；有了臺灣史料彙編，更有助於臺灣史的研究，可使臺灣史研究，走上新的途徑，其成果是可以預期的。

司法檔案的史料價值

　　清廷領有臺灣後，即頒佈渡臺條例，內地商漁船隻欲渡海來臺時，先向原籍州縣衙門請領照票，經分巡臺廈兵備道稽查，由臺灣海防同知查驗批准，渡臺者不准攜帶家眷。廣東地方屢為海賊淵藪，禁止粵民渡臺。內地船隻定例由廈門出口，至鹿耳門上岸，是為官渡正口。惟偷渡船隻多從沿海小口出入，各港口無從查禁。雍正六年（1728），巡視臺灣吏科掌印給事中赫碩色奏請飭令海防同知及各地方官將給照渡臺民人來歷註明冊內，其先前至臺者，亦於保甲牌內註明來

臺年月。遇有事故，先查來歷記錄，倘若牌冊無名，即為偷
渡。但因客頭招攬，澳甲地保通同隱瞞，偷渡案件，層出不
窮。雍正七年（1729）十月，福建觀風整俗使劉師恕具摺奏
請將偷渡人犯嚴法懲治。國立故宮博物院典藏《宮中檔》，含
有劉師恕奏摺原件。節錄原奏內容如下：

> 查閩省過臺之禁，遵行已久，然禁者自禁，渡者自渡，
> 究未能絕也。蓋由愚民無知，貪臺地肥饒，往可獲利，
> 故不惜背鄉井，賣房產，冒風波，干功令而為偷渡之
> 計。地方不法棍徒因而引誘包攬，名曰客頭，每客一
> 人，索銀六、七、八兩不等。先分匿於荒僻鄉村，迨
> 有一、二百人，乃將大船停泊澳口之外，乘夜用小船
> 載出，復上大船而去。沿海地方廣闊，隨處可以上船，
> 本難稽查，而澳甲地保，通同私縱者，又復不少。其
> 被拏獲者，偷渡男婦，遞回原籍，而客頭僅坐杖徒，
> 且許折贖，出所得百分之一，便可脫然無事，利重罪
> 輕，彼亦何憚而不為也。且又有一種奸惡之徒，既取
> 重利，復圖泯跡，遂用朽壞之船，將人客不分男女，
> 共填艙內，以板蓋定，行至海中，鑿船沈之，自駕小
> 舟而回。又或遇沙洲荒島，即詭云到臺，呼客上岸。
> 客纔出艙，不辨何處，歡欣登岸，彼已揚帆而去，謂
> 之放生。迨其知覺，呼號莫救。念此愚民，本欲趨利，
> 乃不沈溺於海，即枯槁於山，雖禍由自取，而客頭之
> 罪，已不容誅矣。臣愚以為嗣後偷渡被獲，其客頭一
> 犯，應擬充軍，為從者，減一等，贓追入官，澳甲地
> 保，知而不舉者連坐。倘有中途謀害情事，發覺審實，
> 照強盜傷人得財律擬。如臺灣拏獲偷渡人犯，問明從

何處開船，即將經由之水汛及本地文武各官照失察例
參處[15]。

　　清廷的治臺政策，有其積極性，同時也有消極性及矛盾
性。康熙二十三年（1684），清朝將臺灣納入版圖後，即將臺
灣劃歸廈門為一區，設臺廈兵備道，臺灣府隸屬於福建省。
臺灣孤懸外海，是海疆重地，也是閩省漳、泉等府的糧倉。
由於渡臺人口，與日俱增，恐有人滿之患，因此，清廷嚴禁
偷渡臺灣。由前引內容，可以說明偷渡的盛行。《宮中檔》硃
批奏摺對偷渡臺灣禁令的沿革，有簡單的敘述。康熙年間，
偷渡客被拏獲後，即遞回原籍，而客頭僅坐杖徒，且許折贖。
雍正七年（1729），福建觀風整俗使劉師恕奏請將客頭改擬充
軍，為從者減一等，贓追入官。雍正八年（1730），對棍徒引
誘偷渡及哨船偷載圖利，正式增訂條例。乾隆元年（1736），
又對船戶私攬偷渡，制定條例。乾隆五年（1740），將雍正八
年（1730）和乾隆元年（1736）所訂條例，合併為一條。乾
隆八年（1743）、乾隆三十七年（1772）等年又曾修訂。由於
條例經過多次修訂，地方大吏援引條例時，或詳或略，頗有
參差。例如乾隆五十三年（1788），福康安等審擬福建晉江縣
船戶李淡等包攬民人偷渡臺灣一案，福康安奏摺所載條例內
容如下：

> 查例載：棍徒充作客頭，引誘偷渡，包攬過臺灣者，
> 為首發近邊充軍，為從及舵工人等知而不舉，俱杖一
> 百，徒三年。船戶照客頭分別首從治罪，偷渡之人，

15　《宮中檔雍正朝奏摺》，第 14 輯（臺北，國立故宮博物院，民國
　　68 年 2 月），頁 716。雍正七年十月十六日，福建觀風整俗使劉
　　師恕奏摺。

照私渡關津律，杖八十，遞回原籍。又例載：客頭船
戶積慣誘攬至三十人以上者，發遣新疆，給種地兵丁
為奴各等語[16]。

　　船戶李淡並非客頭積慣誘攬，但因招攬偷渡客多達二百
餘名，所以照積慣誘攬三十人以上發遣新疆為奴例，將李淡
等從重發遣新疆，給種地兵丁為奴，到配杖一百，折責四十
板，照例先行刺字。乾隆五十四年（1789），臺灣鎮總兵官奎
林等審擬偷渡船主舵水林紹聚、王英貴、林榜等犯時所援引
的條例內容如下：

例載：閩省不法棍徒充作客頭，在沿海地方引誘偷渡
之人，包攬過臺，索取銀兩，用小船載出澳口，渡上
大船者，為首發近邊充軍，船戶舵工人等知而不舉者，
俱杖一百，徒三年，不准折贖。其偷渡之人照私渡關
津律杖八十，遞回原籍。又例載：不法客頭船戶內有
積慣在於沿海村鎮引誘包攬，招集男婦老幼，數至三
十人以上者，無論已未登舟，一經拏獲，將客頭船戶
年力強壯者，發遣新疆，給種地兵丁為奴，年老殘廢
者，改發極邊煙瘴充軍各等語[17]。

　　林紹聚攬客二十八名，例應問擬發近邊充軍，但臺灣鎮
總兵官認為不足蔽辜，臺灣正當嚴禁偷渡肅清口岸之時，林
紹聚等膽敢起意攬客偷渡，又敢用銀賄求縱放，情節可惡，
應比例加重，發往伊犁給種地兵丁為奴，並在臺灣口岸枷示，
使往來商船觸目驚心，轉相傳述，閩粵商船聞而知畏，不敢

16　《宮中檔乾隆朝奏摺》，第 67 輯（民國 76 年 11 月），頁 663。
　　乾隆五十三年三月二十八日，福康安等奏摺。
17　《宮中檔乾隆朝奏摺》，第 73 輯（民國 77 年 5 月），頁 827。
　　乾隆五十四年十月二十八日，臺灣鎮總兵官奎林等奏摺。

再行偷渡。比較福康安與奎林所引律例內容，詳略不同，福康安所引內容只有九十五字，而奎林所引計一百六十五字。福康安將「閩省」、「不准折贖」等字樣刪略不載。但無論是福康安，或是奎林等奏摺所引條例，都不是照錄原例全文，只是摘錄要點。福康安、奎林等奏摺所引條例，包括：棍徒引誘偷渡及船戶攬載偷載與拏獲偷渡過臺客民及客頭船戶分別治罪兩條。為了便於比較，先照錄《讀例存疑》所載原例條文如下：

> 閩省不法棍徒，如有充作客頭，在沿海地方引誘偷渡之人，包攬過臺，索取銀兩，用小船載出澳口，復上大船者，為首發近邊充軍；為從及澳甲地保舵工人等，知而不舉者，杖一百，徒三年。遇有拏獲攬載偷渡船隻，將搭載大船及僱倩小船各船戶，俱照客頭例，分別首從治罪，船隻變價充公；出具連環互結之船戶，並原保澳甲，及開張歇寓之人，知情容隱者，俱杖一百，枷號一個月，均不准折贖。其偷渡之人，照私渡關津律，杖八十，遞回原籍。若將哨船偷載圖利者，亦照此例分別治罪。倘姦徒中途有謀害情事，人已被害身死者，將同謀之人，不分首從，俱照江洋行劫大盜例，擬斬立決梟示。如被害未死，將為首者，比照強盜傷人例，擬斬立決；同謀之人，發黑龍江給披甲人為奴。雖未同謀下手，但同船知情不首告者，杖一百，徒三年。至拏獲偷渡人犯，訊明從何處開船，將失察姦船及隱匿不報之文武官弁，交部分別議處。拏獲偷渡過臺客民，如尚在陸路客店道路，未登舟以前，客頭船戶客民，俱照本例減一等發落。如已登舟，無

分大船小船，已未出口，將客頭船戶客民即照偷渡本
例治罪。若不法客頭船戶內，有積慣在於沿海村鎮引
誘包攬，招集男婦老幼，數至三十人以上者，無論已
未登舟，一經拏獲，即將客頭船戶年力強壯者，發遣
新疆給種地兵丁為奴；年老殘廢者，改發極邊煙瘴充
軍。至拏獲偷渡客民，務須嚴究沿海陸路在何村鎮客
店會集，將該處兵役澳甲地保客店究明，如止於失察，
兵役杖一百；澳甲地保客店人等杖七十；如有賄縱情
弊，計贓從重論。兵役澳甲人等，能於客店聚集時拏
獲，及首報偷渡客民者，雖在本汛，亦按照拏獲偷渡
客民，計名給賞。若將並非偷渡之人輒行妄拏，圖功
邀賞，及挾嫌嚇詐情事，仍各照本例，分別從重治罪[18]。

　　引文內容，遠較《宮中檔》硃批奏摺詳盡完密。援引大
清律例，除官方文書所引內容，仍須參看《中樞政考》、《欽
定大清會典事例》及《吏部處分則例》等資料。同光年間，
辦理臺灣等處海防大臣沈葆楨等具摺時，列舉禁止偷渡臺灣
的律例，共計六條，其要點如下：

臣等查舊例稱，臺灣不准內地民人偷渡，拏獲偷渡船
隻，將船戶等分別治罪，文武官議處，兵役治罪；又
稱，如有充作客頭，在沿海地方引誘偷渡之人，為首
者，充軍，為從者，杖一百，徒三年。互保之船戶及
歇寓知情容隱者，杖一百，枷一個月。偷渡之人，杖
八十，遞回原籍。文武失察者，分別議處；又內地商
人置貨過臺，由原籍給照。如不及回籍，則由廈防廳

18　薛允升《讀例存疑》，見《讀例存疑重刊本（三）》（臺北，成文
　　出版社，民國 59 年），頁 512、517。

查明取保給照，該廳濫給，降三級調用；又沿海村鎮
有引誘客民過臺，數至三十人以上者，壯者新疆為奴，
老者煙瘴充軍；又內地民人往臺者，地方官給照，盤
驗出口，濫給者，分別次數，罰俸降調；又無照民人
過臺，失察之口岸官，照人數分別降調，隱匿者革職。
以上六條，皆嚴禁內地民人渡臺之舊例也[19]。

　同光年間，為杜列強窺伺臺灣，地方大吏多主張開發臺
灣後山。沈葆楨等人認為欲開山不先招墾，則路雖通而仍塞；
欲招墾不先開禁，則民裹足不前，為廣招徠，以耕墾後山，
沈葆楨等人即奏請解除偷渡臺灣的禁令。嗣後渡海來臺的閩
粵民人，遂絡繹不絕。探討臺灣的歷史發展，是研究臺灣律
例存廢不可或缺的課題。

　臺灣中央山脈縱貫南北，使全島形成東西兩部分，造成
不對稱的條狀層次結構，形狀如魚，首尾薄削，西部為前山，
面向閩粵內地，很像魚腹，膏腴肥沃；東部為後山，為山脈
所阻隔，好似魚脊。因地理位置的便利，早期渡海來臺的內
地漢人，主要是從福建泉州府廈門出海，對渡臺灣南部鹿耳
門。乾隆年間，開設鹿仔港，對渡蚶江，八里坌對渡福州府
五虎門南臺等港，對臺灣前山即西部的開發，產生了重要的
作用。同光年間以後，積極開發後山。福建巡撫勒方錡對臺
灣族群的分佈，曾經繕摺具奏，其要點如下：

查臺地人民，約分五類：西面瀕海者，閩漳、泉人為
多，興化次之，福州較少；近山者則粵東惠、潮、嘉
各處之人，號為客民；其一則為熟番；又其一則新撫

19　《清宮月摺檔臺灣史料》（三）（臺北，國立故宮博物院，民國83
　　年10月），頁1889。

之番，名之曰化番，即後山各社稍近平坦處也；至於
前山後山之中脊深林邃谷，峭壁重巒，野聚而獸處者
是為生番。此五類之人，除生番外，其四類多有從西
教者，異時為患，何可殫言，而就目前論之，惟生番
未馴教化，其熟番、化番各社，親習漸久，尚能就我
範圍，誠使撫馭有方，大可助後山防務[20]。

　　按照福建巡撫勒方錡的分類，臺灣族群，主要分為閩人、
客民、熟番、化番、生番五類，分佈於不同的自然環境裡，
有其生態特徵。由於閩粵移民不顧禁令，爭相侵墾番界，抽
藤釣鹿，番漢衝突案件，遂層出不窮。沈葆楨等人具摺時，
曾開列嚴禁臺民私入番界的舊例如下：

凡民人私入番境，杖一百，如在近番處所抽藤釣鹿伐
木採者，杖一百，徒三年；又臺灣南勢、北勢一帶山
口勒石分為番界，如有偷越運貨者，失察之專管官降
調，該管上司罰俸一年；又臺地民人不得與番民結親，
違者離異治罪，地方官參處，從前已娶者毋許往來番
社，違者治罪[21]。

　　引文中所列禁令，共計三條，清廷的用意，是為了番漢
分離，以減少族群衝突案件。雍正五年（1727），臺灣鎮總兵
官陳倫炯、臺廈道吳昌祚將為首殺人的兇番骨宗等委員押解
到福建省城，福建總督高其倬等會同親審。骨宗供認為首出
山焚殺過十餘次，殺死十人。兇番阿密氏貓著供認焚殺次數
甚多，殺死二人，又曾帶領眾番殺過二十六人。高其倬等將

20　《清宮月摺檔臺灣史料》（四），頁 3278。光緒七年二月初三日，
　　福建巡撫勒方錡奏片。
21　《清宮月摺檔臺灣史料》（三），頁 1890。

審擬情形繕摺具奏，其要點如下：

> 臣等查楚省紅苗治罪之例，伏草殺人再犯者，不分首
> 從皆斬立決。骨宗等殺人，不止二次，應照此例擬罪
> 完結，尚覺罪浮於例，但係生番，雖經官兵追拏窮迫，
> 無路可走，始行投出，仍係曾經投出之人應行援減。
> 但臣等細思，骨宗、阿密氏貓著二犯，實係首惡，且
> 率眾殺人，肆惡多次，若不即加嚴懲，則各番以為如
> 此焚殺，仍可不死，則人人效尤，又斷不可行。臣等
> 再四就臣等愚昧所見，欲將骨宗、貓著二犯仍擬立斬
> 梟示，押解至北路番子山口原行兇之處，正法示眾。
> 其拔思弄等十三人，援減擬斬監候。其水裡萬等五人，
> 照為從例，枷責發落。但係番人，且放回必更滋事，
> 應留在省城，永行監禁[22]。

引文內容指出福建總督高其倬等人審擬殺人生番骨宗等
所援引的條例是湖廣紅苗的治罪條例，即紅苗二次殺人被拏
獲後，不分為首或為從，俱擬斬立決。骨宗等雖然自行投出，
但並未援例減免，仍然從重懲治，押解至番子山口斬梟示眾。
雍正皇帝披覽奏摺後也認為高其倬等人「料理甚屬妥協」，「應
如是處治」。

生界野番殺人的證據，據文獻記載，凡殺一漢人，即於
自己的上身和手背、兩肋等處刺一人形，殺一番子即於下身
如腿腳等處刺一人形，又刺花樣。雍正六年（1728）十二月
二十八日，有鳳山縣庄民邱仁山等擅入番界內開圳放水，致
被山豬毛、山裡目等社野番十四名所殺害，野番又殺死熟番

22　《宮中檔雍正朝奏摺》，第 7 輯（民國 67 年 5 月），頁 893。雍
　　正五年四月初四日，福建總督高其倬等奏摺。

紅孕等七名。次年二月，兵役拏獲野番多名，其中加難武力氏左肋刺大花痕二條，人形四個；右肋刺花痕三條，人形五個，右腿刺花樣八個。加洛同左右手背各刺人形三個，左腿刺人形一個，右腿刺人形一個。阿難武里右手背刺人形兩個，背上兩手俱刺花紋，左腿刺人形兩個。以上三名野番，經福建巡撫劉世明等審擬斬決，就近於生番交界處斬首懸示。其餘未殺漢人的野番加荖武力、那廩廩、那里玩、礁洛也篤四名，亦不便輕縱。劉世明等指出，殺之似覺過當，枷責非其所畏，應照偷刨人參例，割斷腳筋發回，使知畏法。由以上各案件的審擬情形可知，番漢衝突，兇番或野番殺死漢人，地方大吏或引湖廣紅苗治罪條例，或引偷刨人參條例從重處治。

　　我國民間金蘭結義的風氣，雖然起源很早，但歷代以來，尚未針對金蘭結義或異姓結拜活動制訂取締條例。在我國刑法史上正式制訂律例來取締異姓結拜組織，實始自清代。根據《大清會典》禁止奸徒結盟的規定，在清朝定鼎中原之初，即已規定凡異姓人結拜弟兄者，鞭一百。康熙年間，針對異姓人結拜弟兄問題，先後三次修訂律例，同時也在條款項目上把「雜犯罪」變成了「謀叛罪」。雍正年間，諸羅縣父母會成立的宗旨，主要是為了會中成員父母身故，互助喪葬費用，是屬於一種互助性的地方社會共同體。在移墾社會中，因社會普遍的貧困，亟需籌措喪葬費用，父母會就是一種泛家族主義的虛擬宗族。但因父母會的組織形態及其結拜儀式，是屬於異姓結拜活動。異姓人結拜弟兄，歃血盟誓，各人以針刺血，滴酒同飲，都和清初律例相牴觸，而遭到官方取締。臺灣鎮總兵官王郡、護理臺灣道臺灣府知府俞存仁、諸羅縣

知縣劉良璧等員審擬父母會一案時所援引的律例條文為「定
例：異姓歃血訂盟，不分人之多寡，照謀叛未行律，為首者
擬絞，監候秋後處決；為從者杖一百，流三千里，僉妻發遣，
至配所折責四十板。」父母會雖然共推湯完為大哥，其實是
由陳斌首先起意招人入會，總兵官王郡等人即以陳斌為會
首，即照定例將陳斌擬絞監候，而將湯完等人照為從例擬流。
至於蔡蔭一案，則照依未曾歃血焚表結拜兄弟為首例，將蔡
蔭杖一百，折責四十板，其餘陳卯等人則照依為從例，杖八
十，折責四十板。總兵官王郡等人審擬父母會湯完、蔡蔭二
案時，並非援引雍正三年（1725）重修〈奸徒結盟〉律例，
而是援引康熙十年（1671）及康熙十二年（1673）舊例。福
建總督高其倬將辦理過程，繕摺奏聞，節錄奏摺內容如下：

> 查臺灣地方，遠隔重洋，向因奸匪曾經為變，風習不
> 純，人情易動，此等之事，懲治當嚴。況福建風氣向
> 日有鐵鞭等會，拜把結盟，奸棍相黨，生事害人，後
> 因在在嚴禁。且鐵鞭等名，駭人耳目，遂改而為父母
> 會，乃其奸巧之處。臣查結盟以連心，拜把以合黨，
> 黨眾漸多，即謀匪之根。湯完一案，雖據審無謀匪藏
> 械；蔡蔭一案，雖據審無歃血等情，應照例擬究完結。
> 但臺灣既不比內地，而湯完等拜把，竟有銀班指，非
> 尋常拜把之物。且陳斌固係招人起意之人，而湯完現
> 做大哥，豈可輕縱。又蔡蔭一案，雖無歃血，而兩次
> 拜把，既屬再起，且其夥漸增，尤為不法。臣擬將湯
> 完、陳斌俱行令曉示立斃杖下，以示懲警，餘人照例
> 解審問流。蔡蔭二次拜把為首，亦應行令曉示杖斃，

餘二次拜把者，加重杖責，押過海交原籍禁管安插[23]。

探討臺灣的審判案件，不能忽視臺灣的歷史地理背景。所謂「向因奸匪曾經為變」，即指康熙末年朱一貴起事案件。臺灣遠隔重洋，風習不純，又是海疆地區。臺灣父母會並未暗藏火器、槍械，不是政治性質的叛亂組織，但福建總督高其倬基於歷史地理背景為政治上防範未然的考量，而比例加重，嚴加懲治，將湯完、陳斌等以行政命令曉示立斃杖下，無異於就地正法，由此可以了解清代地方官審擬社會案件因地而異的情形。

由於群眾運動規模的擴大，治罪條例的修訂，明顯地有從嚴從重的傾向。乾隆五年（1740），清廷重修《大清律例》，正式刊佈。全書共四十七卷，四三六門，計一〇四九條。其中有關禁止異姓結拜的條款，移置於第二十三卷〈賊盜、謀叛〉項下。乾隆二十九年（1764）十月，福建巡撫定長針對秘密會黨活動，具摺奏請增訂結會樹黨治罪專條，將異姓結拜與結會樹黨聯繫起來。其原奏於同年十一月經刑部議覆增訂成例，並載入《欽定大清會典事例》之中，針對閩省會黨活動，在原有禁止〈奸徒結盟〉的條例上增添「結會樹黨」字樣，正式將取締閩省會黨與禁止異姓人結拜弟兄合併增入清朝律例裡面。乾隆四十八年（1783），福建水師提督黃仕簡等人審擬彰化小刀會時所援引的條例如下：

> 查例載：結會樹黨，陰作記認，魚肉鄉民，凌弱暴寡者，照兇惡棍徒例，發雲貴兩廣極邊煙瘴充軍，為從減一等，各衙門兵丁胥役入夥者，照為首例問擬[24]。

23　《宮中檔雍正朝奏摺》，第 11 輯（民國 67 年 9 月），頁 69。
24　《宮中檔乾隆朝奏摺》，第 55 輯（民國 75 年 11 月），頁 860。

　　黃仕簡等人所援引的條例，就是乾隆二十九年（1764）福建省針對結會樹黨改定的省例。黃仕簡等人將小刀會成員林文輅等十四名均照發雲貴兩廣極邊煙瘴充軍例，從重改遣伊犁等地，給種地兵丁為奴。至於凌虐小刀會成員兇橫不法的兵丁楊祐等人，則照兇惡棍徒例充軍，從重改遣伊犁等處，給種地兵丁為奴。多羅質郡王永瑢等議覆此案時，認為營兵楊祐等恃伍逞兇，目無法紀，而改照光棍為從例擬絞。但因臺灣為海疆重地，兵丁肆橫，凌虐百姓，釀成事端，情罪較重，於是請旨將營兵楊祐等即行就地正法。

　　乾隆三十九年（1774），刑部修訂條例，凡異姓人但有歃血訂盟焚表結拜弟兄者，照謀叛未行律，為首者擬絞監候，為從減一等，若聚眾至二十人以上，為首者擬絞立決。異姓結拜，聚眾拜會，照謀叛未行律治罪。林爽文起事失敗後，天地會逸犯潛匿各地，企圖復興天地會。乾隆五十五年（1790）九月，原籍廣東的謝志與原籍漳州的張標等人在南投虎仔坑訂盟，復興天地會，共推張標為大哥，宰雞歃血鑽刀盟誓。張標等人被捕後，臺灣鎮總兵官奎林援引乾隆三十九年（1774）新定條例審擬，應將張標等人擬絞立決，但因張標等人復興天地會，輾轉糾人，又藏匿天地會舊誓章，而將張標等三十一名，均照謀叛不分首從皆斬律擬斬立決，於審訊後綁赴市曹，即行處斬。乾隆五十七年（1792），刑部議覆張標等復興天地會案件後，針對臺灣民人復興林爽文天地會而將律例作了重大的修訂，議定了典型的判例，其內容如下：

　　　臺灣不法匪徒，潛謀糾結，復興天地會名目，搶劫拒
　　　捕者，首犯與曾經糾人及情願入夥希圖搶劫之犯，俱

───────────────

乾隆四十八年四月二十九日，福建水師提督黃仕簡等奏摺。

> 擬斬立決，其並未轉糾黨羽，或聽誘被脅，而素非良
> 善者，俱擬絞立決，俟數年後，此風漸息，仍照舊例
> 辦理[25]。

引文中最可注意的是在天地會的會名上冠以「復興」字
樣，說明這條律例的修訂，與林爽文領導天地會起事有關。
清廷首次將「天地會」字樣明確地寫入了《大清律例》之中。
乾隆五十九年（1794），鳳山縣拏獲小刀會鄭光彩等人，即照
此條新例審擬斬立決，於審訊後，即綁赴市曹處斬。新例原
本是針對臺灣復興天地會而增訂的，但地方大吏也援引這條
新例來審擬小刀會。

乾隆五十七年（1792），清廷針對臺灣復興天地會而修訂
的新例，原本是臺灣府暫時性的府例，清廷原以為臺灣復興
天地會的活動，數年以後，即可平息。因此，在新例中有「俟
數年後，此風漸息，仍照舊例辦理」等語，但自嘉慶初年以
來，不但臺灣結盟拜會的風氣，並未漸息，而且閩粵內地及
其鄰近地區如江西、廣西、雲南、貴州、湖南等省，其結盟
拜會案件，更是層出不窮。因此，嘉慶年間（1796-1820），
清廷因應各省會黨活動的盛行，曾先後四次修訂條例，嘉慶
十六年（1811），一方面將舊例中「閩省民人」字樣刪略，以
擴大條例的適用範圍，將福建省例擴大為各省通例；一方面
將「臺灣不法匪徒」修改為「閩粵等省不法匪徒」等字樣。
這個條例的修改，充分反映閩粵內地各省會黨的盛行，而將
臺灣一府專用的府例，或福建一省專用的省例，擴大成為內
地各省適用的通例。

25　《欽定大清會典事例》（臺北，臺灣中文書局，據光緒二十五年刻
　　本影印），卷 779，頁 18。

　　閩粵移民渡海來臺之初，缺乏血緣紐帶作為聚落組成的條件，通常是同一條船或相同一批同時渡海來臺的同鄉聚居一處，或採取祖籍居地的關係，依附於來自同祖籍同姓或異姓村落，而形成了以地緣關係為紐帶的地緣村落。同鄉的移民遷到同鄉所居住的地方，與同鄉的移民共同組成地緣村落。基於祖籍的不同地緣，益以習俗、語言等文化價值取向的差異，早期移殖臺灣的閩粵漢族移民，大致分為泉州籍移民，漳州籍移民及廣東籍客家移民等三個族群，其聚落逐漸形成所謂的泉州庄、漳州庄及客家庄，以地緣為分界。譬如彰化快官庄、番仔溝、溪州庄、鹿仔港、過口庄、秀水庄、中庄、沙連保，柯仔坑等庄，以泉州籍移民居多，稱為泉州庄。至於過溝仔、三塊厝、大里杙、枋橋頭、瓦窯庄、林杞埔、許厝寮、半線保、馬芝麟保、大崙、半路店、大肚、下保、苦苓腳、山仔港、南勢庄、竹頭崎庄、四張犁等庄，則以漳州籍移民居多，稱為漳州庄。諸羅縣境內笨港的北港為泉州庄，南港雖然是漳州庄，但插居南港的泉州籍移民，為數卻極眾多。由於地緣意識的根深蒂固，以及生存空間的爭奪，分類械鬥案件，層出不窮，或閩與粵而鬥，或泉與漳而鬥。由於分類械鬥的頻仍，對臺灣社會產生了嚴重的侵蝕作用。

　　臺灣會黨雖然是閩粵內地會黨的派生現象，但臺灣會黨的盛行，以及林爽文等人的加入天地會，都與分類械鬥規模的擴大有密切的關係。乾隆四十七年（1782）八月二十三日，彰化縣城西門外莿桐腳庄民張甘在庄演戲。居住在三塊厝庄的漳州籍移民黃璇堂伯黃叫起意聚賭，令黃璇攜帶寶盒，各出本錢一千文，在戲臺前攤場開壓。有泉州籍移民廖老壓寶，

指輸作贏，輸錢不給，互相爭吵。廖老向黃叫奪取賭本，黃叫氣忿，用竹凳毆傷廖老頂心，廖老嚷罵而走。黃璇追趕，叫喊廖老搶奪錢文。當時有黃璇族人黃弄在戲場削賣甘蔗，即將廖老攔住，廖老腳踢黃弄，黃弄用削甘蔗刀砍傷廖老左腿，廖老向前奪刀，復被黃弄砍傷左手，廖老畏懼急走。黃璇從後趕上，抽取檳榔擔上鑲鐵竹錚戳傷廖老左腿，斜透腿面，血流不止，不久殞命。廖老之兄廖琳投保報縣相驗，但未緝拏正兇，泉州籍移民心懷不甘，泉州庄與漳州庄，彼此焚搶，終於釀成大規模的泉、漳分類械鬥，其間新調南北投把總林審亦被殺，蔓延至諸羅縣境內。在泉、漳分類械鬥期間，漳、泉各庄，或逞兇擄掠，或姦佔婦女，無賴棍徒，乘機附和，社會幾致失控。福建水師提督黃仕簡、福建臺灣道楊廷樺等審擬番仔溝泉人謝笑時即指出，「謝笑因漳、泉二郡民人搆釁，輒敢倡議寫帖，糾庄聚民，械鬥焚掠，與反叛無異。」黃仕簡等認為謝笑起意糾眾，釀成大案，罪大惡極，其子謝長與尋常逆案緣坐者不同，應照大逆緣坐律即行處斬。謝笑逃回內地後被捕，解送彰化，與謝長綁赴番仔溝犯事地方，傳集附近漳、泉各庄民人令其看視謝笑、謝長父子斬首示眾，以警告民眾，「父兄作惡，本犯法在必誅，罪且及於妻子。」除謝笑父子外，地方拏獲治罪人犯多達三百六十餘名，分別正法者共一百十一名。其中放火人犯莊再，喊殺圖搶人犯洪賞，持械放火人犯黃西、趙友，「臺灣海外要地，若不示以威嚴，無以止遏刁風」，俱於被捕後恭請王命，立即正法示眾。

　　彰化縣境內快官庄泉人殺害把總林審一案，逮捕各要犯審擬，其中泉人張主忠等先則藉留林審保庄，後竟懷疑妄殺，

以致林審慘遭毒手，其兇殘情狀，罪大惡極，福建水師提督黃仕簡等照叛逆律嚴辦，節錄原奏內容一段如下：

> 查律載：謀大逆，凌遲處死，知情不首，減等杖流。張主忠起意殺弁，貽禍全庄，情同反逆，應照謀逆律凌遲處死；張克、鄭全、張石、唐發、張琳隨同幫殺，實屬濟惡，應照謀叛律擬斬立決。以上各犯已先後審明正法梟示，各犯屬俱請照叛逆緣坐治罪，另飭查拘到案，分別嚴辦，查明各家產入官。詹飽、張監、張略、張乾雖未在場下手，但不力為勸阻，釀成大禍，若僅照知情不首減等杖流，不足蔽辜，俱擬從重改發伊犁，給種地兵丁為奴[26]。

臺灣地區分類械鬥的頻繁，以及焚搶擄掠的激烈，對臺灣社會造成嚴重的侵蝕作用，地方大吏審擬各要犯時，多採取比例加重懲治，以圖遏阻社會動亂的擴大，臺灣為海疆重地，所以採取亂世用重典的治臺政策。

乾隆年間天地會的起事，是漳、泉分類械鬥激化的產物；道光年間兄弟會活動，則為閩粵分類械鬥激化的產物，分類意識，極為濃厚。道光六年（1826）四月間，彰化縣及淡水廳境內廣東客家庄，被漳、泉閩人焚搶，客家庄居民憤圖報復，遂與漳、泉籍移民引發分類械鬥。其起因主要是由於盜匪李通與客家庄居民黃文潤挾嫌糾鬥起釁。《寄信上諭》指出，「此次臺灣匪徒滋事，始因盜匪李通挾粵民黃文潤家格殺盜夥之嫌，欲圖報復，並非分類械鬥。迨至匪徒乘機造謠煽惑搶掠，粵民逃至淡水，再圖勾結報復，而閩人亦集眾互鬥，

26　《宮中檔乾隆朝奏摺》，第 55 輯，頁 279。乾隆四十八年三月初二日，福建水師提督黃仕簡等奏摺。

始成分類之勢。」在閩粵分類械鬥期間，由於兄弟會即同年會的倡立，更加助長了分類械鬥的聲勢，對社會造成了嚴重的破壞。

　　閩浙總督孫爾準具摺奏聞分類械鬥的經過，略謂客家庄民巫巧三、嚴阿奉平日賭博游蕩，不安本分，因屢受閩人欺侮，於是各自邀人入會，隨即有羅弗生等人入夥，結盟拜會，取名兄弟會。會首巫巧三率領兄弟會成員先後攻打蘆竹濫（頭份街西南）、南港、中港、後壠等處閩人漳、泉各庄。當他們攻打中港街時，巫巧三等人用刀殺斃閩人男婦三命，又在後壠擄獲素有嫌隙的泉州庄民朱雄、趙紅二人，綑縛樹上，一併支解，斷其手足，砍下頭顱，並剖開肚腹，挖取心肝，手段兇殘，泯滅人性。嚴阿奉也是會首，他糾眾焚殺，搶奪財物，形同盜匪。其中番割黃斗乃等人引領三灣內山生界原住民潛出助鬥劫掠，噶瑪蘭閩人吳鄭成乘機糾眾搶掠客家庄財物。

　　參加閩粵分類械鬥被捕的客家庄民人共四百二十餘名，經福建臺灣道孔昭虔等審擬治罪，其中巫巧三等七十六名，因罪情重大，於審訊後恭請王命綁赴市曹分別凌遲斬決，傳首犯事地方，懸竿示眾。其餘各要犯的犯罪事實，可根據刑部奏摺列出簡表如下：

閩粵分類械鬥要犯供認犯罪事實表

姓　名	供　認　犯　罪　事　實
李　奇	焚搶一次，糾竊殺人一次。
李文強	聽糾攻搶一次，夥劫鄭潮布店一次，夥搶邱英生錢物一次，夥竊強一次。
宋　合	糾衆攻庄三次，在林仔庄外擄殺粵民一人，夥同林淄焚搶嘉義境內廣東庄。
沈　池	夥同焚搶殿仔林、環地廳等處，放火得贓。
吳　奇	焚搶三疊溪庄，搶劫銀物，殺死粵民一人。
林　殿	攻庄四次，放火一次，夥劫搜贓二次。
胡　盆	夥同焚搶，放火得贓。
陳光明	械鬥殺人一次，糾劫一次。
黃來成	攻庄焚搶一次，殺死一人。
楊　凜	糾人放火攻庄多次，在大埔心庄外殺死粵民一人。

資料來源：《軍機處檔‧月摺包》，第 57516 號，管理刑部事務托津等奏摺。

　　由簡表中所列李奇等十人的資料，可以說明臺灣分類械鬥過程中常見的犯罪行為，主要包括焚搶、糾竊、夥劫、攻庄、殺命、拒捕，為害鄉里。福建臺灣道孔昭虔具摺指出林殿等犯因疊次焚搶糾竊，以及殺命輪姦，兇殘淫惡，所以俱依強盜殺人放火燒屋姦污他人妻女斬決例斬決梟示。陳光明等犯械鬥殺人糾劫為首，二罪相等，從一科斷，依臺灣械鬥照光棍例擬斬立決。因各犯情罪重大，於審明後即移交文武員弁監視行刑，就地正法，傳首梟示。孔昭虔原奏，於道光七年（1827）四月二十七日奉硃批「刑部議覆」，刑部議覆時，都按照孔昭虔原奏結案。地方大吏審擬分類械鬥案犯時主要

是按照「臺灣械鬥殺人」例斬立決，說明清廷因臺灣地處海疆，所以從重治罪，企圖藉重典維持社會秩序。質言之，從地方審判紀錄的分析來考察清朝政府的治臺政策是有意義的。

　　臺灣地區的審判案件，多比原例加重從嚴辦理，雖然是竊盜案件，也是不例外。清朝律例，將鼠竊狗偷，明火執杖的竊盜案犯，皆視為亂民。依照強盜案件本律的規定，強盜已行而得財者，不分首從，皆擬以斬決。乾隆五年（1740）定例，將尋常盜竊案件，區分出法所難宥者正法和情有可原者發遣的刑罰。但因臺灣孤懸外海，五方雜處，非閩省內地可比，從林爽文起事以後，對盜案的審理，並未從寬從輕，而是比例加重辦理。例如乾隆五十三年（1788）七月初二日夜晚，蔡業等十人，擁入淡水廳事主林光連家中行竊一案，同夥的許強，僅只在門首把風，並未入室竊取財物，但仍依照強盜得財不分首從律擬斬立決。同年九月十一日夜間，古三、張達三、徐蠻世三人，偷割鳳山縣民人林豆稻穀，被林豆發覺，舉棍追打，徐蠻世用木挑打傷林豆，古三用刀將林豆砍傷身死。徐蠻世被捕後，審明只是打傷事主，但卻以強盜得財不分首從律科斷。乾隆五十四年（1789）五月十七日夜間，淡水廳王李氏家被郭永等六人持械行劫，王環手拿木挑繩索在外把風。王環被捕後，仍因持械同行得贓的罪情，亦以強盜得財不分首從律審判定罪。乾隆五十五年（1790）三月十七日，居住臺灣的粵民劉孟達等九人分挑行李四擔，想要返回原籍，不料被林權等十九人在途中攔搶，夥犯吳武雖曾轉糾黨羽，但僅只把風而已，並未幫劫助勢，他被捕後，亦以強盜得財不分首從律科斷。以上案卷，多保存在軍機處。

　　《外紀檔》所錄文書，多為各省外任文武大臣的奏摺抄件，其中涉及竊盜案件的資料，也相當可觀。例如道光二年（1822）三月二十八日，鳳山縣居民劉應時攜帶鐮刀，出外找尋僱主，途經笳藤社外，適有十一歲潘生在社外牧牛。劉應時因貧苦難度，起意搶奪牛隻賣錢使用，潘生拉扯哭喊，劉應時將潘生砍死後牽牛逃跑。劉應時被捕後即依「白晝劫奪殺人者，擬斬立決例」及「臺灣盜劫之案，罪應斬決者，照江洋大盜例斬決梟示例」即行斬決，並傳首於犯事地方，懸竿梟示。

　　盜犯罪應斬決者即行就地正法，斬決梟示的刑罰，是道光年間臺灣鎮道懲處案犯所習用的處置方式。竊盜案件經審理後，多以「海疆重地，未便稽誅」等理由，鎮道即恭請王命，將案犯就地正法，斬首梟示。現藏《月摺檔》含有光緒年間臺灣竊盜案件的資料。臺灣巡撫劉銘傳具摺時曾經指出鳳山一縣，僻在臺南，素有著名積匪陳春林、莊明月、蘇金英、劉乞食、尤永記、張老帥等六大頭目，各分股類，糾眾行搶。光緒十一年（1885）十月以來，迭搶鳳山舊城內及潮州庄、阿猴庄等處鹽館，埤頭城內煙銀各舖戶亦被搶多次。蘇金英、莊明月糾黨五、六十名，駐紮潮州庄陳春林家，日則攔途搜劫行旅，夜則明火強搶居民。盜犯董鹽粽、洪雨枝、曾王、陳春林等被捕後，臺灣巡撫劉銘傳即批飭就地正法，傳首犯事地方示眾。由於臺灣社會動亂的擴大，竊盜案件的要犯，多批飭就地正法，或梟首示眾，或戮屍示眾。

　　故宮檔案中涉及臺灣地方審判案件的資料，多見於《宮中檔》、《軍機處檔》，為研究清代臺灣社會史提供了很多價值頗高的資料。從康熙年間清廷領有臺灣後，偷渡案件逐年增

加，說明臺灣人口的變遷，與閩粵過剩人口渡臺謀生有密切的關係，其中所增加的人口，多屬於偷渡。清朝律例，嚴禁無照偷渡，地方大吏從嚴懲治案犯，但偷渡風氣更加盛行。同光年間，在移民實邊的新政策下，沈葆楨等人即奏請解除偷渡禁令。因此，探討律例存廢，不能忽視臺灣的歷史發展。

臺灣的族群結構，並不複雜，但是，分類意識，卻相當濃厚，族群衝突或矛盾頗為激烈。地方大吏審擬生界原住民殺害平地漢人時所援引的是湖廣紅苗治罪條例，但從重嚴辦，即照紅苗二次殺人條例，不分首從，俱擬斬立決，就近生界人口處斬首懸示。

金蘭結義是民間的異姓弟兄結拜，歷代以來，風氣頗為盛行。清朝政府為防範群眾運動的擴大，制訂取締異姓結拜活動的律例，在條款項目上先列在「雜犯罪」項內，後經修訂，改成「謀叛罪」。臺灣地區的父母會，是模擬異姓結拜活動的一種地方社會共同體，其性質為互助性的自力救濟組織，是為父母年老生病身故籌措費用的虛擬宗族或泛宗族組織，並無政治意味。但地方大吏卻照謀叛未行律，將為首者監候秋後處決，又比原例加重，批飭杖斃，就地正法。復興天地會的會首也照謀叛不分首從皆斬律擬斬立決，於審訊後即綁赴市曹，處斬梟示。

臺灣早期移墾社會的貧困，是十分普遍的現象，竊盜案件層出不窮。清朝律例將竊盜案犯都視為亂民，強盜已行而得財者，不分首從，皆擬以斬決，懸竿梟示。由於社會動亂的擴大，竊盜案件的要犯，在同光時期，多批飭就地正法。各種社會案件，多以臺灣孤懸外海，海疆重地，不比閩粵內地為由，從嚴從重科斷。臺灣一府專用的判例，往往成為全

國的通例，對清朝律例的修訂，產生重大的影響。因此，探討清代臺灣審判案件，不能忽視臺灣早期的歷史地理背景及清朝的治臺政策。

巡撫福建臺灣刑世明謹

奏為兇番已護未獲擢便差分層請

皇上制音遵行事竊照臺灣山猪毛山裡目尋社生

番起無人性根異常以家有頭顱投贖人數

多者為雄長去年拾貳月貳拾捌夜秩害卸仁

山等為藍命續又秩害茄藤社土番柴命難憑

纍根因賈由討刀通事勾引頑民越界開墾故

番蔦水而起兇番忿悠

王法嚴難姑容遂據臺灣縣道府文武各官和衷協

商咸積必須劃捕懲創業經督高其厚梗以

條教俱令就近酌量調發兵役土番堪禦並揚

巢穴提捕陸續新兇番来人隨啓示泉談計

讀姚兇番賊給名并曉衛飲黨許其就撫為期

禮遒半月全軍得勝歸伍官保該法術捕海外

兇番不獲故泉其事今

皇上養曩屢恩膚不孚先劼力原保該法術捕海外

天威已播理合奏

聞至於行間兵役土番口糧等項及量功賞早經

臣與督臣酌籌撥銀辦理無惧今卸月拾肆日

據臺灣道孫國璽稟禀臺灣知府俞存仁談

防同知王沂左譬遊擊李之樑右蒼遊擊洪橋

龍公同研審查各兇番俱供九殺一漢人卸補

上身剌一人形殺一番子卸於下身剌一人形

并花樣今驗所獲野番除巳冗燼留一名驗明

剌有人形外又驗一名加鹽或力氏左肋剌大

花瘊二條人形四個右肋剌花瘊三條人形五

個右腿剌花瘊八個右手膊右舊刀傷舊瘊

武洛社土官煜巳丁賢誌昔年被其發伊兄弟

巳丁曾用刀格傷手可証即該兇番赤經自認

不諱又驗加語同左右手背各剌人形三個左

腿剌人形一個右腿剌人形三個有柳籠賢誌

該番係山裡目社生番土官的小厮鏖佚下山

殺人回去就迎社飲酒等語況在其社内現經

捺出剌去紅羊等頸顱更無可疑又驗阿難武

里右手背剌人形兩個兩手俱剌花瘊左

腿剌人形三個右腿均係鏖火殺人兇番悉

剌新供无法無可肯又有又驗加老武力邦慮

三個樣其剌記保殺番子而未殺漢人又那慮

亦不承認殺人又據人形又那慮花樣

其餘十二名生番驗無記剌花樣人形是

否同惡或係無辜地即請兩察院公同會問與該府等

稟到道本道即請兩察院公同會問與該府等

所審招黯光無異即將兇番分别監看守再另

確察招黯光將無辜之番慎勿小巳因圖二名

僅行招律給以衣額令其四山曉諭各生番共

知感仰

皇上恩威遠未歸化外荒野番性同禽類惟晤兇我

而殷來征留墜於山口糧武從未運來是欠餉

有停發番招後俟解是司頒審請

題報正法訖已遵隔外洋各番俱未目曾投岸所

以全氣靈懼今本道等現在會請兩寮院勘議

擬將此次所拏兇番克番得實一面飭詳

申報一面並送伍生番交界之處會同文武先

將疑人正法加顯武力氏加洛同阿顯武里三

名新首慕示就令其加苦武力與濟媽那里琉

敕之似曾過曾物責排其新是應照術刳人參

例割番筋發回使知畏法其餘寮審無辜仍

予歸回廠肆克番顏感稟

皇上倘宜亟行權臣實不敢應否將兇番加顯武力氏

加洛同阿顯武里三名即行在近曾圍口正法

競令加苦武力那廳廳那里琉熊洛亢焉四名

劉斷腳筋發回使知畏法其餘十二名如果無

辜歸回則象番既感

聖恩又懼

王法副稜底羲歙跡以靖地方應否如是為此寄請

皇上音意以便敕遵施行至於通番勾引越境開墾

慈覽訪聞全係張漢相柳楊二人又誆柳楊保

朱一貴內渦翔之犯更斷不可輕棍容臣另行

究審問捉合併陳明臣謹繕摺為羞家人楊朝

奏請

音代乞

皇上

廑鑒

王法善慕佐分上影

圖與下服番心亦足以安靖外洋遠番地方非本

道等敬為提高似覺必須於此始知畏懼於俊

如或必須解司楨轉遺斷不敢遺耳畫加仁

山等讀救實寮通番刁民張相柳楊二人勻

引起纂此保禀懇亦經勘究解究合并纂

明嵩筌嚣纂纂恭候鈞裁下等因具纂到目

隨密令辭候不得輕率擅行去後臣查送探

國畏裏諳譌勢洵乃實心料理地方之人凡事

措施悉應如其所禀但海外野番或惜扥命隨

題均有成憲予番生教權棒

雍正柒年伍月　初壹　日

《宮中檔》，雍正七年五月初一日，劉世明奏摺

福建觀風整俗使臣劉師恕謹

奏為請嚴偷渡之禁以重海疆以恤民命事竊查
閩省過臺之禁遵行已久然禁者自禁渡者自
渡究未能絕也蓋由愚民無知貪臺地肥饒佳
可發利故不惜背鄉井賣房產冒風波干

功令而為偷渡之計地方不法棍徒因而引誘包
攬名曰客頭每客一人索銀六七八兩不等先
分匿於荒僻鄉村迨有一二百人乃將大船停
泊灣口之外乘夜用小船載出後上大船而去
沿海地方廣闊隨處可以上船本難稽查而灣
甲地保通同私縱者又復不少其被拏獲者偷
渡男婦遞回原籍而客頭僅坐枷杖且許折贖
出所得百分之一便可脫然無事利重罪輕彼
亦何憚而不為也且又有一種奸惡之徒既取
重利倭圖泯迹遂用朽壞之船將人客不分男
女共填艙內以權益定行至海中鑿船沉之自
駕小舟而回又或遇沙洲荒島即詭云到臺呼
客上岸客纔出艙不辨何處歡欣登岸彼已揚

帆而去謂之放生追其知覺呼號莫救念此愚
民本欲趨利乃不沉溺於海即枯槁於山難禍
由自取而客頭之罪已不容誅矣且愚以為嗣
後偷渡被獲其客頭一犯應擬充軍為從者減
一等職入官灣甲地保知而不舉者連坐倘
有中途謀害情事發覽審實照強盜傷人得財
律擬如臺灣等被偷渡人犯問明從何處開船
即將經由之水汛及本地文武各官照失察例
參處倘文武衙門隱匿不報或被告發或被上
司查出指名

題參從重議處如此則偷渡之樊可除而海疆以
靖民命以保矣為此繕摺具
奏是否有當伏乞
皇上睿鑒施行謹

奏

該部議奏

雍正柒年拾月　拾陸　日

《宮中檔》，雍正七年十月十六日，劉師恕奏摺

奏為遵

旨嚴審從重定擬粘摺會

聖鑒事

奏事竊照臣等為包攬民人偷渡赴臺灣拏獲

兵陸建柱桑報經臣福康安同岁獲船戶洪則

等私攬內渡一案一併奏案

臣福康安郭世勳徐嗣曾跪

旨飭令從重定擬即行知福建按察使李永祺嚴

審去後據奏將李淡案內各犯審訊緣由

隨會同提犯嚴加研鞫緣李淡籍隸晉江向開

舵工水均各散館李淡計無所出因見海道

時有客民尋覓淡往臺灣船隻隨起意偷渡

布舖久經歇業與同縣民人蔡水素相識乾隆

五十二年八月間李淡探知蔡民周媽盖有領

照商船一隻無力出海與蔡水商允合租駕駛

共出錢四十千文將船寄泊升尾外海邊賣欲

置資運赴臺灣售賣價洋多日寶本無措原配

提犯會訊供悉前情委罪積慣盤查此棠先

據李淡攬燕登桑報臺灣海防同知吳元琪

據李淡攬集偷渡利情殊特無便便領有照

縱李淡渡從重請照積慣諳攬三十人以上發

新疆為奴照發遣配種地兵丁為奴到配

杖一百把責四十板照例先行嚴拿蔡水離係

聽從李淡指使攬載但包攬過客頭積慣慣

未便便照發犯應擬徒請照客頭包攬過客為首

克軍例發近邊充軍定地發配枷責嚴訊

周俱水手五名周鍾勉忍周俱王秋張俊

各照舵工而不乗例杖一百枷三年照定

地發配折折責擺站所有偷渡民人除楊王等十

三名業經肅獲毋庸置議外有偷渡民人陰楊王收

等二十六名照照私渡關津律杖八十各

折責三十板內勤未同二犯年已七十照例

收贖外又未及歲之許讓等十九名及冊尔許

張氏等七十五名口名已坐罪暨長夫男均請

免議蔡施氏等十一名口應坐罪蔡齊蔡崔蔡

船價外餘各給錢五六百文不等共得錢一百

三十六四十八百人分用即於二十三日散

洋原擬歐毛臺灣五條港躭風登岸二十五日

忽起大風驚搠虎耳門汕外急欲避逸次

早即經天武員弁會同觀報飭司嚴審內有偷

渡民人楊王等十三名於取供後病故嚴經

頭船產慣諳攬至三十人以上者粉遣新疆

近邊充軍為從知而不乗例俱杖一

百徒三年船戶照尔頭照供職治罪例載客之

人照私渡關津律杖八十逃回原籍又例載客之

民情應出結具保等情似無遁飾　虛例載挑

徒充作客頭到誘偷渡包攬過客者為首粉

未便便照發犯應擬徒請照客頭包攬過客為首

聽從李淡指使攬載但包攬過客頭積慣慣

給種地兵丁為奴各等語李淡雖非客頭積慣

誘攬但私渡船隻偷出海口積慣諳攬二

百餘名之多偷渡漁利情殊特未便便擬有輕

縱李淡渡從重請照積慣諳攬三十人以上發

新疆為奴照發遣配種地兵丁為奴到配

杖一百把責四十板照例先行嚴拿蔡水離係

簽阿海令該犯等俱已身故亦毋庸議此內地
有簽屬及在臺灣現有因業者應照流寓臺灣
之例免其通籍餘俱通籍收管等浚收得船
錢一百二十六千八百文照數追出同船復變
慣免公舫工水手周住等議給工銀尚未交收
免其追繳私担船隻之周娘益及澳甲人等撤
飭泉州府查審辦理船照飭銷並追租錢入官
內地失察出口及私担船隻偷渡各職名咨移
閩浙督臣李侍堯查除金錄供招咨部外所
有臣等嚴審定擬緣由理合恭摺會
奏摘叙要犯供單敬呈
御覽伏气
皇上睿鑒勅部施行謹
　奏
　　張印〔花押〕
乾隆五十三年三月二十八日

《宮中檔》，乾隆五十三年三月二十八日，福康安等奏摺

福建水師提督一等海澄公奴才黃仕簡
欽差使衛福建臺灣道奴才楊廷樺謹

奏為全獲殺升匪兇分別究擬具
秦事竊照彰邑內快官庄泉人張主忠等因開大
里代庄林姓漳人欲攻伊庄時值新調南北投
汛把總林審帶兵十名經過攔入張監書館內
問知林審係漳州人懷疑妄殺經文武曾聲先
關上書館隨帶軍砲行李馬足牽撤回眾其歡
丁張錫等易屋關閉防其走溢是夜初更林審
東闖走出時張主忠俱在張勳國藥店商議
獲張主忠鄭全張克等由府縣審明咨呈前草
鎮金瞻桂恭請
王命先行正法鄭全張克等抵臺督擊又獲張石
唐發張琳解勘審明正法案次具
秦在案審續全獲此案八犯唐飽奔嚴加審訊
堅供臨時實有阻止並無在場幫殺除備錄各
犯供單附呈
聖鑒外奴才等會審看得張主忠等殺兄把總林審
起意殺害唐飽張罵昱乾張勳國等會向
阻止嗣鄭全探知林審走脫奔告張主忠先
張主忠即在店內取刀藥刀一把與張克張后
張琳鄭全唐發追獲林審張主忠用藥刀向
林審頭面亂砍殺死張后張琳鄭全唐發各用
防身佩刀亂殺莫夜丁查問知林審
並非假冒良懷驚懼攜眷逃走張主忠等放火
燒庄各兵分頭竄走不見矢被殺害
裹脅移縣飽報先等首夥張砲起加毆
法奴才等抵臺又獲殺升兇犯張后張琳
及案犯唐飽張罵昱乾張勳降陳貴即王滿
徐西王約陳志等供認前情不諱查自府縣審
擬招解前來奴才等覆勘無話訊鞫戚實質之張
后等亦稱唐飽等如果在場何肯獨當重罪轉

月初九日內快官庄大里杙漳人
泉人住內快官庄鄰近大里杙林姓漳
人先闖泉人夥兇被漳人黃瑛等因賭起忿毆
斃以致各分氣類糾集庄泉互相焚殺上年九

兵張鎮等十名由該庄經過張主忠看見欲留
欲來攻庄集泉守護日午適把總林審赴汛帶
保庄攔住該把總經過張主忠看見欲留

內張監書房備饌欵待張降陳貴徐西王約陳
降陳貴即王滿徐西王約陳志等驛請留入庄

為伊等開脫等供洵無遁飾後將張后唐發張
琳先後正法疊經奴才等附摺
奏明在案其張戴國一犯前接督撫臣咨行在內
地掌獲並將訊過張琳張晃等食供張主
忠等在張戴國藥店內欲將林審殺害張戴國
只有出言勸阻並無在場下手但屬知情難任
狡展等情咨禀督撫在案查張主忠等
先則稽留保庄後竟懷疑妄殺以致汎弁林審
慘遭毒手按其兇殘情狀實屬罪大惡極應照
叛逆嚴辦方足懲巨惡而彰
國憲查律載謀大逆凌遲處死知情不首減等狀
況張主忠起意殺弁貽禍全庄張后唐發張琳隨
謀逆律凌遲處死克鄭全庄鄭照謀叛律擬斬立決以上
同幃殺屬謀叛應照謀叛律擬斬立決以上
各犯已先後審明正法集示各犯屬俱請照
逆緣坐治罪另飭查拘到案分別嚴辦查明各
家屬入官唐飽張晃張乾雖未在場下手
但不力為勸阻釀成大禍若僅照此情不首減
等狀泥不足蔽辜俱擬從重改發伊犁給種地
兵丁為奴張阜與張戴國一律辦理張降陳貴
即王滿徐西王約唐志等晚請留庄難為保護
起見但情愀未便輕縱應照唐飽等酌減
一等狀一百徒三年釋擺站限滿
遞籍安捕不准回臺張降已先病故應毋庸議

張挺年逾八十與無干之高為張晃訊供後病
故之張長吳宗德概免置議兵丁張鍚等均飭
歸伍軍械行李馬足等宵飭眼查追路獲分別
還營繳主各犯兇刀隨時丟棄庄經燒燬無憑
起繳屍棺飭屬領理所有審擬殺弁案犯各緣
由理合會摺由四百里馳驛恭

奏伏乞
皇上睿鑒
勅部議覆施行謹
奏

乾隆肆拾捌年叁月　初貳　日

《宮中檔》，乾隆四十八年三月初二日，黃仕簡等奏摺

錦繡河山

——臺灣輿圖的繪製經緯

　　在荷蘭人來臺以前，臺灣輿圖的繪製，主要是製圖家根據航海記等類文字，加以整理繪製的。荷蘭佔據臺灣以後，其海上勢力不僅壓倒了葡萄牙，關於地圖製作的技術，也超越了葡萄牙，而居於領導地位。荷蘭人以他們的優良技術，在臺灣各地實測繪圖，自此以後就有更精確的臺灣輿圖出現了[1]。

　　國人最早繪製的臺灣輿圖，當推沈光文所作《臺灣輿圖考》[2]。沈光文，字文開，一字斯菴，浙江鄞縣人，生於明萬曆四十年（1612）。永曆六年（1652），沈光文遇颶風漂至臺灣，在八年之間作成《臺灣輿圖考》。永曆十一年（1657），何廷斌曾令小通事郭平順鹿耳門至赤磡城邊，暗測港道深淺，繪成臺灣簡圖。翌年，何廷斌將目測手繪臺灣簡圖進呈鄭成功[3]。

　　康熙五十二年（1713）五月，耶穌會士雷孝思（J. B. Regis）、德瑪諾（Romanus Hinderer）、瑪秉正（J. M. A. de

---

1　曹永和著《臺灣早期歷史研究》（臺北，聯經出版公司，民國70年7月），頁328。
2　范咸等修《重修臺灣府志》（乾隆十二年刊本），卷19，雜記，頁28。
3　呂榮芳撰〈清初手繪臺灣地圖考釋〉，《文物》（北京，文物出版社，1979年6月），頁64。

Mailla）等人奉命前往浙江舟山及福建臺灣等處測繪輿圖。翌
年二月十九日，雷孝思等人在廈門上船，赴澎湖群島及臺灣
測繪地圖。康熙五十六年（1717），奉命赴各省測繪地圖的耶
穌會士等人陸續返回北京，將所繪地圖交由杜德美（Petrus
Jartoux）等進行整理編纂。康熙五十八年（1719），清廷頒發
《皇輿全覽圖》及分省地圖，由馬國賢（P. Ripa）攜往歐洲，
製成銅版後印刷。

雍正年間諸羅縣城圖

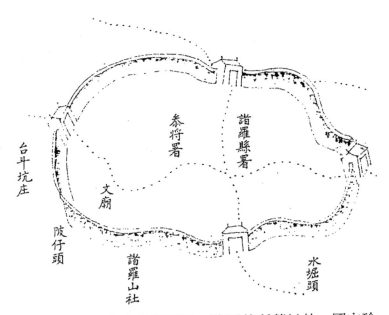

　　目前所保存的各式臺灣輿圖，除國外所藏以外，國內珍
藏亦夥，例如臺灣省立博物館藏有單卷巨幅《康熙中葉臺灣
輿圖》一幅，縱 66 公分，橫 536 公分；中央研究院傅斯年圖
書館藏有《乾隆中葉臺灣番界圖》一幅，紙本彩繪，縱 48 公
分，橫 582 公分；國立中央圖書館臺灣分館藏有《道光中葉

臺灣輿圖》一幅，縱 39 公分，橫 240 公分[4]；此外，福建廈門大學人類博物館藏有《清初手繪臺灣地圖》一幅，縱 44 公分，橫 554 公分。北京圖書館藏有《清代繪製臺灣地圖》一幅。

　　國立故宮博物院珍藏巨幅臺灣輿圖，包括：《臺灣略圖》二幅，《臺灣附澎湖群島圖》、《臺灣地圖》各一幅。其中《臺灣略圖》滿、漢文箋注各一幅，俱為紙本墨繪，縱 127 公分，橫 123 公分。圖中所繪者限於臺南鹿耳門港航道及赤礲城、承天府一帶地形圖，與永曆年間何廷斌目測手繪臺灣簡圖相似。原圖中安平港粘簽標明「此港極深，從來過臺灣，皆由此港入，至城兜方進入赤礲城前拋泊，地名一崑身。」在鹿耳門港標明「入鹿耳門由此港，此港原只有七尺深，鄭成功過臺灣時，其港底之沙流開，則有一丈七尺深，所以大船得由此而進。今港底之沙復填塞，依舊七尺深。」原圖滿、漢文箋注頗詳，有助於了解當時城堡建築及鄭氏軍事佈署情形。例如原圖繪有安平鎮，粘簽標明該處有城三層，礟堅固，臺灣改名安平鎮。赤礲城改名承天府，鄭成功初過臺灣，就在赤礲城內安住，後來搬入臺灣城。簽條標明承天府為總地號，無城郭，駕船登岸，就是大街市，官員都住在兩邊街上，其地皆沙，並無山石樹林，軍隊都屯在荒山之上。原圖箋注因有「偽藩」、「賊」等字樣，故可推知《臺灣略圖》的繪製，是在清廷領有臺灣以前。鄭經於康熙十九年（1680）還臺灣，翌年卒。原圖所繪安平鎮，粘簽標明「世子鄭經在內」等字樣，據此可以推知《臺灣略圖》繪製時間的下限當在康熙二

4　施添福撰〈清乾隆中葉臺灣番界圖〉，《臺灣史田野研究通訊》，第 19 期（臺北，中央研究院，民國 80 年 6 月），頁 46。

十年（1681）以前。

現藏《臺灣圖附澎湖群島圖》一幅，縱 63 公分，橫 772 公分，圖像式紙本彩繪。圖例方位：前西，後東，左北，右南，原圖北起雞籠社，南迄沙馬磯頭，凡山川、港灣、河流、島嶼、沙洲、縣城、衙署、廟宇、礮臺、番社等，俱逐一標明，南詳北略。原圖擺接社以北所標地名包括：干豆門、奇里岸、內北投、外北投、小八里坌、石門、淡水營等地，至於雞籠、小雞籠、金包里、雜柔、峰仔嶼、毛里即吼、里族、答答悠、大屯、扈尾、八芝蓮、麻少翁、大八里坌、大加臘、奇武子、武朥、木喜巴瓏、雷裡、了阿秀郎、里末、擺接等，都是原住民的社名。

據《臺灣通史‧城池志》記載：「彰化縣城，雍正元年建縣治於半線。十二年，知縣秦士望環植刺竹，建四門。」同書〈循吏列傳〉記載「秦士望，江蘇宿州人，以拔貢生出仕。雍正十二年，調彰化知縣。邑治初建，制度未詳，即以典學致治為心，凡有利民，罔不為之。翌年，倣諸羅之法，環植刺竹為城，建四門，鑿濠其外[5]。」雍正元年（1723），增設彰化縣。雍正十二年（1734）至雍正十三年（1735）之間，彰化縣城倣諸羅之法，環植刺竹。原圖標明彰化縣地名，但未築城，亦未環植刺竹。據此可以推知原圖繪製的時間，當在雍正元年以後，其下限在雍正十二、三年以前，大約在雍正中葉，原圖就是一幅珍貴的彩繪臺灣古地圖。

現藏《臺灣地圖》一幅，縱 46 公分，橫 667 公分，圖像式紙本彩繪。圖例方位：前西，後東，左北，右南。自北至

---

5 連橫著《臺灣通史》（臺北，文海出版社，民國 69 年 6 月），卷 16，頁 466；同書，卷 34，頁 941。

南，詳繪大雞籠城、哈仔蘭、竹塹城、彰化縣城、諸羅縣城、臺灣府城、鳳山縣城等。嘉慶十五年（1810），設噶瑪蘭通判，原圖標寫「哈仔蘭」字樣，並未改書「噶瑪蘭」，可以推知原圖當繪於嘉慶十五年以前。雍正元年（1723），設淡防廳於竹塹城。原圖竹塹城內標有淡防廳署的地名，可以推知原圖繪製時間應在雍正元年以後。雍正十二、三年，彰化縣城環植刺竹，原圖彰化縣城牆繪明環植刺竹，可知原圖繪製年代，當在雍正十三年以後。雍正元年，諸羅縣城改築土城。乾隆五十二年（1787）十一月初二日，諸羅縣改稱嘉義縣，取嘉獎義民之意。原圖所繪諸羅縣城為土城，但縣城尚未改名，仍作諸羅縣，可以確定原圖繪製時間的下限年代當在乾隆五十一年（1786）十一月林爽文起事以前。乾隆十七年（1742），清高宗曾頒降諭旨，規定御史巡察臺灣，三年一次，事竣即回，不必留駐候代，嗣後成為定例。乾隆二十一年（1756）二月，巡視臺灣給事中李友棠抵達福州，福建巡撫鐘音即將臺灣輿圖形勢一切應辦應察事宜，條分縷晰[6]。由此可以推斷原圖的繪製時間，當在乾隆中葉。

　　現藏《臺灣地圖》附有詳細說明，原圖大雞籠城左上角標明各地距離里數及地方特色。例如圖說中標明金包里至艋舺渡，沿海產海翁魚，能吐龍涎香。八尺門港，昔年為紅毛船出入，港有一箭之寬，港水甚清，常見五色魚。大雞籠城原住民，生活最苦，以海為田。過八尺門，沿海跳石頭經三貂山可至哈仔蘭。原圖標明哈仔蘭內有原住民三十六社，漢

6　《宮中檔乾隆朝奏摺》，第 13 輯（臺北，國立故宮博物院，民國72 年 5 月），頁 719，乾隆二十一年二月十七日，福建巡撫鐘音奏摺。

人貿易，由社船南風入，北風起則回。崇爻山為臺灣後山，內有十二社原住民。漢人貿易，有社船一隻，南風入，北風而回。原圖繪有小琉球山，標明山內有田園數十甲，亦有漢人住眷在內，竹木甚多，離東港水程半更。原圖說明，有助於了解臺灣早期的生態環境。

　　巡察御史東渡入臺後，即分路巡察地方。由臺灣府城東抵羅漢門為中路，南抵沙馬磯為南路，北抵雞籠山為北路。乾隆二十一年（1756）八月十七日，巡視臺灣給事中李友棠巡察北路時，由木柵過灣裡、哆囉嘓等社至諸羅縣，閱看北路協左營操演。然後由斗六門過虎尾溪，經東螺、西螺、大武郡各社至彰化縣，閱看北路協中營操演。又由貓霧揀、岸裡社過大甲溪，經吞霄、後壠、中港至淡水同知駐箚的竹塹地方閱看北路協右營操演。再沿海岸向南經沙轆、馬芝遴社，過鹿仔港、笨港、鹽水港，於九月初七日，事竣回至臺灣府城[7]。乾隆二十九年（1764）正月二十七日，巡視臺灣給事中永慶等自臺灣府啓程，先往南路一帶地方巡察，由二層行溪入鳳山界，至大湖街，經小店仔、礁巴斯絨等處抵鳳山縣，又由鳳山縣南下埤頭至鳳彈汛。隨後自鳳彈由坪仔頭、小竹橋過淡水諸溪，至阿猴、搭樓、武洛等社。此外，還有放綜、茄藤、上下淡水、力力等社。永慶等循傀儡山而北，至臺灣縣界羅漢門、大傑巔等處。據永慶等指出各社原住民，類皆劖耳紋身，服飾斑駁。其中鳳山境內歸化各社男婦，多屬纏頭跣足，皆知力穡務農。二月初四日，永慶等返回府城。同年二月二十五日，永慶等自府城啓程，巡察北路，由臺灣縣過

7　《宮中檔乾隆朝奏摺》，第 15 輯（民國 72 年 7 月），頁 344，乾隆二十一年九月十二日，巡視臺灣給事中李友棠奏摺。

新港溪入諸羅縣界，過虎尾溪入彰化縣界，由彰化縣過大甲溪入淡水同知界至竹塹城，從竹塹沿海而南，過諸溪由鹿仔港、鹽水各港等處回程，往返二十一日。永慶具摺指出北路廳縣所屬原住民大小共七十餘社[8]。

　　現藏臺灣輿圖保留了許多臺灣古地名，例如基隆，原圖作「雞籠」，又作「圭籠」；宜蘭，原圖作「哈仔蘭」；雍正年間的「干豆門」、「八芝蓮」，乾隆年間改稱「關渡門」、「八芝蘭」，即今士林；蘆洲，原圖作「和尚洲」；三重，原圖作「葫蘆洲」；新竹，原圖作「竹塹」；苗栗，原圖作「貓里」；通霄，原圖作「吞霄」；「大度溪」，原圖作大肚溪；彰化，原圖作「半線」；北港，原圖作「笨港」；民雄，原圖作「打貓」；美濃，原圖作「彌濃」；屏東，原圖作「阿猴」；高雄港，原圖作「打狗港」。對照不同年代的各種輿圖，可以了解臺灣古今地名的沿革。

乾隆年間諸羅縣城圖

8　《宮中檔乾隆朝奏摺》，第 20 輯（民國 72 年 12 月），頁 840，乾隆二十九年三月二十二日，巡察臺灣給事中永慶等奏摺。

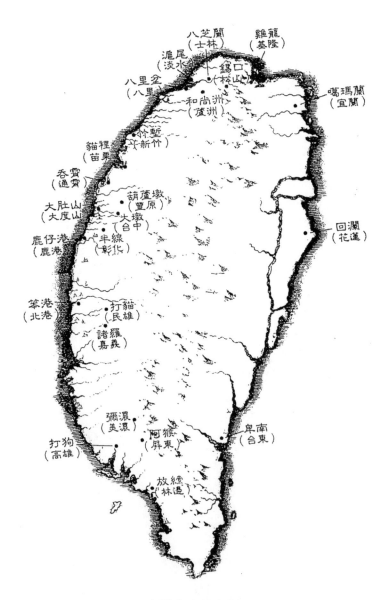

八芝蘭
（士林）

雞龍
（基隆）

滬尾
（淡水）

八里坌
（八里）

錫口
松山

噶瑪蘭
（宜蘭）

和尚洲
（蘆洲）

竹塹
（新竹）

貓裡
（苗栗）

吞霄
（通霄）

葫蘆墩
（豐原）

大肚山
（大度山）

大墩
（台中）

回瀾
（花蓮）

鹿仔港
（鹿港）

半線
（彰化）

笨港
（北港）

打貓
（民雄）

諸羅
（嘉義）

彌濃
（美濃）

卑南
（台東）

阿猴
（屏東）

打狗
（高雄）

放練
林邊

臺灣古今地名對照

奏

福建巡撫臣鐘音謹

奏

為

福建巡撫臣鐘音奏摺

《宮中檔》，乾隆二十一年二月十七日，福建巡撫鐘音奏摺

乾隆二十一年二月十七日

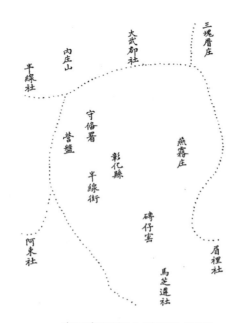

雍正年間彰化縣署位置圖

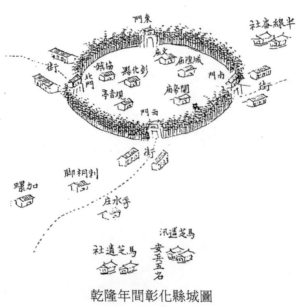

乾隆年間彰化縣城圖

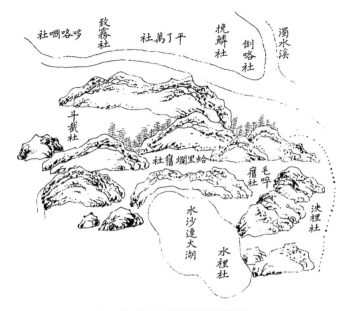

雍正年間水裡等社位置圖

雍正年間望加臘等社位置圖

雍正年間岸裡等社位置圖

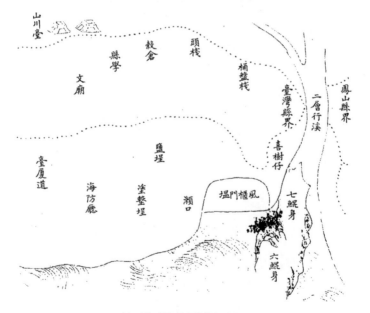

雍正年間臺廈道位置圖

雍正年間淡水營位置圖

乾隆年間大雞籠位置圖

奏

巡視臺灣給事中臣官保臣及當議

奏為恭報巡視事竣仰祈

睿鑒事竊臣等奉

命延臺於四月内閱看鎮協安平水陸各營伍隨往

南路巡查業經恭摺

奏明在案其澎湖一協遠隔大洋照例撥委臣澎湖

通判張塽會同副將林賢就近閱看嗣據覆稱

兩營軍伍船隻配足技勇熟嫻等情亦在臣

等因臺地於懸海外謫務未免因循嚴飭府屬

廳縣將所辦事件分別

欽部批查自理三項嚴明事由挨月造具清冊送臣

衙門察核務令限完結毋得稍有懈怠以仰

副我

皇上慎重海疆整飭吏治之至意兹於八月十七日

輕裝減從前往巡查北路由木柵過灣裡哆囉

嘓等社至諸羅縣閱看北協左營操演次由斗

六門適虎尾溪經東螺大武郡諸社至彰

化將閱看北協中營操演復由貓霧捒舁裡社

過大甲溪經吞霄後壠中港等處至淡水同知

駐劄之竹塹各地方馴看北協石營操演各營隊

伍軍裝俱各整齊臣等並為重賞勵令復

沿海岸西南經沙轆馬芝遴等社過鹿仔港筆

港鹽水港如意訪察民番俱各安帖其住返所

過庄社俱傳集通土番眾宣布

皇仁開誠撫恤各捐煙布羊酒等物分別賞費莫不

欣欣鼓舞沿途況及内山險隘處所俱飭令

不時操防竭力防範於九月初七日事竣回郡

現在做裝整舟候風遄海俟到省時照例將巡

臺關防交送蒲廳存貯另瓶

題明外所有民番等延臺察軍緣由理合

恭摺具

奏報再前奏到

硃批奏摺陛件合併恭繳謹

奏

乾隆貳拾壹年玖月　拾貳　日

《宮中檔》，乾隆二十一年九月十二日，
巡視臺灣給事中官保等奏摺。

奏

巡察臺灣給事中兼佐領奴才永慶御史臣李宜青謹

奏為恭報巡查北路事宜仰祈
睿鑒事竊奴才永慶等前將巡查南路臺鳳二縣治併
看過南路營操演及地方各情形業經恭摺
奏明在案茲奴才永慶等復於二月二十五日輕騎
減從前往巡查北路一帶地方自郡起程由臺
屬過新港溪入諸羅縣界過虎尾溪入彰化縣
界由彰化縣過大甲溪入淡水同知界至竹塹
城從竹塹沿海而南過諸溪由鹿仔鹽水各港
等處回程道遥紆折往返二十一日所到之處
接見同知知縣佐襍併營員等細詢地方俱皆
安靜奴才永慶等隨詳加指示併令其嚴查奸匪
務使地方寧謐民番相安其北路協副將標下
諸彰竹塹各營俱隨地閱看操演陣勢技藝尚
俱嫻整可觀當即嚴切告誡員弁必須共相奮
勉無怠操防二十七日在諸羅縣地方有阿里
山等社生番男婦三十六名出山跪迎奴才永慶
等隨詢及該知縣稟稱此項生番雖歷年撫冊
報輸餉而均不出山地方官亦向不許入內界
恐其性野滋事今該番等知感
皇上恩德聞巡察官員到境出山迎接奴才永慶等次
日教場閱看北路左營操演隨令通事帶領該
生番等在傍觀看軍容嚴肅旗幟鮮明奴才永慶
等申明法令佈揚
天威操畢當即宣佈

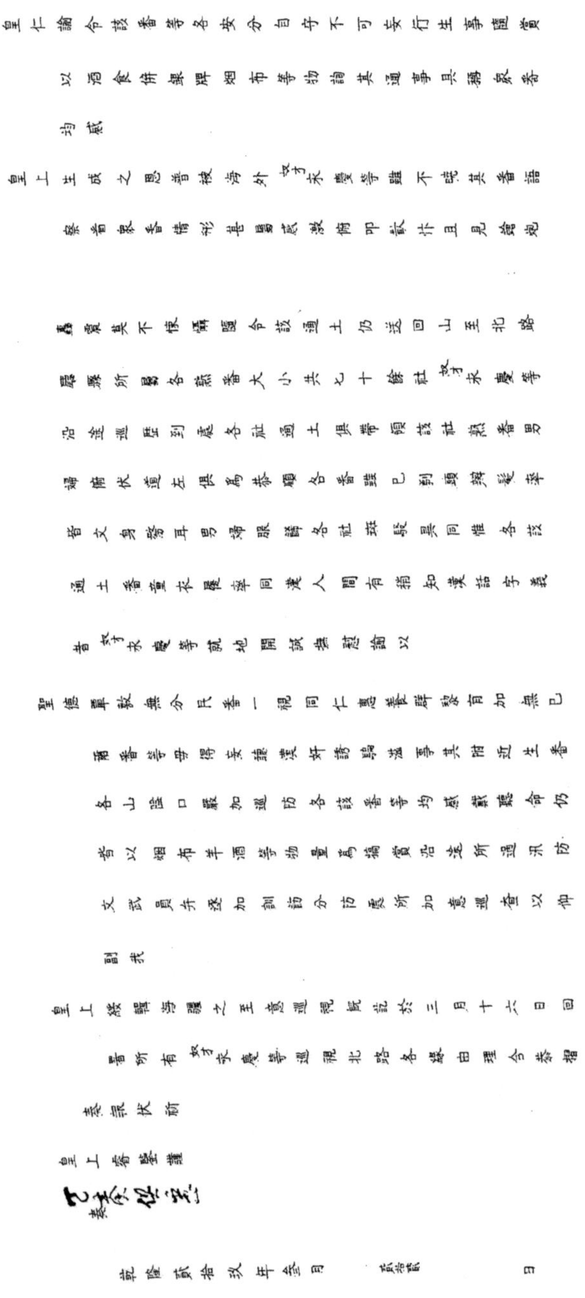
皇仁諭令該番等各安分自守不可妄行生事隨賞
以酒食併銀牌烟布等物詢其通事具稱衆番
均感
皇上生成之恩普被海外奴才永慶等雖不曉其番語
察看衆番情形甚屬感激俯叩歡忭且見鎗炮
轟震莫不悚慴隨令該通土仍送回山至北路
屬縣所屬各熟番大小共七十餘社奴才永慶等
沿途巡歷到處各社通土俱帶領該社熟番男
婦俯伏道左俱爲恭順各番雖已剃頭辮髮率
皆文身鑿耳男婦服飾各社斑駁異同惟各該
通土番童衣履率同漢人間有稍知漢話字義
者奴才永慶等就地開誠撫慰諭以
聖德覃敷無分民番一視同仁惠養群黎有加無已
爾番等毋得妄聽漢奸誘騙滋事其附近生番
各山隘口嚴加巡防各該番等均感戴聽命仍
皆以烟布羊酒等物量爲犒賞沿途所過汛防
文武員弁逐加訓飭分防處所加意巡查以仰
副我
皇上綏輯海疆之至意巡視既竣於三月十六日回
署所有奴才永慶等巡視北路各緣由理合恭摺
奏聞伏祈
皇上睿鑒謹
覽奏俱悉
奏
乾隆貳拾玖年叁月　貳拾貳　日

巡視臺灣給事中永慶等奏摺（宮中檔）

雍正年間打狗港位置圖

康熙年間臺灣略圖（漢文箋注）

康熙年間臺灣略圖（滿文箋注）

雍正年間鳳山縣城圖

乾隆年間鳳山縣城圖

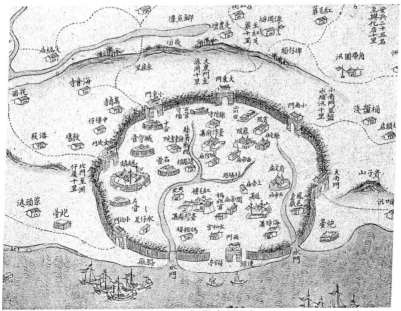

乾隆年間臺灣府城圖

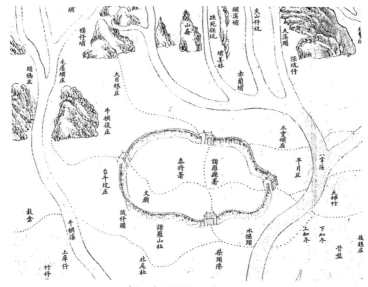

雍正年間諸羅縣城圖

乾隆年間諸羅縣城圖

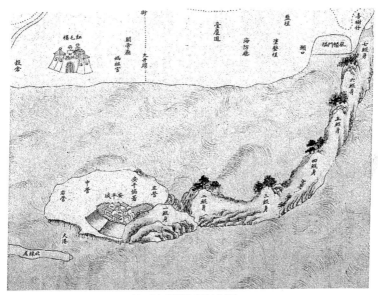

雍正年間安平城圖

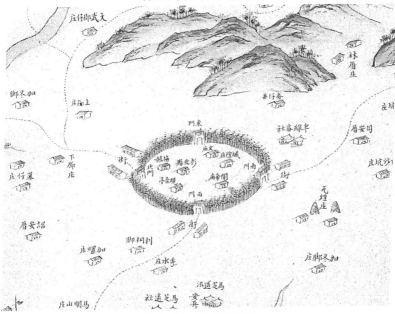

乾隆年間彰化縣城圖

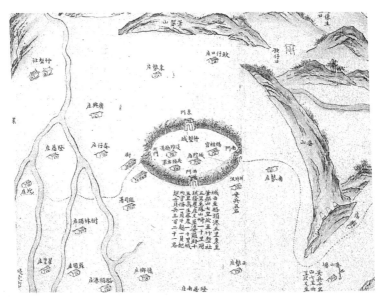

乾隆年間竹塹城圖

雍正年間淡水營圖

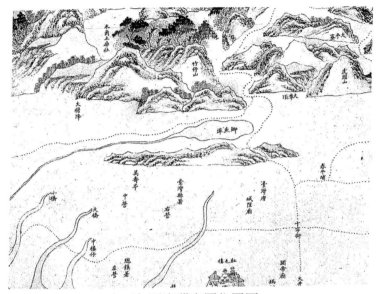

雍正年間臺灣府署位置圖

乾隆年間大雞籠位置圖

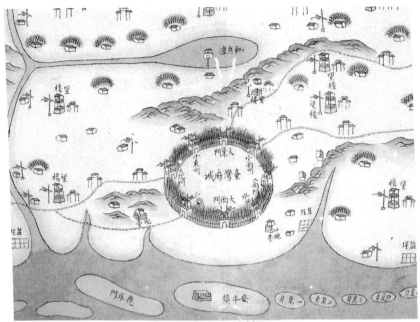

建設臺灣府城望樓圖

采風圖像

——從故宮檔案看臺灣原住民圖像的繪製經過

　　我國歷代以來，就是一個多民族的國家，各民族的社會、經濟及文化等方面，都存在著多樣性及差異性的特徵。由於我國傳統文化具有兼容並包的精神，長期以來，朝廷多尊重各少數民族的語言文字及其風俗習慣，對邊疆少數民族的文化，從無歧視的現象。同時增進邊疆與內地的關係，加強少數民族對中央的向心力，使邊疆少數民族與中央政府的關係，日益密切，職貢有圖，方物有錄。

　　《職貢圖》是一套多民族瑰麗畫卷，為研究我國少數民族的特殊文化傳統提供了珍貴的民俗史料。據文獻記載，《職貢圖》的繪製，由來已久。《南史》記載梁武帝使裴子野撰《方國使圖》，廣述懷來之盛，自荒服至於海表，凡二十國[1]。猗氏縣人張彥遠著《歷代名畫記》記載梁元帝時有《職貢圖》。史繩祖著《學齋佔畢》引李公麟的話說：「梁元帝時蕭繹鎮荊時，作《職貢圖》。狀其形而識其土俗，首虜而後蠻，凡三十餘國[2]。」唐代也有《職貢圖》。萬年人閻立本於太宗貞觀十一年（637）繪製《職貢圖》，畫唐太宗在長安會見國內各民

1　《南史》（臺北，鼎文書局，民國 74 年 3 月），卷 33，頁 866。
2　史繩祖著《學齋佔畢》（臺北，臺灣商務印書館，民國 55 年 3 月），卷 2，頁 28。

族及外邦使臣圖像。

　　有清一代，由於邊疆的開發，少數民族與朝廷的關係，更加密切。同時由於海道大通，中外接觸，更加頻繁。清廷為欲周知中外民情風俗，於是屢飭地方大吏繪圖呈覽。康熙四十一年（1702）三月二十九日，《起居注冊》記載康熙皇帝所頒諭旨內已有「觀郎中尤冷格所進圖樣云：猺人為數不多，棲身之地，亦不寬廣。但山險路狹，日間縱不敢出戰，夜間係彼熟徑，來犯我軍，亦未可知」等語[3]。由此可知康熙年間郎中尤冷格已進呈廣東傜族圖樣及圖說。貴州巡撫陳詵抵任後，亦將貴州通省土司苗傜地方居址疆界情形，查訪分析，繪圖貼說，進呈御覽，並於康熙四十六年（1707）二月初一日繕摺具奏[4]，其原摺現由國立故宮博物院保存，屬於《宮中檔》。六十七是滿洲鑲紅旗人，乾隆九年（1744），他與范咸出任臺灣巡視御史。六十七的正式職稱是「巡視臺灣戶科給事中」，范咸的職稱是「巡視臺灣兼理學政雲南道監察御史」，習稱巡臺御史。巡臺御史除了奏報臺灣雨水、收成、米價，辦理採買米穀外，也注意到原住民的生活習俗等問題。例如乾隆十二年（1747）二月十五日，六十七等具摺奏明奉到申飭諭旨，並採買臺米實在情形，原摺亦稱「臺郡向日地廣人稀，米穀原多，近則開墾已遍，惟沿山逼近生番之處，尚有餘地。然因民人私墾，多被生番戕殺，屢經條陳分界，禁止

3　《起居注冊》（臺北，國立故宮博物院），康熙四十一年三月二十九日，諭旨。

4　《宮中檔康熙朝奏摺》，第一輯（臺北，國立故宮博物院，民國65年6月），頁404。康熙四十六年二月初一日，貴州巡撫陳詵奏摺。

越墾」等語[5]。六十七在巡臺御史任內曾彩繪采風圖，包括《番社采風圖》及《臺海采風圖》，習稱《六十七采風圖》，分藏於國立中央圖書館臺灣分館、中央研究院歷史語言研究所等處，為研究臺灣平埔族生活及臺灣物產提供了豐富而且珍貴的佐證資料。

乾隆十五年（1750）八月十一日，四川總督策楞奉到諭旨，命策楞將「所知之西番、猓玀男婦形狀，並衣飾服習，分別繪圖註釋，不知者，不必差查[6]。」乾隆十六年（1751）閏五月初四日，乾隆皇帝又頒發諭旨，節錄其內容如下：

> 我朝統一寰宇，凡屬內外苗夷，莫不輸誠向化，其衣冠狀貌，各有不同。今雖有數處圖像，尚未齊全，著將現有圖式數張，發交近邊各督撫，令其將所屬苗、猺、黎、獞，以及外夷番眾，俱照此式樣，仿其形貌衣飾，繪圖送軍機處，彙齊呈覽，朕以幅員既廣，遐荒率服，具在覆含之內，其各色圖像，自應存備，以昭王會之盛。各該督撫等或於接壤之處，俟其順便往來之時，或有人前往公幹，但須就便圖寫，不得特派專員，稍有聲張，以致或生疑畏，俟伊等奏事之便，傳諭知之[7]。

由前引諭旨可以得知乾隆十六年（1751）閏五月以前，

5　《軍機處檔・月摺包》（臺北，國立故宮博物院），第 2772 箱，包 4，號 345。乾隆十二年二月十五日，巡視臺灣戶科給事中六十七等奏摺錄副。

6　《宮中檔乾隆朝奏摺》，第一輯（臺北，國立故宮博物院，民國 71 年 5 月），頁 910。乾隆十六年十一月十七日，四川總督策楞奏摺。

7　《軍機處檔・月摺包》，第 2740 箱，包 35，號 7505。乾隆十六年十一月十四日，咨呈。

已有多處地方大吏進呈少數民族圖像，但因尚有數處圖像仍未進呈，所以將軍機處現有圖式發交近邊各督撫，令其照式繪圖呈覽。同年六月初一日，軍機處又將《寄信上諭》發交沿邊各省督撫，其內容，與前引諭旨相近[8]。近邊各省督撫奉到諭旨及圖式後，即密飭各屬慎密辦理。同年十一月初，湖南省有苗族等府州屬將各處苗傜男婦衣冠狀貌，繪畫圖像，交給督撫衙門。署湖廣總督恒文，令布政使周人驥將各屬苗傜男婦圖像分別類種，照式彙繪註說，裝潢冊頁一本，咨送軍機處。四川總督策楞亦將所經歷的苗疆及所接見的少數民族，繪圖二十四幅，並將各地風俗服飾好尚，逐一註明成帙，於同年十一月十七日具摺奏明，進呈御覽。策楞後來又收到同年八月十三日軍機處所發下的「番圖」二式，將所屬苗傜及外藩，照式圖寫，於乾隆十七年（1752）另行進呈御覽。

　　閩粵等省因對外貿易，與我國屬邦及西洋各國接觸頻繁。閩浙總督喀爾吉善等人於乾隆十六年（1751）九月初一日奉到《寄信上諭》後，即慎密行文各道府於順便往來或有商人貿易往返國外時，將境內的少數民族及外國人的形貌衣飾，密為繪畫圖像。後來各道府陸續將圖像交由署福建巡撫新柱彙繪底本。陳弘謀接任福建巡撫後，參照《明史》等文獻，將圖像底本詳加考訂，然後進呈御覽，並於乾隆十七年（1752）七月繕摺具奏。節錄原奏一段內容如下：

> 閩省界在東南，襟江帶海，外夷番眾，環拱星羅。其大者謹修職貢，列在藩封，其餘諸夷番眾，納糧辦賦，莫不輸誠歸化，頂戴皇恩。各種番夷，不獨衣飾形貌

8　《欽定四庫全書》，史部，《皇清職貢圖》（臺北，臺灣商務印書館，民國75年3月），卷1，諭旨，頁1。

各有不同，其風土嗜好，道里遠近，亦皆不一，繪圖之外，必為附載貼說，方得明晰。隨諭布政司再加採訪，增添貼說去後，今據布政使顧濟美遵照繪圖貼說，申送到臣。通計畬民二種，生熟社番十四種，琉球等國外夷十三種，種各有圖，圖各有說，凡衣飾形貌，風土嗜好，道里遠近，就所見聞，略為記載[9]。

　　由福建巡撫陳弘謀奏摺內容可知在乾隆十七年（1752）七月間，福建省已將彙繪的圖像裝訂成冊，進呈御覽，包括福建省境內的畬民二種，琉球等國十三種，臺灣生熟各社原住民十四種，既有畫像，又有圖說。

　　臺北國立故宮博物院珍藏謝遂繪製《職貢圖》畫卷，紙本彩繪，共四卷，合計共三○一圖，包括畫像、滿漢文圖說及乾隆皇帝題識。畫卷的繪製，是就各省送到軍機處的圖式，重新彩繪，以求整齊畫一。畫卷的繪製，主要是以地相次，並經過多次增補完成的。畫卷第一卷共七十圖，內含東西洋各國、朝貢屬邦及外藩男婦圖像，其繪製時間的上限，當在乾隆十六年（1751）。第二卷共六十一圖，包括東北地區鄂倫綽、奇楞、庫野、費雅喀、恰喀拉、七姓、赫哲等族，福建省羅源等縣畬民，臺灣生熟各社原住民，湖南省永綏等處紅苗，靖州等處青苗，安化等處傜人，永順等處土族，廣東省新寧等縣傜人，靈山等縣僮人，合浦縣山民，瓊州府黎人，廣西省臨桂等縣傜人，興安等縣僮人，龍勝等縣苗人，岑溪等縣俍人，懷遠等縣伶人，馬平等縣伢人，思恩等府儂人，西林等縣皿人、佚人。第三卷共九十二圖包括甘肅省河州西

9　《軍機處檔‧月摺包》，第2740箱，包62，號9023。乾隆十七年七月二十六日，福建巡撫陳弘謀奏摺錄副。

寧等州縣藏、回、羌、蒙各族，四川省松潘等處藏族，建昌
等處保儸、麼些、苗族，會鹽等處佧僮人，會川等處擺夷、
僰人，永寧等處苗族。第四卷共七十八圖，包括雲南省雲南
等府黑儸儸、白儸儸，廣南等府妙儸儸，曲靖等府僰人、仲
人、苗族，廣南等府沙人、儂人，順寧等府蒲人，麗江等府
麼些人、怒人，鶴慶等府俅人、古倧人，武定等府麥岔人，
臨安等府苦蔥人、撲喇人，元江等府窩泥人，普洱等府莽人，
大理等府峨昌人，姚安等府傈僳人，曲靖等府苗人。貴州省
貴陽等處花苗、紅苗、黑苗、青苗、白苗，貴定等處犵佬、
木佬、傜人，大定等府黑保儸、白保儸，荔波等縣水、佯、
伶、侗、傜等族。

　　從清廷歷次所頒諭旨及各省督撫奏摺、咨文等類文書的
往返，並比對寫本《皇清職貢圖》後得知國立故宮博物院典
藏謝遂《職貢圖》畫卷的繪製時間，其上限是乾隆十六年
（1751）。畫卷第二卷湖南苗傜等六種、第三卷四川保儸等二
十四種，也是乾隆十六年（1751）開始繪製的。畫卷第一卷
琉球等國十三種，福建畬民二種，臺灣生熟各社原住民十三
種是乾隆十七年（1752）開始繪製的。畫卷第一卷增繪伊犁
等十六種圖像的上限是在乾隆二十二年（1757），其下限則在
乾隆二十六年（1761）。畫卷第二卷共六十一種，第三卷共九
十二種、第四卷前三十六種圖像的繪製增補時間，其下限也
是在乾隆二十六年（1761）。畫卷第一卷後隔水愛烏罕回人等
五種圖像是乾隆二十八年（1763）增繪的。第四卷後幅四十
二種圖像是乾隆二十六年（1761）至乾隆二十八年（1763）
之間繪製增補的。第一卷後幅土爾扈特台吉等三種圖像是乾
隆三十六年（1771）增繪的，第一卷後幅整欠頭目先邁岩第

等二種圖像是乾隆四十年（1775）增繪的，第一卷巴勒布大頭人並從人即廓爾喀一種圖像的增繪時間，其下限當在乾隆五十五年（1790），也是國立故宮博物院現藏《職貢圖》畫卷最後增繪完成的可考年代。

　　福建巡撫陳弘謀具摺進呈臺灣生熟各社原住民的時間，是在乾隆十七年（1752）七月二十六日，原摺於同年八月二十一日奉硃批，這可以說是《職貢圖》畫卷繪製臺灣原住民圖像的上限。畫卷中有一則按語云：「謹按臺灣生番向由該督撫圖形呈進者，茲乾隆五十三年福康安等追捕逆匪林爽文、莊大田，各生番協同擒剿，傾心歸順，是年冬，番社頭目華篤哇哨等三十人來京朝貢，並記於此[10]。」乾隆五十三年（1788）年底可以說就是《職貢》畫卷繪製臺灣原住民圖像的下限。

　　乾隆十七年（1752）七月二十六日，福建巡撫陳弘謀進呈御覽的臺灣原住民圖樣，包括生熟各社原住民，共計十四種，《職貢圖》畫卷僅採用十三種。其順序，依次為〈臺灣縣大傑巔等社熟番〉、〈鳳山縣放綝等社熟番〉、〈諸羅縣諸羅等社熟番〉、〈諸羅縣簫壠等社熟番〉、〈彰化縣大肚等社熟番〉、〈彰化縣西螺等社熟番〉、〈淡水廳德化等社熟番〉、〈淡水廳竹塹等社熟番〉、〈鳳山縣山豬毛等社歸化生番〉、〈諸羅縣內山阿里等社歸化生番〉、〈彰化縣水沙連等社歸化生番〉、〈彰化縣內山生番〉、〈淡水右武乃等社生番〉，每圖俱左男右女，紙本彩繪。

　　大傑巔社位於大小岡山之東，武洛溪上游，是平埔族，清代隸臺灣縣，在今高雄縣路竹鄉。圖像中男子在左，背負葫蘆形竹簍；女子在右，手捧薯蕷，以示農漁豐收。滿漢文

10　謝遂繪《職貢圖》（臺北，國立故宮博物院），第 2 卷。

圖說，文意相合。原文云：

> 臺灣自古不通中國，本朝始入版圖。番民有生熟二種，聚居各社，如內地之村落。不設土司，眾推一人約束。其大傑顛等社熟番，編竹木為墻，屋蓋以茅茨，土基甚高，入室必以梯。男剪髮，束以紅帛。衣用布二幅，聯如半臂，垂尺許於肩肘。腰圍花布，寒衣曰縵披，其長覆足，婦衣亦然，俱以銅鐵環束兩腕，或疊至數十，各縣社番多有之。嚼米為酒，恆攜黃藜以佐食，男女相悅即野合。府志稱各社終身依婦以處，贅婿即為子孫。歲輸丁賦七十餘兩。其新港、卓猴二社，舊屬諸羅，今改隸臺灣縣治。

引文中生熟番民，主要指熟界平埔族及歸化的生界原住民。新港社在臺灣郡治北洋仔港北岸馬鞍橋，迤東為卓猴社。「野合」，滿文讀如 "cisui holbombi" ，意即「私自匹配」。大傑巔，滿文音譯作 "da giye diyan" 滿漢文相合，乾隆年間繪製《臺灣地圖》，亦作「大傑巔社」，四庫全書寫本《皇清職貢圖》誤作「大傑嶺」[11]。

放緣社位於屏東林邊溪口北岸，迤北為茄藤社、力力社，舊隸鳳山縣，都是平埔族。畫卷圖說如下：

> 放緣等社熟番相傳為紅毛種類，康熙三十五年歸化。其人善耕種，地產香米。男以鹿皮蔽體，或披氈敞衣；女著衣裙，喜懸螺貝於項間，腕束銅環而跣足。捕鹿必聽鳥音，以占得失。婚娶名曰牽手，女及笄，搆屋獨居，番童以口琴挑之，喜則相就。遇吉慶輒艷服，簪野花，連臂踏歌，名曰番戲。疾病不事醫藥，用冷

11　《欽定四庫全書‧皇清職貢圖》，卷3，頁23。

水浴之。茄藤、力力等社皆然。歲輸丁賦三百四十九
兩零。

放緣社於康熙三十五年（1696）歸化，社中男女婚娶，叫做「牽手」。女及笄，滿文讀如 "sargan jui tofohon se de isinaha" 意即「女至十五歲」。

諸羅社是諸羅山社的簡稱，位於諸羅縣城之西，是平埔族。畫卷圖說云：

> 諸羅山社相傳亦紅毛種類，風俗物產，與鳳山放緣等
> 社相似。男番首插雉尾，以樹皮績為長衫，夏常裸體；
> 女盤髮，綴小珠，覆以布帕，項圍白螺珊瑚為飾。又
> 男番喜穿耳，納竹圈於中，漸易大者，久之將垂及肩，
> 乃實以圓木，或嵌螺錢，各縣社番多有之。諸羅社在
> 縣西，其打貓社、他里霧社、柴裏社俱在縣北。

放緣社、諸羅山社相傳都是「紅毛種類」，意即荷蘭後裔。諸羅縣城北打貓社在笨港上源三疊溪之南，他里霧社在虎尾溪之南，柴裏社亦在南岸，位於他里霧社之東，斗六門汛之南，俱係平埔族。畫卷中男子手抱薯蕷，以示豐收。

簫壠社位於諸羅縣城以南灣裡溪南岸，乾隆年間繪製《臺灣地圖》作「霄壠社」，同音異譯，是平埔族。畫卷圖說云：

> 諸羅縣南曰簫壠社、曰加溜灣社、曰麻豆社、曰哆咯
> 嘓社；服飾大略與諸羅等社同，男以竹片束腰，曰篐
> 肚，欲其漸細，能截竹為簫，長二、三尺，以鼻吹之。
> 歲時婦女多以糍餌相餽餉。又按府志，哆囉嘓社男女
> 成婚後，俱折去上齒各二，彼此謹藏，蓋亦終身不改
> 之意云。凡諸羅縣各社，歲輸丁賦一百八十餘兩。

加溜灣社在諸羅縣城之南灣裡溪南岸，乾隆年間繪製《臺

灣地圖》作「灣裡社」,《諸羅縣志》作「目加溜灣社」[12]。麻豆社在灣裡溪北岸,佳里興之東。哆咯嘓社在濁水溪上游,俱係平埔族。畫卷繪男子以鼻吹簫,女子手捧茶具。《欽定四庫全書》寫本《皇清職貢圖》誤作以口吹簫,已失原意。

　　大肚社包括南大肚社、北大肚社等,在彰化縣大肚溪北岸,是平埔族。畫卷圖說云:

> 彰化縣屬土番,濱海倚山,種類蕃雜,共五十社,其大肚等社番,皆以漁獵為業。善鏢箭竹弓,竹矢傅以鐵鏃,亦勤耕作,番婦則攜飲食餉之,暇日或至縣貿易。

　　《職貢圖》畫卷繪大肚社男子手持弓箭,攜帶獵犬,女子攜飲食,持鋤頭,以示漁獵兼耕作之意。

　　虎尾溪以北過海豐港為東螺溪,東螺溪南岸有西螺社,北岸有東螺社,都是平埔族。畫卷圖說云:

> 西螺等社熟番,居處服飾,與大肚等社相似。其人趫捷,束腹奔走,接遞文移,官給以餼;番婦常挈子女赴縣,用穀帛相貿易。凡彰化縣各社,歲計輸丁賦四百六十三兩零。

　　《職貢圖》畫卷繪西螺等社男子束腹奔走,接遞文書;女子則攜子女至縣城,以米穀布帛互相交易。

　　大甲溪以北就是淡防界,德化社即隸淡水廳,位於大安溪下游南岸,由德化社東至鐵砧山一里,過大安溪北至大安庄三里,是平埔族。畫卷圖說云:

> 淡水廳以臺防同知駐劄,故名。德化、蓬山、吞霄、

12　《諸羅縣志》(南投,臺灣省文獻委員會,民國 82 年 6 月),頁170。

中港四社，在同知所駐竹塹城之北。其地濱洋下濕，結茅成屋，或以板為之。飯以黍米，滷浸魚蝦供饌。男婦皆短衣，腰圍幅布，并力耕作，亦事漁獵。暇則吹竹笛，彈竹琴，以為樂。

蓬山在大甲溪以北，岸裡舊社以西，德化社東南。吞霄社在吞霄溪北岸，北至白沙墩汛十五里。中港社在中港溪北岸，中港汛之南，北至香山塘約二十里。竹塹，滿文讀如"ju jiyan"，句中「塹」，音「ㄐㄧㄢ」。德化、蓬山、吞霄、中港四社，俱在竹塹城以南，畫卷圖說謂在竹塹城以北，俱誤。

竹塹社在竹塹城北五里，南坎社、淡水內外社在竹塹城之南，俱係平埔族。畫卷圖說云：

竹塹城為臺防同知駐劄之地，竹塹社在城北五里。其南坎社、淡水內外社俱在城南甚遠，風俗與德化等社相似。男剪髮齊額，或戴竹節帽，素衣繡緣，如半臂，下體圍花布；婦盤髻，約以朱繩，衣亦如男，常攜葫蘆汲水蒸黍。凡淡水各社熟番，俱與通事貿易。歲輸丁賦二百六十餘兩，皮稅一兩餘。

畫卷中繪竹塹等社女子攜帶葫蘆，汲水蒸煮黍米。滿文圖說謂各社歲輸丁賦二百餘兩，與漢文圖說稍有出入。

山豬毛社位於下淡水溪與山豬毛大溪之間的山谷中，隸鳳山縣，是生界原住民。畫卷圖說云：

生番在山谷中，深林密箐，不知種類，鳳山等縣皆有之。山豬毛等社於康熙五十五年、雍正二年，先後歸化，共七十四社，自立土目約束。其居擇險隘處疊石片為屋，無異穴處。男女披髮裸身，或以鹿皮蔽體。富者偶用番錦嗶吱之屬，能績樹皮為布。亦知耕種黍

稷，喜啖薯蕷。見親朋，以鼻相就為敬，婚姻則歌唱相和而成，時挾弓矢鏢槍捕獐鹿，以其肉向民人易鹽布釜甑。歲輸皮稅二十餘兩。

康熙五十五年（1716），雍正二年（1724），鳳山縣下淡水溪一帶內山生界原住民先後歸化者共七十四社，山豬毛為其中之一。畫卷繪山豬毛社男子手持弓矢鏢槍，以示打獵為生。山豬毛等社原住民即以所捕獲的獐鹿向漢人交換鹽布釜甑。

阿里山社位於諸羅縣城東南，過石門山後即至阿里山社，隸諸羅縣，是生界原住民，於康熙二十二年（1683）歸化，後人稱阿里山社原住民為曹族。畫卷圖說云：

> 內山阿里等社自康熙二十二年歸化，擇其語音頗正者
> 為通事。番人皆依山穴土以居，飲食衣服與山豬毛等
> 社相似。不諳耕作，惟植薯蕷于石罅，挾弓矢獵獐鹿
> 以佐食。足趾若雞爪，履險如平地。歲輸丁賦三十餘
> 兩。

阿里山等社內山生界原住民狩獵為主，並種薯蕷為食。畫卷繪阿里山社原住民男子手持鏢槍，肩負弓箭及竹簍，披鹿皮蔽體，與畫卷圖說描述內容相近。

水沙連內山位於東螺溪、大肚溪上游山間，分為南港和北港，共三十六社，隸彰化縣，俱係生界原住民。畫卷圖說云：

> 水沙連及巴老遠、沙里興等三十六社，俱於康熙、雍
> 正年間先後歸化。其地有大湖，湖中一山聳峙，番人
> 居其上，石屋相連，能勤稼穡，種多麥豆，蓋藏饒裕。
> 身披鹿皮，績樹皮橫聯之，間有著布衫者。番婦挂圓
> 石珠于項，自織布為衣，善織罽，染五色狗毛，雜樹

> 皮,陸離如錦。婚娶以刀斧釜甑之屬為聘。雖通舟楫,
> 不至城市,或赴竹腳寮社貿易。歲輸穀十五石三斗,
> 皮稅四兩三錢。

畫卷圖說中的水沙連大湖,即指日月潭,又稱明潭,群山環抱,風清氣爽,頗得天然之美。畫卷中亦繪彰化縣內山生界原住民圖像,並附圖說,其內容云:

> 內山生番,居深山窮谷,人跡罕到,巢居穴處,茹毛
> 飲血,裸體,不知寒暑,登峰越箐,捷若猿猱,善鏢
> 箭,發無不中。秋深水涸之候,常至近界,鏢射鹿麞,
> 遇內地人,輒加戕害。番婦針刺兩頤如網巾紋,亦能
> 績樹皮為襴。

所謂內山生界原住民,當指泰雅族而言。其男子善用鏢箭,以射鹿麞,其婦女刺青於兩頤,如網巾紋。

凹拉拉山和蛤仔市山都位於後壠溪的上游,蛤仔市山之南,貓裡社以東,過龜山頭,即至右武乃山,右武乃社即在右武乃山一帶。畫卷圖說云:

> 淡水同知屬內山右武乃等社生番,倚山而居,男女俱
> 裸,或聯鹿皮緝木葉為衣,食生物,性剛狠,以殺為
> 事。隆冬草枯水涸,追射麞鹿,攀援樹木,趫捷如飛。
> 其竹塹東南內山生番,俗亦相等。

右武乃山隸淡水廳,右武乃社就是生界原住民內山泰雅族。畫卷繪右武乃社男女以鹿皮蔽體,圖文相合。

臺灣生熟各社原住民每年有應納餉項,習稱「番餉」。鄭氏時期,各社需貢鹿皮。康熙二十三年(1684),清朝領有臺灣後,各社按丁徵米折粟,每丁有多至二兩、一兩有餘及五、六錢不等者,徵課餉項,目的在宣示主權。乾隆二年(1737),

乾隆皇帝頒諭，「番餉」改照民丁則例徵輸。「朕思民番皆吾赤子，原無歧視。所輸番餉，即百姓之丁銀也，著照民丁之例，每丁徵銀二錢，其餘悉行裁減[13]。」歸化生界原住民需折納鹿皮價銀，每社實輸二張，每張折銀二錢四分。《職貢圖》畫卷圖說多標明各社所納丁賦數目，例如臺灣縣大傑巔等社歲輸丁賦七十餘兩；鳳山縣放䌸等社歲輸丁賦三百四十九兩；諸羅縣蕭壠等社歲輸丁賦一百八十餘兩；彰化縣西螺等社歲輸丁賦四百六十三兩；淡水廳竹塹等社歲輸丁賦二百六十餘兩；鳳山縣山豬毛等社歲輸皮稅二十餘兩；諸羅縣內山阿里等社歲輸丁賦三十餘兩；彰化縣水沙連等社歲輸穀十五石三斗，皮稅四兩三錢。臺灣原住民生熟各社，都是朝廷赤子，無論歲輸丁賦銀兩或穀石、皮稅，都向國家納稅，並非化外之區。

　　《職貢圖》彩繪畫卷是一套瑰麗的民俗畫史，為我國少數民族的文化藝術傳統提供了珍貴的民俗史料。從畫卷中的彩繪圖像及圖說內容可以認識臺灣各社原住民都喜歡裝飾，他們的裝飾藝術，充分表現了他們的審美情趣，紡紗織布，色彩豔麗。例如彰化縣水沙連等社歸化生界原住民的婦女能織布為衣，也善於織罽，是一種毛毯，染上五色的狗毛，雜以樹皮，陸離如錦。彰化縣內山生界原住民婦女，也能織樹皮為罽，諸羅縣諸羅等社平埔族則以樹皮績為長衫。臺灣縣大傑巔等社平埔族男女，「衣用布二幅，聯如半臂，垂尺許於肩肘，腰圍花布，寒衣曰縵披，其長覆足。」淡水廳竹塹等社平埔族男女，「素衣繡緣如半臂，下體圍花布。」句中「半

13　《重修鳳山縣志》（南投，臺灣省文獻委員會，民國 82 年 6 月），頁 112。

臂」，滿文圖說作 "guwalasun"，意即「女坎肩褂」，又作「披肩」，就是婦女穿的無袖齊肩短衣。「縵披」，滿文圖說作 "nereku"，即下雪時以羽毛織成的一種斗蓬，是冬天所穿的一種寒衣。

　　臺灣生熟各社原住民很早以前就注意到人體裝飾，例如臺灣縣大傑巔等社平埔族男女，「俱以銅鐵環束兩腕，或疊至數十。」鳳山縣放縤等社平埔族婦女，「著衣裙，喜懸螺貝於項間，腕束銅環。」諸羅縣諸羅等社平埔族男子，「喜穿耳，納竹圈于中，漸易大者，久之將垂及肩，乃實以圓木，或嵌螺錢。」其女子則「盤髮，綴小珠，覆以布帕，項圍白螺珊瑚為飾。」諸羅縣簫壠等社平埔族男子，「以竹片束腰，曰箍肚，欲其漸細。」彰化縣水沙連等社生界原住民婦女，喜掛圓石珠子於項。

　　《職貢圖》畫卷多處描繪臺灣各社原住民能歌善舞的才藝，例如鳳山縣放縤等社平埔族的習俗，「婚娶名曰牽手，女及笄，搆屋獨居。番童以口琴挑之，喜則相就。遇吉慶，輒艷服簪野花，連臂踏歌，名曰番戲。」哆囉嘓社男女成婚後，俱折去上齒各二，彼此謹藏，以示終身不改之意。郁永河著《裨海紀遊》一書記載臺灣原住民女子長成後，父母使居別室中，少年求偶者皆來，吹鼻簫，彈口琴，女擇所愛者，乃與挽手，鑿上顎門牙旁二齒，彼此交換[14]。《職貢圖》畫卷繪諸羅縣簫壠等社平埔族能截竹為簫，長二、三尺，以鼻吹之，圖文相合。畫卷中所描繪的臺灣原住民生活景象，就是一套瑰麗的民俗畫像。

14　郁永河著《裨海紀遊》（臺北，臺灣銀行經濟研究室編印，民國　48 年 4 月），頁 34。

臺灣縣大傑巔等社熟番

臺灣自古不通中國

本朝始入版圖番民有生熟二種聚居各社如內地之村落不設土司眾推一人約束其土俗顏社燕番編竹木為牆屋盖以茅淡水某富人室心以棉男剪髮東以紅帛衣用布二幅聯如半臂婦人許於鬢纏圖花布裹衣曰綢被其長寶女綰東然俱以銅鐶環其耳垂十餘社番至豐十餘環即嫁至身快媚以為富野合相悅婚野合有之嚼米為酒恒積數月以佐飲食而始身妖即為子擇沃輸丁賦七十餘而其新港卓猴二社循屬臺羅令改讀臺灣縣治

臺灣縣大傑巔等社原住民圖像（職貢圖畫卷）〔彩色頁見封底〕

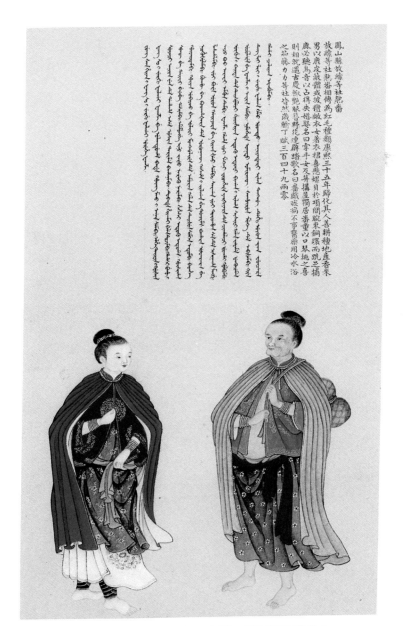

鳳山縣放綜等社原住民圖像（職貢圖畫卷）

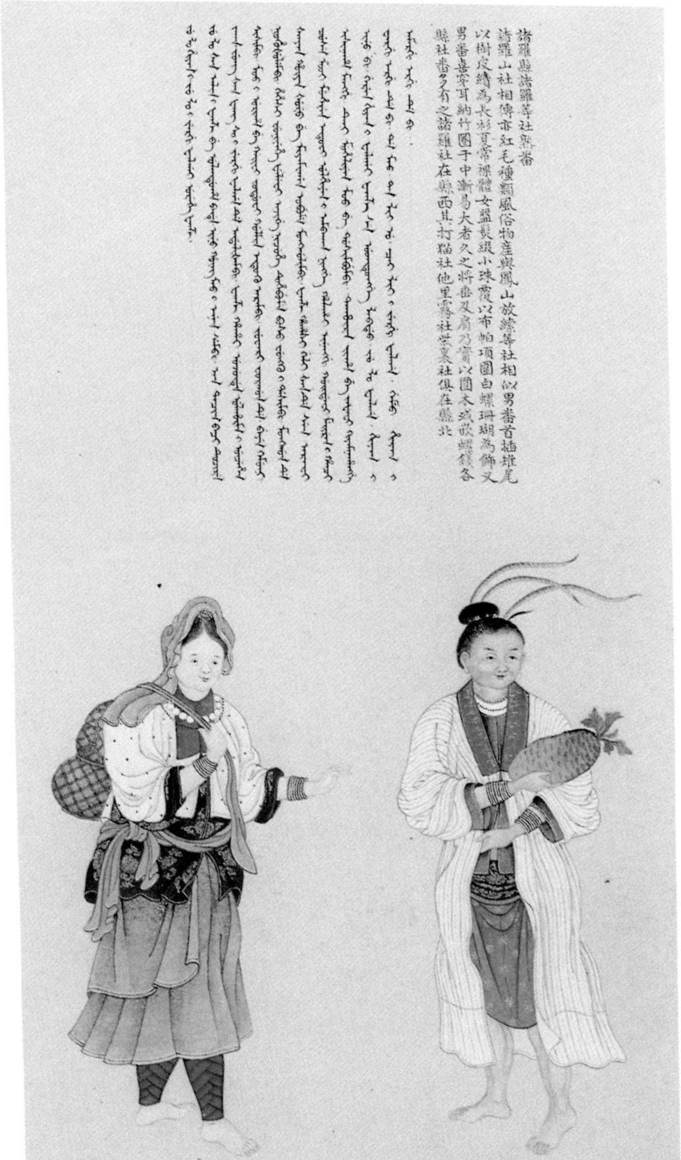
諸羅縣諸羅等社熟番
諸羅山社相傳亦紅毛種類風俗物產與鳳山放縤等社相似男番首插雉尾
以樹皮績為長衫夏常裸體女盤髮綴小珠覆以布帕項圍白螺珊瑚為飾又
男番喜穿耳納竹圈于中漸易大者久之將垂及肩乃實以圓木或嵌螺錢各
縣社番多有之諸羅社在縣西其打貓社他里霧社柴裏社俱在縣北

諸羅縣諸羅等社原住民圖像（職貢圖畫卷）

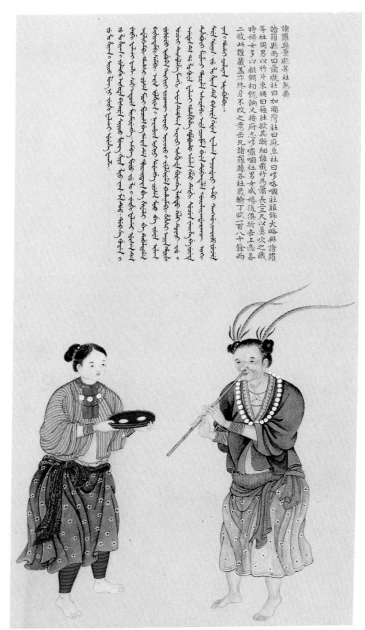

諸羅縣蕭壠等社原住民圖像（職貢圖畫卷）

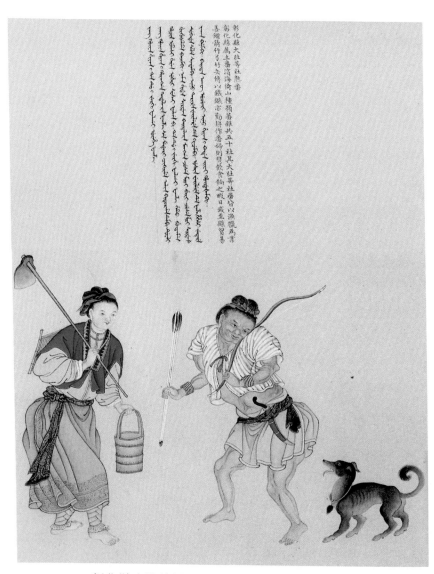

彰化縣大肚等社原住民圖像（職貢圖畫卷）

彰化縣西螺等社原住民圖像（職貢圖畫卷）

淡水廳德化等社原住民圖像（職貢圖畫卷）

淡水廳竹塹城為臺成同知駐劄之地竹塹社在城北五里其南坎社淡水內外社俱在城南昔遠風俗與德化等社相似男剪髮薙額或戴竹節帽纂衣繡線如半臂下體圍花布婦盤髻以朱繩衣窄如男常易菇蘆汉水蒸黍凡淡水各社熟番俱與通事習易歲輸丁賦二百六十餘兩皮祇一兩餘

淡水廳竹塹等社原住民圖像（職貢圖畫卷）

鳳山縣山豬毛等社鄉化生番生番在山谷中深林密菁不知種類問山等縣皆有之山豬毛等社於康熙五十五年羅正二年先後歸化共七十四社自立土目約束其居擇隙臨慶臺石片為屋無興穴處男女披髮裸身或以鹿皮截富吉偶用番錦呢吱之屬能綺樹皮為市而知耕種東綯喜噉蕊簪綯見頭明以鼻相就為敬婚姻則歌唱相和而成時挾弓矢鏢鎗捕獵應穴其肉向民人易皮稅二十餘兩

鳳山縣山豬毛等社原住民圖像（職貢圖畫卷）

諸羅縣內山阿里等社原住民圖像（職貢圖畫卷）

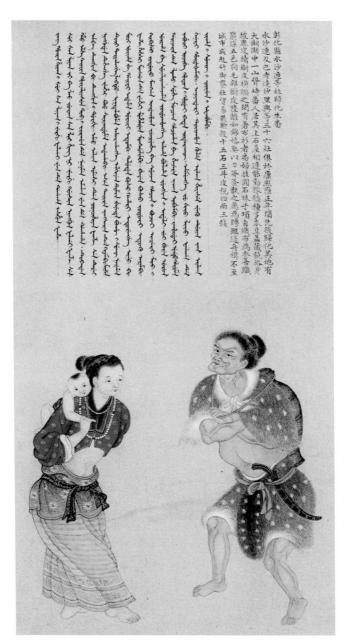

彰化縣水沙連等社原住民圖像（職貢圖畫卷）

彰化縣內山原住民圖像（職貢圖畫卷）

淡水右武乃等社原住民圖像（職貢圖畫卷）

人口流動

——清初人口壓迫與人口流動

　　人口流動是一種社會現象，人口流動的結果，可以改變人口分佈狀況。人口學研究的人口流動，主要是指由居住地點遷移而產生的流動現象，除正式的遷徙外，還包括較長時期的出外就業、屯戍、出征、赴任、駐防、發配或流放等等，至於那些並不改變居住地點的出差、旅遊、探親、訪友之類的活動，就不在人口學研究者的考察視線之內。人口流動按照流動方向，可以劃分為向心流動、離心流動及回環流動。人口流動起點與人口重心點的距離比流動終點與重心點距離更遠的叫做向心流動，反之則稱為離心流動。人口流動的起點與終點大體都在一個同心圓上的則稱為回環流動。人口較稀少地區向中心稠密地區的流動，例如邊疆少數民族因人口膨脹後產生高壓的民族遷徙，伴隨著武裝入侵而有組織的快速流入中原，就是一種向心流動，離心流動則具有與向心流動不同的特徵，它主要是起源於人口稠密的已開發地區，由於當地人口過度繁殖，在一定生產力條件下形成高壓，而向四周人口稀少開發中地區擴散。至於回環流動，一般而言，也是人口稠密區向地曠人稀地區的流動，例如廣東人口向廣西、贛南等地區，或福建向江西沿邊山區的流動。人口流動按照流動速度可分為快速流動與緩慢流動。按照流動原因可分為經濟性流動與非經濟性流動，逃荒、墾邊、求業等為了

經濟上謀利或謀生的目的而產生的流動，即屬於經濟性流動；因戰爭、刑罰、探訪、遊樂等政治原因或社會、文化等目的而產生的流動，則屬於非經濟性流動[1]。

　　有清一代，人口的流動，主要是人口因壓力差而產生流動的規律。已開發人口密集地區，形成了人口高壓地區，開發中地曠人稀地區，則為人口低壓地區，於是人口大量從高壓地區流向低壓地區。清代的人口壓迫問題，從康熙、雍正時期（1662-1735）已經顯露端倪，乾隆年間（1736-1795），因人口問題而造成更大的社會問題。在清代的人口流動過程中，福建、廣東是南方最凸出的兩個省分，人口的增長，促進了社會的繁榮，但同時也因生產發展和人口增長的失調而帶來一系列的社會問題。羅爾綱將乾、嘉、道三朝（1736-1850）民數與田畝進行比較以後，指出清代人口問題，歸根結柢完全是人口與土地的比例問題。據估計每人平均需農田三畝至四畝，始能維持生活，但廣東每人平均祇得一畝餘，福建則不及一畝，人多田少，田地不夠維持當時人口最低的生活程度，由於人口與田地比例的失調，自然引起物價騰貴與生活艱難，糧食與人口的供求已失去均衡的比例，康熙末年，地方性的人口壓迫問題已經起來[2]。

　　生齒日繁，食指眾多，是米貴的主要原因，在人口與田地比例失調的情形下，還有許多地方的耕地，普遍的稻田轉

1　趙文林、謝淑君等著《中國人口史》（北京，人民出版社，1988 年6 月），頁 632。

2　羅爾綱撰〈太平天國革命前的人口壓迫問題〉，《中國近代史論叢》，第 2 輯，第 2 冊（臺北，正中書局，民國 65 年 3 月），頁43。

作，富戶人家以良田栽種烟草等經濟作物[3]。由於經濟作物種植的大量增產，而引起的耕地緊張，遂日益嚴重，福建、廣東就是全國耕地最緊張的地區之一。閩粵地區地狹人稠，糧食生產面積日益縮減，其糧食供應，益形不足[4]。根據各省督撫各月奏報糧價的平均數，可以了解康熙末年、雍正初年閩粵等省的米價。

清代康雍年間閩粵等省米價一覽表（單位：兩）

年　　　　分	福建	廣東	廣西	江西	雲南	貴州	湖廣
康熙五十二年（1713)	1.21	1.10	0.80		0.85	0.60	0.66
康熙五十三年（1714)	1.10	0.77	0.75	0.79	0.76	0.60	0.71
康熙五十四年（1715)	1.12	0.82		0.76	1.05	0.60	
康熙五十五年（1716)		0.97	0.90	0.82	0.90	0.63	0.85
康熙五十六年（1717)	1.13	0.71		0.74	0.78		0.65
康熙五十七年（1718)	1.08	0.74	0.60	0.61		0.61	0.59
康熙五十八年（1719)	1.17	0.69	0.64	0.56			0.56
雍正元年（1723)	0.98	0.76	0.79	0.76	0.85	0.80	0.72
雍正二年（1724)	0.95	0.72	0.56	0.85	0.96	0.72	0.83
雍正三年（1725)	1.55	0.83	0.52	0.82		0.70	0.89
雍正四年（1726)	1.73	1.48	0.89		0.98	0.60	0.80

資料來源：國立故宮博物院，中國第一歷史檔案館藏，康熙、雍正
　　　　　朝《宮中檔》奏摺。

從上表可以看出康熙五十二年（1713）至雍正四年（1726）之間、福建、廣東歷年平均米價俱高於廣西、江西、雲南、

---

3 〈宮中檔雍正朝奏摺〉，第6輯（臺北，國立故宮博物院，民國67
　年4月），頁137，雍正四年六月初十日，兵部尚書法海奏摺。
4 李之勤撰〈論鴉片戰爭以前清代商業性農業的發展〉，《明清社會
　經濟形態的研究》（上海，人民出版社，1956年6月），頁280。

貴州、湖廣，福建米價尤其昂貴。雍正四年（1726）新正以後，因連日陰雨，福建米價漸貴，上游延平等府每石價銀一兩以外，下游泉洲、漳州等府每石價銀一兩七、八錢不等[5]。同年春夏之交，霖雨過多，各府米價普遍昂貴，其中漳州府漳浦、泉州府同安等縣，每石價銀二兩五、六、七、八錢不等，以致群眾搶奪米舖，喧鬧罷市[6]。福建陸路提督吳陞具摺指出「閩省幅幀遼闊，生齒殷繁，惟是山多田少，歲產米穀，不足以資壹歲之需，即豐收之年，尚賴江浙粵省商船運到，源源接濟，由來舊矣[7]。」吳陞原摺指出福建米價，處處騰貴，其中泉州、漳州、興化、汀州等府告糴尤難，每石賣銀二兩五錢至九錢不等。兩廣總督孔毓珣具摺奏稱：「廣東素稱魚米之鄉，然生齒繁庶，家鮮積蓄，一歲兩次收成，僅足日食，而潮州一府，界連福建，田少人多，即遇豐歲，米價猶貴於他郡[8]。」福建巡撫毛文銓具摺時亦稱，南澳半屬福建，半屬廣東，向來只藉潮州米穀接濟，但因潮州米價騰貴，每石價銀三兩，所以不能接濟[9]。清初以來，一方面由於生齒日繁，食指眾多，一方面由於經濟作物與稻穀奪地，糧食生產量減少，米價騰貴，在在都使民生日益艱難，愈來愈多無田可耕，

---

5 《宮中檔雍正朝奏摺》，第 5 輯（民國 67 年 3 月），頁 587，雍正四年二月初四日，福建巡撫毛文銓奏摺。

6 《宮中檔雍正朝奏摺》，第 6 輯，頁 15，雍正四年五月十四日，福建巡撫毛文銓奏摺。

7 《宮中檔雍正朝奏摺》，第 6 輯，頁 46，雍正四年五月二十日，福建陸路提督吳陞奏摺。

8 《宮中檔雍正朝奏摺》，第 6 輯，頁 73，雍正四年五月二十九日，兩廣總督孔毓珣奏摺。

9 《宮中檔雍正朝奏摺》，第 7 輯（民國 67 年 5 月），頁 38，雍正四年十一月二十八日，福建巡撫毛文銓奏摺。

無地可守的窮人成為四處飄零的流動人口。質言之，地狹人稠人口高壓地區的人口壓迫是人口流動的推力，而地曠人稀人口低壓地區的墾拓荒地是人口流動的吸力。郭松義撰〈清代人口問題與婚姻狀況的考察〉一文已指出，在清代，差不多都是那些開發較久的傳統農業區，那裡的人口密集，特別是一個家族在當地居住了十幾代、幾十代，最早只是一戶，後來就發展成為百餘戶、幾百戶，同時又因家族內部的貧富分化，這樣必然會有相當一部分人，因為缺乏耕地，謀生困難，被迫離開故土，向外遷居。家族成員外遷對人口增長所造成的影響，實際上反映了生存空間對人口增長所起的制約作用。一些從老家族中分裂出來的成員，幾乎絕大部分都遷居到地廣人稀，有較多活動餘地的新墾區，閩粵湖廣之民徙居到四川是這樣，廣東洪氏從原嘉應州遷到花縣官祿㘵村，張氏由原應天府遷到廣西桂林等等，亦是如此[10]。從清代後期人口增長的相對速度來考察，也可以說明這個事實。據統計湖北、廣東的人口增加六倍，雲南、貴州增加七倍，湖南、廣西增加八倍，臺灣增加十四倍[11]。臺灣等地因為移民入境較多，所以人口快速成長。廣東人口雖然從清初到清末一直上升，但因外遷人口較多，所以人口增長較緩慢，清代的人口流動與人口政策，都是值得重視的問題。

　　為了緩和人口壓力，適應社會經濟變遷，清廷先後積極推行了幾項重要的措施，舉凡改土歸流、墾拓荒地、丁隨地起等，都直接或間接地加速了人口的流動。西南是我國少數

10 郭松義撰〈清代人口問題與婚姻問題狀況的考察〉，《中國史研究》，1987 年，第 3 期（北京，中國社會科學出版社，1987 年 8 月），頁 124。

11 趙文林、謝淑君著《中國人口史》，頁 477。

民族分佈最多的地區，由於各少數民族的歷史及地理背景，彼此不同，其社會經濟的發展，並不平衡，歷代以來，對各少數民族所採取的統治方式，遂不盡相同。明清時期，在西南少數民族分佈地區，在政治上大體同時存著三種不同的類型：第一類是流官統治的地區，其各項制度，與內地基本相同；第二類是土司統治的地區，由朝廷授給當地部族首領各種官職，如土府、土州、土縣，或宣慰司、宣撫司、招討司、安撫司、長官司等，准其世襲，並實行與內地不同的各種制度；第三類是既未派駐流官，亦未設置土司的所謂生界部落，或生苗部落，各部落既無君長，亦各不相統屬，對朝廷也沒有納貢、輸賦、供征調的義務[12]。據統計，清初以來，在西南地區曾經存在過的土司，大約有八百多個，主要分佈於湖廣、雲南、貴州、廣西、四川等省。朝廷在如此廣大的區域內設置大量土司，就是想要建立一套和當地的政治、經濟發展及風俗習慣相適應的制度，以便於朝廷的統治[13]。但土司制度是一種特殊的地方政權形式，具有濃厚的割據性，朝廷對各少數民族間接統治，土司勢力不斷發展，已有尾大不掉之勢。

　　康熙五十一年（1712）二月二十九日，清聖祖御暢春園內澹寧居聽政時，面諭九卿、詹事、科道等員云：「我朝七十年來，承平日久，生齒日繁，人多地少。從前四川、河南等省，尚有荒地，今皆開墾，無尺寸曠土[14]。」內地各省，已無

12　張捷夫撰〈關於雍正西南改土歸流的幾個問題〉，《清史論叢》，第 5 輯（北京，中華書局，1984 年 4 月），頁 272。

13　張捷夫撰〈清代土司制度〉，《清史論叢》，第 3 輯（1982 年 2月），頁 196。

14　《起居注冊》（臺北，國立故宮博物院），康熙五十一年二月二十九日，諭旨。

曠土，人滿為患，苗疆廣袤，改土歸流以後，可以開墾荒地，容納內地過剩的人口。

清代改土歸流的實行，並非始自雍正年間，順治、康熙年間，已在雲南、四川等邊區省分開始改土歸流，但當時仍以綏撫為主，到了雍正初年，才開始大規模地進行改土歸流。高其倬在雲貴總督任內已開始改土歸流，勦撫兼行，改威遠歸流，設同知以下官[15]。雍正四年（1726），鄂爾泰接任雲貴總督後，雷厲風行，大規模進行改土歸流。同年九月，鄂爾泰經日夜籌思後具摺奏稱：

> 苗猓逞兇，皆由土司，土司肆虐，並無官法，恃有土官土目之名，行其相殺相劫之計，漢民被其摧殘，彝人受其荼毒，此邊疆大害，必當剪除者也。臣受恩深重，職任封疆，日夜籌思，若不盡改土歸流，將富強橫暴者漸次擒拏，懦弱昏庸者漸次改置，縱使田賦兵刑，盡心料理，大端終無頭緒。稍有瞻顧，必不敢行，稍有懈怠，必不能行，不敢與不能之心，必致負君父而累官民，故以臣愚昧，統計滇黔，必以此為第一要務。然改歸之法，計擒為上策，兵勦為下策；令自投獻為上策，勒令投獻為下策[16]。

改土歸流以後，地方田賦兵刑，始有頭緒。為整頓地方，鄂爾泰對改土歸流，遂不遺餘力。

在土司統治的地區，有廣闊的荒地，可以開墾。廣西提督韓良輔曾查出廣東欽州西北，廣西上思州西南，安南祿州

---

15 《清史稿校註》（臺北，國史館，民國78年2月），列傳七十九，高其倬傳，第11冊，頁8860。

16 《宮中檔雍正朝奏摺》，第6輯（民國67年4月），頁603，雍正四年九月十九日，雲貴總督鄂爾泰奏摺。

東北的地帶，稱為「三不要」，地名怪異，諸山環繞，原屬土
司統治，後由白鴿、白雞、白難村民耕耨其中，自種自食[17]。
三不要就是土司統治下的棄地。雲南布政使常德具摺時指出
「雲貴遠處邊徼，幅幀遼闊，除石山陡崖以外，非盡不毛之
地，若能因時制宜，近者種秔稻，高陸者藝荍粟，莫非膏腴
沃壤。總緣流官管轄者十之三、四，土司管轄者十之六、七，
土司不識調劑，彝人不知稼穡，俗語雷鳴田，遇雨則耕，無
雨則棄，坐守其困[18]。」苗疆非盡不毛之地，但因土司搶佔土
地，可耕熟田，固然被土司佔有，而廣大的荒地，土司又往
往以守險備敵為理由，禁止開墾，以致地荒民窮。

　　雍正年間（1723-1735），在湖廣、貴州、雲南、廣西、
四川等省，延袤千里的苗疆地區，大規模進行改土歸流，據
統計，當時被改流的土司、土縣和長官司以上，共六十多個[19]。
改土歸流後，原來被土司佔有的可耕地，准許貧民開墾，並
減輕農人的負擔，有利於生產的發展。清廷在推行改土歸流
的同時，又在無土司的生界部落進行設官建置，改土歸流，
確實有其進步作用。

　　據辭書的解釋，所謂改土歸流，就是改土官為流官，即
廢除世襲的土官制，而改為臨時任命的流官制，流官受命於
政府，而隨時調動[20]。「改土歸流」一詞，滿文讀如："aiman

---

17 《宮中檔雍正朝奏摺》，第 5 輯（民國 67 年 3 月），頁 375，雍
　　正三年十一月十四日，廣西提督韓良輔奏摺。
18 《宮中檔雍正朝奏摺》，第 6 輯，頁 371，雍正四年七月二十六
　　日，雲南布政使常德奏摺。
19 張捷夫撰〈論改土歸流的進步作用〉，《清史論叢》，第 3 輯，
　　頁 202。
20 《辭海》（臺北，中華書局，民國 71 年），頁 2019。

i hafan be halafi, irgen i hafan obume"[21]，意即「改土官為民官」。改土歸流後，土司苗疆，與內地無異，於是更換世襲的土官，而任命民官。因此，所謂改土歸流，就是指前述第二類土司統治地區及第三類生界部落設置民官而言，改土歸流的結果，使邊疆逐漸內地化，在原來苗疆地區實行和內地一致的各項制度及措施。改土官為民官，廢除土司，分別設立府、廳、州、縣，委任內地民官進行統治，變間接統治為直接統治，設立保甲、編查戶口、丈量土地、清理錢糧、建立學校、治河修路，清代改土歸流，確實具有積極的意義。乾隆初年，湖廣總督永常於〈敬陳改土歸流，地方流民日增，請立法清釐〉一摺略謂：

> 湖北之施南一府，僻處萬山，水田稀少，包穀雜糧之外無他產，刀耕火耨之外無他業，加以層巒疊嶂，密箐深林，商賈罕通，蓋藏鮮裕。其所隸六縣，除恩施縣係施州衛改設，建始縣由四川劃歸外，其宣恩、咸豐、利川、來鳳等四縣，向係忠峒等十八土司管轄，附近人民，不許違例擅入，故土民之所產，僅足以供其食用，風俗淳樸。自雍正十三年改土歸流以來，久成內地，以致附近川黔兩楚人民，或貪其土曠糧輕，攜資置產，或藉以開山力作，搭廠墾荒，逐隊成群，前後接踵[22]。

土司管轄下的苗疆地方，向來不許內地漢人違例擅入，改土歸流以後，苗疆已成內地，提供內地漢人落地生根的廣

---

21 莊吉發校注《謝遂"職貢圖"滿文圖說校注》（臺北，國立故宮博物院，民國78年6月），頁563。

22 《宮中檔乾隆朝奏摺》，第4輯（民國71年8月），頁461，乾隆十七年十二月初二日，湖廣總督永常奏摺。

大空間，內地漢人貪其土曠糧輕，成群結隊，湧入苗疆，開山力作，搭廠墾荒，可以自由出入苗疆，改土歸流後的苗疆成了容納內地過剩人口的開發中地區，也是人口流動較頻繁的地區，外來人口的成長極為迅速。質言之，改土歸流與清代人口流動也有極密切的關係。

為了緩和人口壓力，解決貧民生計問題，清廷又積極推行墾荒政策，隨著人口的增加，有更多的土地被開墾出來，許多無地貧民從人口稠密的地區遷出，湧向土曠糧輕的地區，從事墾荒。朝廷獎勵開墾，更是不遺餘力。順治六年（1649），正式議定州縣以上各官，以勸墾為考成，凡地方官招徠各處逃民，不論原籍別籍，編入保甲，開墾荒田，給以印信執照，永准為業，州縣以勸墾的多寡為優劣，道府以督催的勤惰為殿最，年終載入考成。順治十五年（1658），戶部議定督開荒地勸懲則例，其要點如下：

> 凡督撫按一年內，墾至二千頃以上者，紀錄一次，六千頃以上者，加升一級；司道墾至一千頃以上者，紀錄一次，三千頃以上者，加升一級；州縣墾至一百頃以上者，紀錄一次，三百頃以上者，加升一級；衛所官員墾至五十頃以上者，紀錄一次，一百頃以上者，加升一級；文武鄉紳墾至五十頃以上者，現任者量予紀錄，致仕者給扁旌獎，其貢監生民有主荒地，仍聽本主開荒。如本主不能開墾，該地方官募民給與印信開墾後，永為己業。若開墾不實，及開過復荒，新舊官員分別治罪[23]。

---

23 呂佺孫纂輯《皇朝食貨志》（臺北，國立故宮博物院，國史館檔），屯墾一，民墾。

　　戶部議定的墾荒勸懲則例，就是諭令地方官員將墾荒列入例行公事之中，並作為陞遷紀錄，有利於墾荒政策的推行。

　　順治十八年（1661），因雲貴地區已經平定，清廷飭令將一應荒地，有主者令本主開墾，無主者招民開墾。所墾荒地，其久荒者，初年免徵，次年半徵，三年全徵；新荒者，初年半徵，次年全徵。康熙元年（1662），議准各官勸墾，照順治十五年（1658）例議敘外，如一年內督撫能遞加墾至八千頃以上者，加一級，紀錄一次，一萬二千頃以上者，加二級；道府墾地四千頃以上者，加一級，紀錄一次，六千頃以上者，加二級；州縣官墾地四百頃以上者，加一級，紀錄一次，六百頃以上者，加二級，衛所官墾地一百五十頃以上者，加一級，紀錄一次，二百頃以上者加二級。如州縣衛所有荒地一年內全無開墾者，由督撫題參，將道府州縣衛所官各罰俸半年。其墾後復荒者，削去督撫等官開墾時紀錄加級，督撫罰俸一年，道府降一級住俸，州縣衛所官降三級住俸，勒限一年，督令開墾。康熙三年（1664），因各省布政司，亦有督墾之責，故令其照督撫例議敘。

　　清廷三令五申，嚴定各官墾荒獎懲則例，從康熙初年以來，清廷的墾荒政策，已經立竿見影。據清代國史館纂修《皇朝食貨志》記載報墾田畝統計，康熙二年（1663），湖廣安陸、岳州、寶慶、永州、常德、辰州、靖州各府州報墾田八百八頃六十畝、蘄州、岳州、九谿、茶陵、荊右、銅鼓、五開、鎮溪各衛所報墾田六百頃二十六畝。康熙三年（1664），湖南寶、永、常、辰、郴、靖六府州報墾田六百三十四頃，岳、長、衡、辰、常、靖六府州續墾田五百十八頃三十六畝。湖北安荊等十六府州續墾田八百七頃四十五畝。雲南省墾田二

千四百五十九頃，又續墾一千二百餘頃。康熙四年（1665），
湖南長沙、衡州等屬墾田三千一百三十三頃六十六畝，河南
省墾田一萬九千三百六十一頃，又報墾六千六百八十餘頃，
貴州省墾田一萬二千九頃，湖北各府墾田四千七百三十九
頃，江西省報墾田二千八百三十五頃，又續報墾二千八百三
十五頃四十五畝。湖廣報墾四千六百餘頃，山東省報墾三千
二百三十餘頃。康熙六年（1667），湖南報墾田三千一百九十
頃五十畝。康熙七年（1668），山東省報墾田一百二十二頃六
十餘畝。康熙九年（1670），廣東省報墾復民田一萬七百十五
頃七十四畝，墾復屯田三十一頃九十二畝[24]。

　　雍正元年（1723）四月，巡視南城監察御史董起弼奏請
開放荒蕪官地，無論山僻水隅，河地沙場，聽從民便，盡力
開墾，則民食自饒[25]。雍正二年（1724）閏四月，署理廣西巡
撫韓良輔指出雍正初年的人口總數，較康熙初年，不啻倍之，
日後蕃庶，益不可以數計，「人民日益增盛，而地畝不加墾闢，
不可不為斯民籌其粒食。」韓良輔以廣西土曠人稀，自柳州
至桂州，傜僮雜處，棄地頗多，於是奏請招民開墾，以盡地
力。其原摺略謂：

> 臣查粵西土曠人稀，一望皆深篁密箐，為民上者不察，
> 遂目為荒瘠而不之顧。夫篁箐既深且密，則其地之非
> 磽确斥鹵可知矣。蓋天地無私，本無揀擇。若去其篁
> 箐舊根，而入以稻穀新種，則必盡成膏腴而非荒瘠矣。
> 然而勸墾之令日下，陞科之文日上，乃旱潦一至，黎

24　《皇朝食貨志》，屯墾四，民墾。
25　《宮中檔雍正朝奏摺》，第 1 輯（民國 66 年 11 月），頁 197，雍
　　正元年四月二十一日，巡視南城監察御史董起弼奏摺。

民即有饑色者，實地力尚有未盡耳！頃臣蒙恩署理撫篆，自柳達桂，沿途見棄地頗多，細思其故，大抵有六：山谿險峻，猺獞雜處，其間所墾之田，與村庄稍遠，便慮成熟之後，被人盜割，徒勞工費，一也；民性樸愚，但取濱江及山水自然之利，不知陂渠塘堰之術，二也；不得高卑所宜雜糧之種，三也；不識各省深耕易耨之法，四也；出產止有米穀，納賦非銀不可，且差徭隨田而起，恐貽後日之累，五也；良懦墾熟，豪衿猾吏，每每指為祖業，恃勢霸佔，強弱不敵，六也，此土民之所以畏縮不前而多曠土也。臣愚以為宜遴選大員，專司其事，督率守令，逐漸料理，先購宜植之種，兼僱教耕之人，然後相度肥饒空曠之地，約可容聚數十家足以守望相助者為之，搭蓋茅舍，招徠貧民聚居，又貸以牛種，教其興行陂塘井堰之利。至於相近協營之處，則查出餘丁，亦酌倣屯種之意，廣為播種，嚴彼冒佔之禁，寬以陞科之期，一處有效，又擇他處照前勸墾，但取妥洽，不在欲速，守令又時單騎徒步，時攜酒食，勸農教耕，其所舉給頂帶農人，即命為農師，以督教其鄉人，則粵民見有利無害，有不發奮興起者乎？將見人稠地闢，烟瘴漸銷，衣食足而禮義興，邊徼盡成樂土矣[26]。

　　韓良輔所提出來的勸墾意見，主要是為緩和廣東的人口壓力，解決游民問題。清世宗披覽奏摺後也說：「此奏之可嘉，不可盡述，此開墾一事，李馥可與韓良輔諧同辦理，爾等可

---

26 《宮中檔雍正朝奏摺》，第 2 輯（民國 66 年 12 月），頁 582，雍正二年閏四月十七日，署理廣西巡撫韓良輔奏摺。

一德一心成此美政，不可推委妒忌，互相猜疑，可和衷虛心籌畫，只要以百姓作利為念，錢糧起科皆末節也，爾等悉心斟著〔酌〕奏聞，勉力行之。」辦理開墾，是一種美政，錢糧起科，則為末節。因廣東貧民群往封禁礦山偷挖，販私盜竊，毫無顧忌，清廷乃命廣東巡撫鄂彌達等查勘各處礦硐。鄂彌達覆奏時指出貧民偷挖礦硐，雖因習尚澆漓，輕蹈法網，亦由無田可耕，無業可守，遂致流為盜匪。鄂彌達也提出墾荒以解決人口壓力的辦法，他首先差遣糧道前往肇慶府新設鶴山縣及附近恩平、開平等縣查勘可墾荒地。據統計在鶴山縣境丈出荒地三萬三千餘畝，按照業戶耕地百畝需佃五人計算，共可安集佃民一千六百餘戶，恩平、開平二縣荒地不止一、二萬畝，亦可安集佃民八、九百戶，俱可招集廣東惠州、潮州等處貧民開墾耕種，給以廬舍口糧工本，每安插五家，編甲入籍，即給地百畝。據鄂彌達奏稱，當時惠州、潮州二府貧民，徙居鶴山耕種入籍者，已有三百餘戶，其陸續依棲，仍絡繹不絕。他相信不數年間，將野無曠土，地無遺利[27]。可以墾拓的地區，包括各省沿邊山區，邊疆省分的邊陲地帶，以及改土歸流後的苗疆地區，都吸收了各省的貧苦民眾，容納了閩粵等省沿海州縣過剩的人口。

清廷為了適應社會經濟變遷的需要，曾經進行賦役改革，其結果也有利於人口的流動。清廷對於賦役制度的整頓，大致可以歸納為兩大方面：一方面確立以明代萬曆年間（1573-1620）則例為基礎的定賦原則；一方面簡化賦役條款及程序，繼續推行一條鞭法[28]。

---

27 《皇朝食貨志》，屯墾二十七，民墾。
28 陳支平著《清代賦役制度演變新探》（福建，廈門大學出版社，

　　明代初期的賦役法，有田，也有丁。田有賦，即地糧，
就是土地稅。丁有役，即差役，差役改徵銀兩後，稱為丁銀，
類似後世的人頭稅。明代的差役，主要為里甲、均徭、雜泛
三種。里甲又稱甲役，以戶為單位，應役甲丁，主要為管攝
一里公事，或稽核戶口，或催徵賦役。均徭又稱為徭役，以
丁為單位，舉凡馬夫、巡欄、驛館夫、良隸等，皆屬均徭，
銀力從所便。雜泛又稱為雜役，如砍薪、抬柴、修河、修倉、
運料、接遞、站鋪等，皆屬雜泛，是不定時的力役。

　　宣德、正統年間（1426-1449），徭役繁重，壯丁盡行，
役及老幼，已無餘力從事耕種，舊的賦役法既成為阻礙社會
分工及商品經濟發展的主要因素，一條鞭法遂應運而興。王
慶雲著《熙朝紀政》一書指出明代採行一條鞭法的原因云：

> 明之銀差大約有二，初行里甲時，富者出財，貧者出
> 力，所謂銀力從所便，此丁之有銀差也。正統以後，
> 舉京徭上供之數，按丁糧而徵之，於是丁糧皆有銀差
> 之科派，而不問出力與否矣。其後上供者雖官為支解，
> 而公私所需，復給銀責里長營辦，給不一二，供者什
> 佰，而京徭解戶為中官留難，率至破產，民不堪命，
> 於是行一條鞭[29]。

徭役繁重，民不堪命，於是採行一條鞭法，其要點如下：

> 總括一州縣之賦役，量地計丁，丁糧畢輸於官，一歲
> 之役，官為僉募。力差，則計其工食之費，量為增減。
> 銀差，則計其交納之費，加以增耗，凡額辦、派辦、
> 京庫歲需與存留，供億諸費，以及土貢方物，悉併為

　　1988 年 6 月），頁 3。
29 王慶雲著《熙朝紀政》（光緒戊戌年重校縮印本），卷三，頁 12。

一條，皆計畝徵銀，折辦於官，故謂之一條鞭[30]。

由於白銀需要量的增加，英宗正統元年（1436），明廷在長江以南運輸困難地區所課徵的田賦，多將米麥改折為銀，按照每石折銀二錢五分的比率來徵收，稱為金花銀。嘉靖年間（1522-1566），更擴大範圍，全國各地的田賦、徭役及其他攤派，俱合併一起，折銀繳納[31]。一條鞭法是以改革役法為重點，因勢利導，嘉靖年間，數行數止，至萬曆年間（1573-1620），始通行全國。

徭役折銀是一條鞭法的主要內容，就是由土地負擔差銀。一條鞭法實行後的賦稅，逐漸擴大貨幣部分的比重，其徵收解運，也由民收民運，改為官收官解。原來由里甲負責供應的各項費用，改為徵收一定額數的銀兩。均徭原有銀差、力差之分，嗣後亦將力差改為徵銀，由官方雇人充役，里甲改為與均徭銀合併徵收，差役則漸漸變為攤丁入地，均徭、里甲與兩稅遂合而為一，一條鞭法既將里甲、差役、雜項一併歸入田賦項下計畝徵銀，此即清初丁隨地起的嚆矢。

丁隨地起，又稱攤丁入地，是一條鞭法的繼續和深化。明代一條鞭法，量地計丁，併丁於地，按畝徵銀，胥役不易為奸，且由官方代為支給，則小民得以盡力田畝。但其實行並不徹底，各省徭役頗不一致，或丁隨地派，或丁隨丁派，仍有丁役，其差徭終難盡廢[32]。

---

30 《明史》（臺北，鼎文書局，民國 64 年 6 月），卷七八，〈食貨二〉，頁 1902。

31 全漢昇撰〈宋明間白銀購買力的變動及其原因〉，《中國經濟史研究》（香港，新亞研究所，1976 年），中冊，頁 207。

32 莫東寅撰〈地丁錢糧考〉，《中和月刊史料選集》（臺北，文海出版社，民國 59 年 12 月），第二冊，頁 655。

　　清初沿襲明代一條鞭法，丁田分辦，丁銀與田賦仍然分為兩項，賦役不均的現象，極為嚴重，富戶巨族，田連阡陌，竟少丁差，貧民小戶，地無立錐，卻照丁科派，反多徭役。清聖祖巡幸所至，訪問百姓，詢知一家有四、五丁，僅一人輸納丁銀，甚至七、八丁、亦僅一、二人輸納丁銀，其餘俱無差徭，苦樂不均，隱匿人丁。據《樂亭縣志》記載：「我朝之初，丁分三等，科定九則，亦有明條鞭之遺意，但田與丁分，或田日益而丁轉輕，富者不以為德；若田去丁存，或本無田而丁不免，則餬口不給，猶苦追呼，甚而轉徙逃亡，攤賠滋累[33]。」

　　從順治元年（1644）起至康熙五十年（1711）止，經過六十餘年的長期恢復，社會日趨安定，經濟逐漸繁榮，但人口與地畝僅增加一倍左右，十分遲緩，一方面可以說是由於土地與人口的清查不夠徹底，另一方面可以說是由於地主以多報少，貧苦小民迫於賦役的繁重，而相率逃亡，人丁統計並不確實。康熙五十一年（1712）二月二十九日，《起居注冊》記載清聖祖御暢春園內澹寧居聽政，面諭九卿、詹事、科道等員云：

> 我朝七十年來，承平日久，生齒日繁，人多地少。從前四川、河南等省，尚有荒地，今皆開墾，無尺寸曠土。口外地肥，山東等省百姓往彼處耕種者甚多，朕去年差官去查，共有六萬餘人，納錢糧者止二萬餘人，查出者雖有六萬，其未經查出者，更不知幾萬矣。欲將伊等搬入口內，念伊等窮民，以何為生？故仍令在

33　史夢蘭纂修《樂亭縣志》（臺北，國立故宮博物院，光緒丁丑刊），卷一二，〈賦役〉，頁11。

口外居住。朕昔巡幸訪問百姓，據稱一家有四、五丁納銀一丁者，有七、八丁納銀二丁者等語。各省巡撫編審時，只奏報納銀丁數，而不奏報不納銀丁數，故實在丁數不得而知。今國用充足，凡給俸餉等項，綽綽有餘，將各省今番編審丁銀數目，永遠著為定額，嗣後不准增減，仍令將納銀不納銀民之數目查明具奏。查此特欲知各省人民之實數，並非視丁加賦之意，此事自古以來無有知之者，即有知者，亦不敢行，朕特為生民有益計耳，實於千萬年後之百姓大有裨益，想聞此無有不歡欣者矣，俟典試諸臣出場，爾等會同查明定議具奏[34]。

人丁雖然增加，但地畝並未加廣，人丁與土地的分配，極度失調，不能按照後來滋生的人丁徵收丁銀。因此，諭令直省徵收錢糧即以康熙五十年（1711）的丁冊為依據，亦即以二千四百六十萬的人丁總數作為徵收丁銀的固定數目，定為常額，嗣後所生人丁，稱為「盛世滋生人丁」，雖達成丁年齡，亦不必承擔差徭丁銀。以後人丁遇有減少時，即以新增人丁抵補，維持原額，不增不減。按照規定，凡載籍之丁，十六以上添注，六十以上開除，意即由十六歲以上、六十歲以下的男丁負擔國家的丁銀。當男丁年逾六十歲以後，稱為除丁，男丁除丁以後，再由新增的人丁補足舊缺額數，亦即以本戶新添人丁抵補，又不足，則以同甲同圖糧多者頂補，其餘人丁歸入滋生冊內造報。輸納丁銀的人數，永為定額，即可將全國徵收丁銀的總額固定下來，不再隨著人丁的增加

---

34 《起居注冊》（臺北，國立故宮博物院），康熙五十一年二月二十九日，諭旨。

而多增丁銀。

盛世滋生人丁永不加賦的辦法實行以後，雖然仍未達到均丁的目的，無地貧民私派之費，多於丁銀，並沒有解決清初賦役不均的嚴重問題，但卻間接為丁隨地起的實行提供了有利的條件。丁隨地起的賦役改革之所以能在一定程度上實行，主要是由於盛世滋生人丁永不加賦實行後，丁增而銀不增，丁銀數目確定，將一定數目的丁銀攤入地畝徵收，其法簡便易行，清世宗於是在康熙末年財政措施的基礎上進一步實行丁隨地起的賦役改革，將丁銀攤入地糧內徵收，雍正二年（1724）以後，通行各省。或按地糧兩數攤派，或按地糧石數攤派，或按田地畝數攤派。各省攤派方式及攤丁銀數，因地制宜，其基本原則是「因田起丁，田多則丁多，田少則丁少」，而且「無論紳衿富戶，不分等則，一例輸將。」攤丁入地，通過對紳衿富戶稍增小額負擔，而轉化為國家賦稅，用以抵償無地貧民因不繳納丁銀而減少的稅額，從而保證了賦稅足額。

從歷史發展的總趨勢加以觀察，丁隨地起的實行，在歷代傳統賦稅制度史上可以說是一項重要的改革，具有積極的意義。丁隨地起，其實是一種均攤丁銀的辦法，將向來無地貧民的丁銀攤入地畝田賦，徭役完全由土地負擔，使有產之家均勻完納，將人頭稅併入土地稅，使賦稅的負擔，更趨向統一，不僅有利於國家財政法令的貫徹，而且對於促進各地社會經濟的發展，也起了很大的作用。攤丁入地後，對於一般貧民，在經濟上免除了丁銀的追比，取消了人頭稅，使長期以來束縛貧苦百姓人身自由的戶丁編審，開始鬆動了。由於丁差攤入田地，州縣官員只要認定地主，就可以保證賦稅

的徵收，所以對於一般人戶的流動，已不如以前引起驚恐了
[35]。由於丁隨地起免除了無地貧民的丁銀，人身依附土地的關
係減輕了，在居住方面也獲得更大的自由，有利於無地貧民
的向外遷徙，增加他們的謀生機會，擴大他們的出路。由於
攤丁入地後免除了城鎮工商業者的丁銀，使工商業者獲得更
多的迴旋餘地，而促進城鎮的發展，同時也加速了下層社會
的人口流動，在農村裡因無法獲取土地被排擠出來的流民，
有一部分進入城鎮，從事手工業，經營小本生意；有一部分
離鄉背井，披荊斬棘，墾殖荒陬，在開發中地區逐漸形成移
墾社會；有一部分成為非農業性人口，東奔西走，浪跡江湖，
倚靠卜卦算命，行醫看病，賣唱耍藝，肩挑負販，傭趁度日，
即所謂販夫走卒。出外人孤苦無助，為了立足異域，他們往
往結拜弟兄，倡立會黨，以謀求患難相助。清初以來，生齒
日繁，人口流動頻仍，大量的流動人口為秘密會黨的發展，
提供了極為有利的條件。

---

35 郭松義撰〈論攤丁入地〉，《清史論叢》，第三輯（北京，中華
　書局，1982 年 2 月），頁 57。

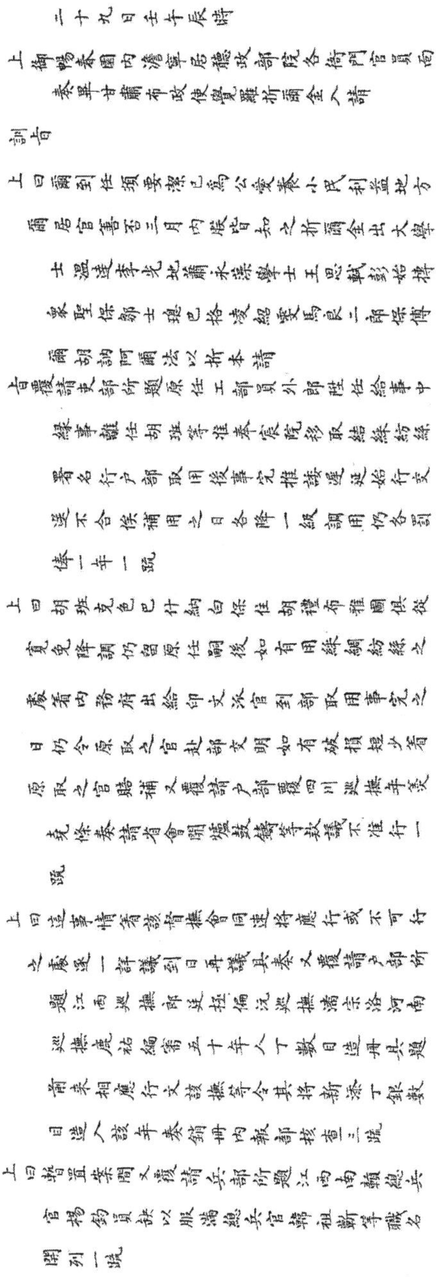

《起居注冊》，康熙五十一年二月二十九日

上曰此本內開列奏俱有帶來引見又覆請河南
　　遼撫虎祐所題請以固賦遠許二小等地縣
　　既遠一案部議降二級調用上蒸縣知縣張
　　鍼珍留原任一議

上曰張鍼珍著照議撫所請留任率召九卿詹事
　　科道遵逃諭

上曰我朝七十年來承平日久人生萬日墾人多地
　　少從前四川河南等省尚有荒地今皆開墾無
　　人丁戶口外地肥山東等省百姓被彼處耕納
　　種者搭蓋棚廠去年至省去查共有六萬餘人經
　　鐵種者止二萬餘人查出為雖有六萬其未經
　　查出者更不知幾萬矣欲將伊等概入口內念
　　伊等皆民以何為生故仍令在外居住朕普
　　巡幸詢問百姓搭棚一家有四五丁納銀一丁
　　者有七八丁納銀二丁者等語各省巡撫編審
　　時只奏報不得而知今國用充足朕屢次
　　賞在丁數不得而知今編審丁銀數目未達
　　項辭除有餘將各省今查編審丁銀不納銀
　　者為定額嗣後不准增減將今將納銀不納銀
　　民之數目明其奏查此將從前各有人民之
　　實數至此冊視丁加賦之意自古以來無有
　　如之者朕實為斯行朕特為生民有益此
　　計耳實豈於千萬年後令百姓大有裨益乃
　　無有不載故者矢後典試諸臣出場編篡等
　　查明定議具奏

　　是日

起居注官常壽陳璋

奏

奏為奏

　　福建巡撫臣毛文銓謹

閱事竊閩省自新正以來連朝陰雨一月之內

僅得三五天晴霽是以米糧漸貴上游延

平等各府每一倉石價銀一兩以外省城

每一倉石價銀一兩四五六錢不等下游

漳泉等府每一倉石價銀一兩七八九錢

不等查上游原係產米之鄉雖每一倉石

價銀一兩以外然閩諸處蓋藏尚多可以

無虞下游歷來仰藉臺灣之米從前

題定有例凡正二三四五等五箇月每月從

臺灣撥米一萬石運赴漳泉接濟去年臺

灣收成甚好臣業經飛檄行催臺米一至

價必漸落亦可無虞惟省城五方雜處兵

民稠集固本屬產米無多百萬家烟火獨

賴上游之米今查上游米船每日到省雖

多但因地頭既貴所以不能即平臣思每

一倉石價銀一兩四五六錢尚不謂之過

高且上游之米日日有來毫無足慮但恐

將來青黃不接之時米船一絕則民情送

為憂而以日後米船無至為憂是以價銷貴

不免於道遂年故臣不以目下米價銷貴

上游各府動支監穀糶米萬石定限於三

月中旬陸續運省平糶此示一張人心大

定先是福建有等困窮刁惡無賴之徒窺

不知先後緩急之宜米糧一長便欲將省

城現在存倉之穀盡倉發貴殊不知省城

存倉之穀能有幾何不過留以備緊急之

用耳今並非其時若輒行盡發此風一播

則上游米客咸裹足不前矣臣辛不聽其

鼓惑恐壅

皇懷故不敢不瑣賣奏

竊少遠識大在相度為之此

間也至於省自二月初一日起業已開的天

氣清和嗣後諒無大雨矣理合一并

奏明伏乞

皇上睿鑒謹

奏

雍正肆年貳月　初　日

《宮中檔》，雍正四年二月初四日，毛文銓奏摺

奏

提督福建陸路等處地方總兵官加太子少傳衛左都督管帶俸加二次臣吳陛謹

奏為奏

聞事竊照閩省幅員遼闊生齒殷繁惟是山多田少歲產米穀

不足以資重歲之需即豐收之年尚賴江浙粵官商船運

到漳泉接濟由來舊矣去歲收成薄民之蓋歲今歲自

春至夏兩水過多米船群至木苗陸處米價應處騰貴惟

福州延建邵武福寧各府州尚有市米可以支持其餘如

泉漳興化汀州米價日騰且吉羅善雖各石賣銀咸兩一

伍陸米剝圾錢不等百姓稜各致與和協營咨報卽飛移

臣毛文詮段法接濟而無臣立卽嚴防設府殼倉設

後糶仍差員前往溫州買米分濟又敷行臺灣府運米

運至泉漳分發並出示招諭客商搨本給令往江浙

等處販運來閩查來泉州一府各處人民赴郡買米日有萬

餘入漳州一府各處入民赴郡買米日有甚肆萬入全歲

早未戍區經東晝牧正未可定然應於陸月中旬後方得

節次登場計期尚早除再移容撫臣毛文詮多方接濟外

欽惟我

皇上愛民如子視民如傷凡間生養之謀無時不上壓

宸衷計其安全而于榮利臣目繫民間米貴情形理合據摺

奏但米種雖賞百姓俱吳各安業遠近地方臣移行各鎮協營

嚴加防範移期筹護合併聲明專差家人阿國顆肅捧代

乙

問

朕筹封疆大吏地方上以等先業書半先師參測朕好那者

準佫今乙六月盡將奏聞非事行咨章地方寧談煽有於

小事枝點雖律也大反股之任用也

雍正肆年四月　臣吳陛

旨提督福建陸路地方總兵官加太子少傳衛左都督管帶俸加二次臣陛謹

《宮中檔》，雍正四年五月二十日，吳陛奏摺

隔海相望

——人口流動與偷渡臺灣

閩粵民人偷渡臺灣的背景

臺灣與閩粵內地，一衣帶水，隔海相望，在內地漢人大量移殖臺灣以前，島上雖有原住民分社散處，但因土曠人稀，可以容納內地過剩的人口。閩粵人口的離心流動方向，除了移入廣西、雲南、貴州等省邊區外，由於地理上的便利，多東渡臺灣。

宋元以來，內地民人已有入居臺灣者，明代嘉靖、萬曆年間，來者愈眾，以商販為多。顏思齊、鄭芝龍入臺後，漳州、泉州民人移居臺地者，與日俱增。鄭芝龍獎勵拓殖，招徠閩南饑民渡臺開墾，受撫以後，稟請福建巡撫熊文燦招集饑民數萬人，每人給銀三兩，三人給牛一頭，用海舶載至臺地墾荒，這種大規模的移民，對於漢人在臺灣的基礎之奠定，裨益不小[1]。

鄭芝龍入臺後，獎勵拓墾，閩省泉州、漳州人移居臺灣者，與日俱增。荷蘭入據臺灣後，為了增加蔗糖等作物的生產，曾積極招徠內地漢人。據統計，在荷蘭統治末期，臺灣漢人男丁有二萬五千人，婦孺九千人，合計三萬四千人。鄭

1　郭廷以著《臺灣史事概說》（臺北，正中書局，民國 70 年 7 月），頁 16。

成功驅逐荷蘭人，收復臺灣後，實施寓兵於農的政策，聽民開墾，漢族移民，顯著增加，開闢日廣。由於鄭氏時代的大量開墾，正好提供了內地漢人一個適宜安居和落地生根的理想地方。據統計，鄭氏時代移殖臺灣的內地漢人已增至十二萬人[2]。除了鄭氏軍隊以外，新增移民有二、三萬人。從族譜資料可以看出，這時期從閩南各地有三十餘姓移民進入臺灣。

　　清廷領有臺灣後，由於鄭氏文武官員士卒及部分移民的返回原籍，臺灣漢族人口一度減少到七、八萬人。康熙中葉以後閩粵沿海漢人過臺覓食者，與日俱增，臺灣人口迅速成長，食指眾多，不僅臺地米價日昂，且將減少接濟內地的米穀數量。清廷鑒於臺郡生聚日眾，恐有人滿之患，為了及早限制臺灣人口的過度膨脹，於是飭令嚴禁內地民人偷渡臺灣。

　　所謂偷渡，是指無照移民，廣義的偷渡，包括國內的移殖與外洋的潛越，閩粵民人偷渡臺灣是屬於前者。

　　滿洲入關以後，實施海禁政策，順治十八年（1661），漳、泉二府，將沿海居民徙入內地，蕩析離居[3]。康熙二十二年（1683），清廷雖領有臺灣，但對臺民的反滿活動，仍存戒心，一方面開放海禁，一方面頒佈偷渡禁令，船隻過臺者必須領取原籍地方的照單，不准攜帶家眷，業經渡臺者，亦不得招致，潛渡者嚴處[4]。康熙二十三年（1684），閩粵展界，沿海

2　陳奇祿〈中華民族在臺灣的拓展〉，《臺灣文獻》，第 27 卷，第 2 期（南投，臺灣省文獻委員會，民國 65 年 6 月），頁 1。

3　薛紹元纂輯《臺灣通志》，《臺灣叢書》，第 1 輯（臺北，國防研究院，民國 57 年 10 月），頁 511。

4　林衡道編《臺灣史》（臺北，眾文圖書公司，民國 68 年 2 月），頁 290。

居民復歸故土，貿易捕魚，各安生業[5]，惟於無照渡臺一款，仍懸為厲禁。

客頭短擺與偷渡臺灣

禁止內地漢人偷渡過臺，是清初的功令，地方官遵行已久，但因臺地肥饒，過臺可獲利益，所以內地漢人仍不惜離鄉背井，出售房產，冒著風波，干犯功令，千方百計的偷渡臺地。凡欲過臺者，多由不法船戶客頭招引包攬，每客一人索銀六兩至八兩不等。各客民分匿於荒僻鄉村，俟有一、二百人時，乃將大船停泊澳口之外，乘夜用小船將客民載出外海，再上大船東渡。自廈門至臺灣，必經澎湖，所以澎湖是臺廈的咽喉，凡一切往來人貨，自臺灣至澎湖，自廈門至大擔門外，可用杉板小船，但自大擔門外至澎湖，中間一段洋面，水寬浪大，杉板船不敢航行，必用大船方能渡過。漳、泉船戶駕駛趕罾大船，藉口前往澎湖貿易，這種大船稱為短擺，既不到廈門掛號，也不到臺灣掛號，終年逗留澎湖，往來於大擔門外，廈門客頭所包攬的偷渡客民，即用杉板小船載出大擔門外，送上短擺大船，渡到澎湖，再用杉板小船載往臺地，不入鹿耳門，以避巡查，逕至臺灣北路的笨港、鹿仔港一帶的幽僻小港上岸，散入臺灣各地。船戶客頭中，往往有一種奸惡之徒，既取重利，又欲泯跡，遂用朽壞船隻，將客民不分男女共填艙內，以板蓋釘，航行至海中，鑿船沉入海底，船戶客頭則自駕小舟而回。有些船戶客頭將船隻駛至沙洲荒島，詭稱到臺，令客民上岸，客頭即揚帆而去，稱為放生，當客民知覺受騙時，已是呼號莫救了，客民非沉溺

---

5 《大清聖祖仁皇帝實錄》，卷 116，頁 3。康熙二十三年七月乙亥，據席柱奏。

於海中，即枯槁於荒島。

短擺是偷渡的主要津梁，覺羅滿保在閩浙總督任內業經嚴禁，雍正三年（1725），船戶林合興等十九船，乘福建巡撫毛文銓初上任，情形未諳，藉稱澎湖人民需船裝運鹹魚糧米，呈請開禁。其後又有方永興等十三船亦由泉州海防同知詳請准行。短擺大船往來於澎湖與大擔門外，專為偷渡之人作接手。閩浙總督高其倬指出林合興等各船戶，內多有從前曾被查拏案件尚未審結的人犯。清廷禁止偷渡的主要措施是取締不法客頭船戶包攬客民，但偷渡人數並未減少。福建觀風整俗使劉師恕具摺時已指出，「閩省過臺之禁，遵行已久，然禁者自禁，渡者自渡，究未能絕也。蓋由愚民無知，貪臺地肥饒，往可獲利，故不惜背鄉井、賣房產，冒風波，干功令，而為偷渡之計。」

雍正八年（1730）八月十五日夜間五更，有福建澎仔船一隻因欲偷渡臺灣，遇風飄至廣東碣石鎮青山仔後江灣地方撞石擊碎，並無貨物，止有男婦一百二十九名，經督標中軍遊擊點驗，訊問口供，據偷渡民人葉豁等供稱，籍隸福建同安、詔安、龍溪各縣，由客頭王彩即船戶陳榮、算命的黃千、卜卦的黃喜等招引偷渡，其水腳銀每名二兩至三兩不等，約定於八月十二日在福建廈門烈嶼開船，眾人陸續乘坐小船，從大擔、帽仔口、白石頭、湖下等處出口上船。全船一百二十九名內，除船戶陳榮及水手羅從、楊三、廖祿、何賜五名外，其餘葉豁等一百二十四名，俱係無照偷渡人犯，八月十三日，駛至澎湖口遇風失去桅舵，旋漂流至廣東江灣地方。

雍正十年（1732）五月，據廣東巡撫鄂彌達具摺指出閩粵民人在臺立業者多達數十萬人。其中包括開墾、承佃、僱

工、貿易等人口。

　　閩粵民人偷渡臺灣後，除開田耕食外，或從事貿易，或充當雇工，亦有飄蕩寄住全無行業者。其耕田之人可以分為二種：一種是自墾田土自身承種的自耕農；一種是承種他人田土的佃戶。各佃戶之中也不相同，有承種田數甚多且年久者，亦有承種甚少且年淺者，其田數多寡不等，年分久暫亦有別。開田耕食之人，起初俱於春時往耕，秋成回籍，隻身去來，習以為常。其後由於海禁漸嚴，一歸不能復往，其在臺立有產業者，既不願棄其田園，遂就地居住，漸成聚落。巡臺御史赫碩色曾指出渡臺民人，在城內者居少數，散處者居多數，成家者少，單丁獨漢者多。其有田地者稱為業主，召募流民種地研糖，稱為佃丁，又叫雇工，內地民人渡臺餬口者，大致不出此二途[6]。

　　雍正年間，臺灣一府四縣的田土情形並不一致，臺灣府人稠地狹，無甚隱匿，臺灣縣的田土是按鄭成功所定舊額徵收，諸羅、鳳山二縣田土頗多隱匿，彰化一縣新設立，荒地甚多，可以開墾。有力之家赴縣呈明四至之地，請領墾單，召佃開墾。所開田園以甲計算，每田一甲，大約相當內地的十一畝。分為上中下三則取租，上田每甲租穀八石八斗，中田每甲租穀七石四斗，下田每甲租穀五石五斗。上園每甲租穀五石，中園每甲租穀四石，下園每甲租穀二石四斗，清初領有臺灣後，地方有司即照此舊額徵糧。但各田園往往以多報少，業主有以十甲田園只報四、五甲者，至於佃丁，因自食代耕，且備牛種，如果照甲還租，便少餘利，所以不得不

6　《宮中檔》，臺北，國立故宮博物院，第 77 箱，381 包，1124 號。
　　雍正六年八月十八日，赫碩色奏摺。

從旁私墾，以欺瞞業主，其中有墾至二十甲而僅還十甲租穀者，各佃丁輾轉相矇，甚至百甲田園，其完糧還租者不過二三十甲而已。各佃丁主要是漳、泉、潮、惠客民，因貪臺郡地寬，可以私墾，因此，冒險渡臺。

臺灣富豪之戶及各衙役多在所屬地方任意開墾，同時也任意欺隱，不納錢糧。福建巡撫毛文銓曾指出閩省欺隱田糧，惟獨臺灣為甚，諸羅監生陳天松等首出園地數千餘甲。內地漢人渡臺後，或向土番租地耕種，或爭墾番界，以致常有生番殺害漢人的案件。例如彰化藍張興庄，舊名張鎮庄，逼近生番鹿場，生番不令漢人開墾，自康熙四十九年（1710）臺灣副將張國報墾立戶陞科後，生番擾害不已。康熙五十八年（1719），閩浙總督覺羅滿保檄飭毀棄藍張興庄，逐散佃民，開除課額。該庄舊屬諸羅縣所管，康熙六十一年（1722），諸羅縣知縣孫魯至任後，即立石為界，不許民人擅自進入。雍正二年（1724），該庄改屬彰化縣，提督藍廷珍令管事蔡克俊前往招墾，自立庄戶，改名為藍張興庄。因地方官與民人爭相開墾番界，以致生番殺害漢人的案件，層見疊出。福建巡撫毛文銓曾指出生番殺害民人，歷年不一而足，其被殺者悉由自取。生番向不出外，皆在番界內耕耘度活，內地民人不知利害，或因開墾而佔其空地閒山，或因砍伐而攘其藤梢竹木，生番見之，無不即行殺害，因此，毛文銓奏請嚴禁諸色人等擅入生番界內，以求無事。然而由於番界廣大，私墾番界，可以隱匿不納租，雖遭生番殺傷，仍不惜冒死私墾。

清廷為防止內地民人潛渡臺郡，曾頒佈禁令，議定章程。康熙五十七年（1718）二月，閩浙總督覺羅滿保奏請限定商船水手人數，嚴禁接渡人口，凡往臺地船隻，必令至廈門盤

驗，由澎而臺，其往來之人，俱由地方官給照，方許渡載，
單身游民無照單者，概不許潛渡。雍正七年（1729）十月，
福建觀風整俗使劉師恕奏請嚴法懲治，查獲偷渡人犯時，客
頭應擬充軍，澳甲地保知而不舉者連坐，偷渡船隻經由各汛
文武員弁，俱照失察例參處。惟偷渡民人多不由正口出入，
各汛口無從查核，結果過臺禁令成為具文，禁者自禁，渡者
自渡，始終未能禁絕，偷渡積弊，仍然釐剔需時，防範難周。

泉漳二府資藉臺灣米穀

　　清世宗禁止閩粵內地民人偷渡臺灣的原因很多，其中經
濟因素是不可忽視的，禁止偷渡臺地就是解決閩粵民食的重
要措施。臺灣為產米之鄉，米價低廉，變動也不大。雍正元
年（1723）三月間，據福建督撫的奏報，臺灣府的米價，每
石七、八錢不等，而泉州、漳州二府的米價，每石一兩一、
二錢不等，相差四、五錢不等。雍正二年（1724）四月間，
臺灣府的米價，每石八、九錢不等，泉州、漳州二府的米價，
每石一兩一、二錢不等；雍正四年（1726）五月間，泉州、
漳州二府的米價，每石價至三兩以上，甚至有高達三兩九錢
及四兩者，臺灣米價仍然低廉。

　　臺灣米價低廉，變動不大，其原因很多。福建布政使潘
體豐認為臺灣田地廣闊，每年稻穀的生產量甚大，雖逢收成
稍薄之歲，米價仍不至昂貴，例如雍正九年（1731），臺灣地
方秋後缺雨，稻穀收成僅六、七分不等，然而米價仍然低廉，
每石自六錢至八、九錢不等。雨水多寡，固然影響年歲豐歉，
但是對臺灣米價的波動，影響不大。臺郡各縣的農作物，除
稻穀外，舉凡番薯、黃豆、大小麥等產量亦大，此外果蔬、
糖蔗、菁麻等作物亦相宜。因雜糧豐收，雖雨水不足，稻穀

收成歉薄，惟米價仍不致昂貴。例如康熙四十六年（1707）
夏秋，雨澤愆期，八、九月間，米價每石至一兩八、九錢至
二兩不等，但因民間所種番薯豐收，十一月間，米價漸減，
每石僅一兩一錢。雍正元年（1723）十月，福建巡撫黃國材
亦指出臺灣地方，年成甚好，稻穀、番薯俱有十分收成，米
價每石七、八錢不等。臺灣一府四縣，耕地面積廣大，流民
尚少，稻穀產量甚大，雜糧收成亦好，所以米價低廉，民食
以外，餘米頗多。

　　福建地方，山海交錯，地狹人稠，食指浩繁，即使是豐
年，米價亦較他省昂貴。福州、泉州、漳州等府，本地所產
米穀，不敷本地民食，多貿米而食，其中福州民食向來資藉
建寧、邵武、延平三府所產米穀，泉州、漳州二府則資藉臺
灣所產米穀。雍正初年，福建水師提督藍廷珍具摺奏稱：

　　　臺灣雖屬懸海一區，見今地闢民聚，乃聖祖仁皇帝開
　　　拓疆土，與我皇上之收服西海，先後一轍，昭垂史冊，
　　　照耀萬古，必須規畫盡善，使有磐石之安。溯自歸入
　　　版圖以來，其地所出米穀豆麥，閩省數十年來，民食
　　　大有攸賴，即如浙江米價騰昂，督臣覺羅滿保亦係雇
　　　備商船買糴，源源運赴接濟。再如江浙兩省民間所需
　　　糖貨，均為仰賴臺地帆販貿易[7]。

定例臺灣府每年自正月起至五月止，每月碾米一萬石，以五
千石運往漳州，以五千石運往泉州，交各道府平價糶賣接濟。
閩浙總督高其倬指出漳州、泉州二府，若遇豐年，僅足六個
月民食，尚有六個月分皆仰給於臺灣，年歲歉薄時，十分之

7　《宮中檔》，臺北，國立故宮博物院，第79箱，350包，8495號。
　　雍正二年九月初三日，藍廷珍奏摺。

六以上皆資於臺灣。漳州、泉州食指眾多，民食維艱。雍正四年（1726）五月，福建巡撫毛文銓奏稱「刻下泉州一府各處人民赴郡就食者日至一、二萬人，漳州府各處人民赴郡就食者日至三、四萬人。」因此，臺灣除照常運米五萬石之外，另添運十萬石。高其倬指出駐防臺地兵丁眷口米石，每年又需支米一萬六百五十石，各營歲支兵米三萬六千石，這些米石都由臺地撥運。閩省需米孔亟，為解救兵民之食，高其倬奏請開放臺米之禁，令漳州、泉州商人販運接濟，其原摺略謂：

> 查福建福州、泉州、漳州三府，人多田少，每年所出之米，不敷本地民食，福州則資藉建寧、邵武、延平三府之米，泉、漳二府，則資藉臺灣之米，自臺灣朱一貴變後，前後巡臺御史等多有恐其運出接濟洋盜，遂禁止臺灣之米，不許過海，其大意蓋恐聽民搬運，萬一致臺灣米價騰貴，或生事端，此意甚是。其私意則以為伊等所管係臺灣一府，此府無事，則本身乾淨，泉、漳之民，有米無米，有事無事，在所不顧，此意則不是。但不知臺灣地廣，民間所出之米，一年豐收，足供四、五年之用，民人用力耕田，固為自身食用，亦圖賣出賺錢，一行禁止，則囤積之米，廢為無用，既大不便於臺民，而泉、漳二府，仰待外米，乃絕其資藉之源，又大不便于泉、漳之民。究竟泉、漳之民，勢不得不買，臺灣之民，亦勢不能不賣，遂生種種弊端，偷買偷賣，奸巧百出，地方官遂于鹿耳門港口，令文武嚴查出入之船，而民遂于各處小港用杉板小船載出澎湖，又用短擺大船載到泉、漳。臺灣之地，處

處小港極多，稽查既難，而百姓乘夜黑難見，行不可
行之港，冒險偷渡，覆溺者頗有。各處汛口文武員弁
以及兵丁地保索賄私放作弊者頗多，禁之愈嚴，其弊
愈巧。臣意此禁米一事，若果於臺灣有益，泉、漳有
益，雖極其難禁，極其費力，臣斷不敢畏難，必盡力
查拿，務使法在必行而後已。無如兩處皆為無益，不
得不籌變通，況隔省過糴，我皇上俱嚴加申飭，臺灣
雖即隔海，乃係同省之府，豈有如此禁過之理[8]。

由於米禁甚嚴，商民遂偷渡販運，因其有利可圖，地方微員
及兵丁胥役等亦有私自販賣者。漳州府知府耿國祚竟挪動穀
價，差人赴臺買米回漳州私糶，以致米價騰貴。高其倬認為
開放臺灣米禁，其益處有四端：（一）泉、漳二府之民有所資
藉，不苦乏食；（二）臺灣之民既不苦米積無用，又得賣售之
益，則開田愈力；（三）可免泉、漳、臺灣之民因米糧出入之
故，受揹勒需索之累；（四）泉、漳之民既有米食，自不搬買
福州之米，福州之民亦可稍免乏少之虞。開放遏米之禁，由
商民自由販運，亦可減少偷渡。

浙江廣東民食的接濟

　　泉、漳二府固然仰給於臺灣米穀，浙江亦然，雍正元年
（1723）九月，浙江雨水不足，寧波等處民食艱難，閩浙總
督覺羅滿保與福建巡撫黃國材面商，由福州撥米五千石，臺
灣亦撥米五千石，共一萬石，由海運至寧波平糶。其後因象
山、定海等處亦需米接濟，福州撥米增為七千石，臺灣撥米
增為一萬石。是年十二月，臺灣續撥米二萬石運往寧波、臺

8　《宮中檔雍正朝奏摺》（臺北，國立故宮博物院），第 6 輯，頁
　355。雍正四年七月二十六日，高其倬奏摺。

州等府平糶。雍正九年（1731）六月，管理福建海關事務郎中準泰亦稱因臺灣米船多販往江浙地方，以致廈門米價較春間增長。雍正十年（1732），浙江省溫、臺、衢、杭、寧等數府地方田禾，或受蟲害，或因亢旱不收，或被冰雹打傷，多致成災，米價騰貴，市石市戥每石賣至二兩及一兩八、九錢，百姓不能安貼，紛紛告災告饑。次年二、三月間，離杭州城三十里的大荊地方饑民群起搶奪食穀，臺州府仙居縣宜城地方有饑民數百人到處乞食。臺州府烏岩地方、寧波府姜山地方饑民也聚眾搶奪民家倉穀，浙江總督程元章即咨會福建督撫招商赴閩買米運赴臺州等地糶賣接濟。福建總督郝玉麟等出示曉諭將臺灣府鳳山縣存貯倉粟撥運十萬石至廈門聽閩、浙兩省商民販往臺州等地糶賣接濟。

　　廣東地方，民間米穀也常苦不足。廣東巡撫楊文乾曾指出廣東米穀，即年歲豐收，亦僅足供半年之食。廣東民食不敷的原因，清世宗特頒諭旨云：

> 朕思本省之米，不足供本省之食，在歉歲則有之，若云每歲如此，即豐收亦然，恐無此理。或田疇荒廢，未盡地力，或耕耘怠惰，未用人功，或奸民希圖重價私賣海洋，三者均未可定。昨曾面諭九卿，今廣西巡撫韓良輔奏稱，廣東地廣人稠，專仰給於廣西之米，在廣東本處之人，惟知貪射重利，將地土多種龍眼、甘蔗、煙葉、青靛之屬，以致民富而米少。廣西地瘠人稀，豈能以所產供鄰省多人之販運等語。此奏與朕前旨相符，可知閩廣民食之不敷有由來矣。著二省總督、巡撫等悉心勸導，俾人人知食乃民天，各務本業，盡力南畝，不得貪利，而廢農功之大，不得逐末而忘

　　稼穡之艱。至于園圃果木之類，當俟有餘地餘力而後
　　為之，豈可圖目前一時之利益，而不籌畫於養命之源，
　　以致緩急無所倚賴，而待濟於鄰省哉？假若鄰省或亦
　　歉收，則又將何如哉？該督撫等務須諄切曉諭，善為
　　化導，俾愚民豁然醒悟，踴躍趨事，則地方不致虛耗，
　　而米穀不致匱乏矣[9]。

未盡地利，未用人功，奸民私販，固然都是廣東民食不敷的
原因，但真正的原因，是人口壓力，人多田少，以致民食維
艱。廣東提督學政楊爾德到任以後，細加訪查，並具摺指出
廣東山澤多而可耕之地少，每年兩種兩收，全憑雨澤均調，
倘遇小小旱潦，俱難以人功補救，名為兩熟，而所收者不及
江浙一熟之數。廣東地方又是各省及外洋往來貿易之處，商
賈之多甲天下，「所產之米有限，而所食之人甚眾，所以米價
不時昂貴，而民間常有乏食之虞也。」米價騰貴，民間乏食
的主要原因，就是食指眾多。

　　泉州、漳州民食，向來仰給於臺灣，但因浙江等省常需
米穀接濟，泉、漳二府不能得到臺灣全力的接濟，臺灣稻穀
初熟之時，因米穀有餘，多分賣各地，甚至在海上販運各洋，
加上碧戶壟斷米價，商賈販運成本亦昂，以致泉、漳二府窮
簷仍食貴米。為解決生計問題，閩粵內地民人遂紛紛東渡，
以就食於產米之鄉的臺灣。

清廷禁止偷渡的原因

　　清朝康熙中期以後，臺地流民，與日俱增，人口的增加，
食指眾多，不僅臺灣米價日昂，且將減少接濟內地的數量，

9　《宮中檔雍正朝奏摺》，第 8 輯，頁 25。雍正五年四月十二日，
　　常賚奏摺。

為解決閩浙民食問題，遂嚴禁內地民人偷渡，以限制臺灣流民的增加。康熙五十年（1711）三月，臺灣知府周元文於〈申禁無照偷渡客民詳稿〉略謂：

> 為再請申嚴偷渡之禁，以固海邦事。竊照臺郡乃海外荒區，地瘠民貧，當初闢之始，人民稀少，地利有餘；又值雨水充足，連年大有。故閩、廣沿海各郡之民，無產業家室者，俱冒險而來，以致人民聚集日眾。經蒙上憲洞悉情形，設法嚴緝，已不啻至再至三矣。詎意奸頑商艘並營哨船隻輒將無照之人，每船百餘名或多至二百餘名，偷渡來臺。其自廈門出港，俱用小船載至口外僻處登舟。其至臺，亦用小船於鹿耳門外陸續運載至安平鎮登岸，以致臺廈兩同知稽查莫及，即間有拿獲通報者，亦不過千百中之什一耳。夫以此彈丸之地，所出地利有幾，豈能供此往來無盡之人？匱乏之虞，將恐不免。且此輩偷渡者，俱係閩、廣遊手之民，其性本非馴良，又無家室顧忌，無怪乎習悍日甚，而鼠竊之事，日見告聞。倘此輩再為饑寒所驅，則地方隱害，又不知將何底極？似當亟為設法嚴禁者也[10]。

周元文認為臺灣為「彈丸之地」，偷渡流民聚集日眾，地利有限，不免有匱乏之虞，因此，嚴禁無照客民偷渡臺灣，以免人滿之患。

　福建總督郝玉麟亦指出臺灣地方，田土肥饒，居民富庶，冒險偷渡者，例禁雖嚴，終難禁絕，客頭招攬，民人貪利，

10　周元文修《臺灣府志》，《臺灣叢書》，第 1 輯，〈藝文志〉，頁 1240。

偷渡過臺，涉歷險港，黑夜放洋，經拏獲者十之一，到臺者
十之二三，沒於孤島沙洲葬身魚腹者十之四五。據統計，雍
正年間，閩粵流寓臺灣的漢人已有數十萬眾，為使流寓民人
室家完聚，以繫其身心，清世宗特准臺地客民搬眷。但郝玉
麟認為既許搬眷，則奸民乘機攜帶親族人等過臺，日久生齒
必繁，食指倍增，不可不虞。郝玉麟具摺略謂：

> 向來臺粟價賤，除本地食用外，餘者悉係運至內地接
> 濟，亦緣粟米充足之故，漳、泉一帶沿海居民賴以資
> 生，其來已久。若臺粟三五日不至，而漳、泉米價即
> 行騰貴。今臺地人民既增，將來臺粟必難充足，價值
> 必至高昂，運入內地者勢必稀少，沿海一帶百姓，捕
> 海為生，耕田者少，臺粟之豐絀，實有關內地民食也[11]。

戶口日增，稻米生產，供不應求，以致米價騰貴。閩粵濱海，
山多田少，生產面積有限，兵民所食，望濟於臺粟者甚殷，
臺民生齒日繁，戶口眾多，則內地民食必日漸稀少。清世宗
解決閩粵民食的消極辦法就是禁止偷渡臺灣，以限制臺地人
口的增加。鎮守南澳總兵官張天駿拏獲偷渡人犯一百四十餘
名，並繕摺奏稱「臺灣地土雖廣，而出米是有定數，況漳、
泉等郡，咸為取資，若查拿稍懈，則偷渡愈眾，不但奸頑莫
辨，有擾地方，且慮聚食人多，臺地米貴，所係匪細，是以
奉旨嚴禁[12]。」清廷慮臺地人多米貴，漳、泉等郡，無從取資。
臺郡生聚日眾，食指愈多，清廷恐有人滿之患，不僅臺民生
計日蹙，內地各郡更慮接濟無資，嚴禁偷渡，就成為限制人

11　《宮中檔雍正朝奏摺》，第 21 輯，頁 158。雍正十一年二月二十
　　日，郝玉麟奏摺。
12　《宮中檔雍正朝奏摺》，第 24 輯，頁 141。雍正十三年五月二十
　　八日，張天駿奏摺。

口的必要措施。簡言之，清初內地人口的壓迫，就是閩粵民人甘觸法網偷渡臺灣的主要原因，而限制臺郡人口的膨脹，嚴禁偷渡，就是清廷解決漳、泉等郡民食的消極辦法。

閩粵地方因生齒日繁，游離分子與日俱增，游手好閒的羅漢腳多偷渡臺灣，臺地遂成為無藉之徒的逋逃藪，良莠不齊。巡視臺灣吏科掌印給事中赫碩色等具摺時指出「臺灣綿亙二千餘里，數十年來土田日闢，民人愈繁，其間土番安分守業，猶為馴良，唯各處流民湊集，奸匪易生，兼之舊習习頑，民情險健，知利而不知害，喜動而不喜靜，視糾眾為兒戲，以作奸為泛常，防範少疏，百弊叢出[13]。」署理福州將軍海關監督準泰亦稱「臺灣地方孤懸海外，番民雜處，土著人少，近來閩地海口較前雖漸加嚴密，而閩廣兩地游手之徒，從前偷渡過臺者甚多，成群結夥，多無妻室，最易為匪[14]。」巡視臺灣陝西道監察御史覺羅栢修等進一步指出「臺灣孤懸海外，五方雜處，土著之民少，而流寓之民多。蓋土著者知有室家，產業為重，自不敢妄作匪為，輕身試法，至流寓之人，非係迫於饑寒，即屬犯罪脫逃，單身獨旅，寄寓臺灣，居無定處，出無定方，往往不安本分，呼朋引類，嘯聚為奸。歷考臺地變亂數次，皆係此等烏合之徒為之倡首[15]。」流寓臺地的閩粵漢人既富於冒險犯難的精神，又多係單身獨旅的無藉之徒，恃強好鬥，結盟拜會，滋事案件，時有所聞，清初

13　《宮中檔雍正朝奏摺》，第 11 輯，頁 122。雍正六年八月十八日，赫碩色奏摺。

14　《宮中檔雍正朝奏摺》，第 19 輯，頁 825。雍正十年閏五月初六日，準泰奏摺。

15　《宮中檔雍正朝奏摺》，第 21 輯，頁 205。雍正十一年三月初三日，覺羅栢修奏摺。

諸帝遂視臺地為「反側不常之所」，為杜亂源，以靖海疆，所以屢申禁令，嚴查偷渡。

　　清廷禁止內地民人偷渡臺灣，是執行海禁政策的重要措施。南洋呂宋、噶喇吧等處，自明代以來，閩、粵民人前往居住者與日俱增，其中婚娶成家，接受外國職官，領取外國貲本貿易者頗多。康熙年間，定例商民船隻，限令在沿海五省及東洋貿易，其呂宋、噶喇吧等處，不許商船前往貿易。但內地民人往來於臺灣與呂宋之間，清廷遂以為隱憂。清聖祖頒諭時已指出「臺灣之人，時與呂宋地方人，互相往來，亦須豫為措置[16]。」據被獲偷渡人犯沈德萬供稱船戶於雍正十年（1732）十二月在廈門攬貨掛號到呂宋，次年九月間，黃龍裝載貨物前往臺灣，並未返回廈門。至於福安縣民蔡祝則勾引呂宋「番人」，攜帶銀兩，潛至內地，欲在漳、泉招人皈依天主教。福建水師提督王郡查出晉江縣商船戶柯得萬一船於雍正十二年（1734）正月二十二日在廈門出口，報往臺灣貿易，但柯得萬一船並未前往臺灣貿易，卻違禁透越呂宋。閩浙總督喀爾吉善具摺指出臺灣遠隔重洋，偷渡船隻於放洋以後，即可任意揚帆他往。易言之，「偷渡臺灣，實與私越外番之禁相為表裏[17]。」福建總督郝玉麟具摺指出私渡之弊，其原摺略謂：

> 閩省仰蒙聖恩，准令開洋貿易以來，通省人民藉貿易之利，裕衣食之資，開洋之效，實有明驗，惟奸匪私渡之弊，若不嚴行查拏，在外聚集日眾，為患日深，

<hr>

16　《大清聖祖仁皇帝實錄》，卷 270，頁 16。康熙五十五年十月壬子，諭旨。
17　《軍機處檔・月摺包》（臺北，國立故宮博物院），第 2772 箱，23 包，3481 號。乾隆十三年十月初二日，喀爾吉善奏摺錄副。

雖定例甚嚴，而奸滑商民偷渡者，歷有犯案。若呂宋
地方偷渡日多，聚集益廣，將來難保不滋事端。又訪
得向日臺灣匪類暨漳、泉奸民，亦有覬覦其地之謀，
臣是以惓惓顧慮，惟在嚴禁私渡為第一要著[18]。

禁止內地民人潛往呂宋，必須嚴查偷渡。郝玉麟原摺奉硃批
云：「甚是，從前朕亦有風聞，二、三、四年屢次諭閩粵督撫
留心此事，各種設法密探奏聞，皆云無事，今卿此奏，深合
朕意，當預為防者，但具題時此等議論，不必盡露章奏，只
言禁偷渡可也。」據估計雍正年間逗留呂宋、噶喇吧的漢人
已有數萬人，清世宗認為這些人都是漢奸，奸懷叵測。閩粵
民人既往來於臺灣及呂宋之間，就清廷而言，臺灣與呂宋等
處都是海外的逋逃藪。因此，內地民人偷渡臺灣，與潛往南
洋並無不同，俱應嚴禁。質言之，清初禁止偷渡臺灣，除經
濟背景外，其政治因素，亦不宜忽視。

　　閩粵民人偷渡臺灣，人口壓迫就是最主要的推動力。清
廷議定章程，頒佈禁令，盡法懲治，其主要目的就是想藉朝
廷法令的力量，以限制臺郡人口的膨脹。惟因閩粵人口壓迫
問題日趨嚴重，遂紛紛冒險東渡，清廷禁止偷渡的消極措施，
終歸失敗。

　　雍正五年（1727）七月，福建總督高其倬經詳細詢訪後
奏稱臺灣府所屬四縣之中，臺灣一縣皆為老本住臺之人，原
有妻眷，其餘諸羅、鳳山、彰化三縣，俱係新住之民，全無
妻子，間有在臺灣縣娶妻者，但不過佔千百中什一而已，其
餘皆為無室家者。在三縣移民中，閩粵參半，除開田耕食外，

18　《宮中檔雍正朝奏摺》，第21輯，頁353。雍正十一年四月初五
　　日，郝玉麟奏摺。

或從事貿易，或充當雇工，亦有飄蕩寄住全無行業者。其中耕田之人可以分為二種：一種為自墾田土自身承種者；一種為承種他人田土而為佃戶者。各佃戶所承種的田數多寡不等，年分久暫亦有區別[19]。臺地沃壤日闢，利之所趨，偷渡益盛。內地民人隻身在臺，居住日久，為搬移眷屬，偷渡案件遂層出不窮。清廷向來禁止携帶婦女的原因，就是由於臺地遠隔重洋，形勢險要，民人眾多，良奸不一，恐為地方之害。高其倬即曾指出其中緣故，「細思臺地所以較內地多曠土，可以留容人民者，以各民皆無妻室戶口，不能繁滋。若家家生聚，歲歲增添，亦自有土滿之患矣。」朝廷功令雖然森嚴，為搬移眷屬，乃千方百計偷渡過臺。易言之，閩粵民人偷渡盛行，除地理背景外，政策方面也是一個不可忽視的因素。

雍正初年，閩粵歷任官員條陳臺地事宜時曾論及內地民人移居臺地，既無家室，心無繫念，故敢於為非，若令搬眷成家，則人人各守其田廬，各顧養贍妻子，不敢妄為不法之事，不失為安靜臺境之一策。雍正五年七月，高其倬條陳搬眷事宜，除貿易、雇工、無業游民不准搬移外，其開墾田土滿一甲，並有房廬者，俱准呈明地方官給照搬眷。雍正十年（1732），廣東總督鄂彌達條奏流寓之人，既願為臺民，凡有妻子在內地者，許其呈明給照搬眷入臺，編甲為民。同年五月，經大學士鄂爾泰等議准，查明有田產生業平日安分循良情願携眷赴臺入籍者，地方官申詳道府查實給照搬眷入臺，此為清廷准令携眷過臺之始。但因臺地客民與日俱增，不法之徒乘機携帶親人，食指浩繁，雍正十一年（1733）二月，

19　《宮中檔》，第79箱，320包，6435號。雍正五年七月初八日，高其倬奏摺。

福建總督郝玉麟、福建巡撫趙國麟會銜具奏，限於搬取內地妻子，其餘親人概不許攜帶。乾隆四年（1739），郝玉麟以流寓良民眷口均已搬取，奏請定限一年，於乾隆五年停止給照，不准搬移。乾隆九年（1744），巡視臺灣給事中六十七以內地民人聞臺地父母年老欲來侍奉，或因內地父母孤獨無依，欲往臺地就養，奏請給照搬眷，入甲安插。乾隆十一年（1746）四月，奉旨依議。但未定年限，流弊滋多，而且過臺人數自雍正十二年起至乾隆五年止，給照大小男婦不下二萬餘人，已有地窄人稠之虞。乾隆十二年（1747）五月，閩浙總督喀爾吉善奏請自是年五月為始，定限一年，准許搬眷，逾限不准給照[20]。自此以後仍禁止搬眷，內地民人遂無從影射過臺，惟包攬接引偷渡的流弊卻更甚於前。據喀爾吉善奏稱自乾隆十三年四月起至六月底止，閩省沿海文武拿獲偷渡過臺人犯共十五起，每起男婦多至七、八十人，最少亦有一、二十人。清廷對搬眷禁令時弛時嚴，既不許內地隻身游民出海渡臺，復禁止搬取眷屬過臺，於是民人甘蹈偷渡之愆，冒險東渡，以就食臺地。

偷渡的港口

閩粵兩省，處處瀕臨海口，港汊紛歧，船隻往來絡繹。臺灣西海岸則隨處可上岸，偷渡容易。因此，禁者自禁，渡者自渡。福建沿海口岸，自福寧以迄漳州，無處不可出海。其中泉州廈門是赴臺的總路，但其他小口極多，如大小擔、崇武、安海、青崎、浯嶼、赤碼、檳榔崎、劉五店等。至於福州府屬的閩安、福寧府屬的南鎮、興化府屬的涵江口及廣

20　《軍機處檔・月摺包》，第 2772 箱，6 包，753 號。乾隆十二年五月二十一日，喀爾吉善奏摺錄副。

東惠、潮各州所屬海岸，船隻皆可出口，偷渡尤易。

　　臺地日用貨物，大半取資於內地，而閩粵兵糈民食則多賴赴臺商船配運。康熙年間，臺灣設郡縣之初，即設鹿耳門一口，以對渡廈門。惟除鹿耳門外，其他沿海小港甚多，如淡水廳的八里坌、淡水港、小雞籠、八尺門、吞霄、竹塹、南崁、中港、後瓏港、大安港，彰化所屬海豐港、水裏港、二林港、三林港、鹿仔港，諸羅即嘉義所屬虎尾澳、八掌溪、笨港、猴樹港、鹽水港、蚊港、布袋澳、海翁崛，鳳山所屬竹仔港、泉港、打鼓港、茄藤港、萬丹港等；或可容哨船出入，或可容杉板船及帖仔小船進出[21]，俱為偷渡捷徑。無照民人多在各處小港登岸，原設汛兵因塘汛傾圮，營制廢弛，並不各歸汛地，甚或得賄縱放，任聽出入。

　　內地船隻由廈門大擔口正路出海者多屬船主舵工，計圖漁利，招引無照民人頂冒水手，潛往臺灣。其由青崎、浯嶼、赤碼、檳榔崎等小路偷渡者，則為各地客頭所包攬的客民，先在海澄、龍溪、詔安等縣招引聚集小船，由赤碼等處潛至廈門，乘夜載赴大船出海。定例廈門船隻應對渡鹿耳門，惟自廈門至鹿仔港，航路亦近，風順之時，不過一二日即可入口。在鹿仔港正式設口以前，廈門向有白底艍船駛往鹿仔港購買米穀運回內地銷售，獲利頗豐，其後蚶江私販亦多偷渡鹿仔港。乾隆四十九年（1784），福州將軍永德奏請臺灣北路於鹿仔港增開口岸，內地泉州於蚶江開設口岸，議定廈門船隻掛驗後對渡鹿耳門，蚶江船隻對渡鹿仔港。乾隆五十三年（1788），議准開設八里坌，對渡福州五虎門。其後由於鹿仔港口泥沙淤積，港道淺狹，船隻出入頗為不便，舊有海豐港

21　《臺灣府志》（乾隆二十八年刊本），卷2，海防，頁30。

界在嘉義、彰化之間，距彰化縣城七十里，距鹿仔港六十餘里，其港口初本狹隘，但由於溪水匯注沖刷，日漸深廣，當地民人稱為五條港。此外噶瑪蘭烏石港、加禮遠港亦可通小船，在道光六年（1826）始議准開設口岸。臺灣沿海正式開設的口岸雖少，但因港汊紛歧，隨處皆可上岸。閩粵地方，人稠地狹，臺地尚可容納內地過剩的人口，清廷既禁止內地民人移居，不得不冒犯法網，無照私渡。

偷渡的方式

清初嚴查偷渡，禁令綦嚴，閩粵居民格於成例，利用種種方式偷渡臺灣，百弊叢生，甘受奸梢愚弄。閩浙總督喀爾吉善曾指出內地民人偷渡，其弊端雖層出不窮，而緊要情節，不過兩端：一在內地客頭的包攬；一在臺地民人的接引。偷渡民人散處各方，若無客頭包攬，斷難渡海。至於內地民人雖欲赴臺謀生，若無在臺客民的接引，亦不敢冒然前往。偷渡日盛，督撫遂引為地方的隱患。閩浙總督高其倬亦曾指出民人偷渡的主要工具為短擺及自備哨船，其原摺略謂「偷渡一節大為臺灣隱憂，而短擺之船及自備哨船二種，實為偷渡之津梁。蓋自臺灣至廈門，自廈門至臺灣，俱必到澎湖，此實臺廈之咽喉。凡一切往來人貨，自臺灣至澎湖可用杉板小船，自廈門至大擔門外，亦可用杉板小船，惟自澎湖至大擔門外，此中間一段洋面，水寬浪大，杉板船不敢行走，必用大船方能渡過。向有泉、漳一帶奸刁船戶借稱往澎湖貿易，駕駛趕繒大船，名曰短擺，既不到臺灣掛號，又不到廈門掛號，終年逗遛澎湖，往來于大擔門外，有廈門不法店家客頭包攬廣東及福建無照偷渡之人，用杉板小船載出大擔門外，送上短擺大船，渡到澎湖，又用杉板小船裝載，不入鹿耳門，

以避巡查，徑至臺灣北路之笨港、鹿仔港一帶小港幽僻無人之處上岸，散入臺地[22]。」因此，高其倬認為欲杜偷渡，必須禁止短擺及自備哨船。不肖客頭奸梢，往往將船隻駛至外洋荒島或沙洲，詭稱到臺，逼迫客民登岸，坐以待斃，甚至盡歸魚腹。原任臺灣縣知縣魯鼎梅所纂《臺灣縣誌》曾云「內地窮民在臺營生者數十萬，其父母妻子俯仰乏資，急欲赴臺就養，格於例禁，群賄舡戶，頂冒水手姓名掛驗，女眷則用小漁船夜載出口，私上大舡，抵臺，復有漁舡乘夜接載，名曰灌水。經汛口覺察，奸梢照律問遣，固刑當其罪，而杖逐回籍之民，室廬拋棄，器物一空矣。更有客頭串通習水積匪，用濕漏之舡，收載數百人，擠入艙中，將艙蓋封釘；不使上下，乘黑夜出洋，偶值風濤，盡入魚腹。比到岸，恐人知覺，遇有沙汕，輒趕騙離舡，名曰放生。沙汕斷頭，距岸尚遠，行至深處，全身陷入泥淖中，名曰種芋。或潮流適漲，隨波漂溺，名曰餌魚。窮民迫於飢寒，罔顧行險，相率陷阱，言之痛心[23]。」內地民人迫於飢寒，急不擇音，賄通船戶，頂冒水手，乘黑夜出海，亦於黑夜抵臺上岸，此即最常見的偷渡方式。福建巡撫潘思榘亦曾指出偷渡民人悉由客頭潛藏接引，得財包攬，其不法船戶慣用破爛船隻，誆騙男婦入艙，一出大洋即鑿破船底，將客民沈入海中，自駕小舟而回，稱為放生船，其兇惡遠過於盜賊。雍正七年（1729），清廷禁止偷渡，主要就是嚴禁不法客頭船戶包攬客民。是年十月，福建觀風整俗使劉師恕具摺稱「閩省過臺之禁，遵行已久，然

22　《宮中檔》，第 79 箱，319 包，6392 號。雍正四年九月初二日，高其倬奏摺。

23　《明清史料》，戊編，第 2 本，頁 107。乾隆二十五年二月初二日，據吳士功奏。

禁者自禁，渡者自渡，究未能絕也。蓋由愚民無知，貪臺地肥饒，往可獲利，故不惜背鄉井，賣房產，冒風波，干功令，而為偷渡之計，地方不法棍徒，因而引誘包攬，名曰客頭。每客一人，索銀六、七、八兩不等。先分匿於荒僻鄉村，迨有一二百人，乃將大船停泊澳口之外，乘夜用小船載出，復上大船而去。沿海地方廣闊，隨處可以上船，本難稽查，而澳甲地保通同私縱者，又復不少，其被拿獲者，偷渡男婦遞回原籍，而客頭僅坐杖徒，且許折贖，出所得百分之一，便可脫然無事，利重罪輕，彼亦何憚而不為也。且又有一種奸惡之徒，既取重利，復圖泯迹，遂用朽壞之船，將人客不分男女共填艙內，以板蓋定，行至海中，鑿船沉之，自駕小舟而回。又或遇沙洲荒島，即詭云到臺，呼客上岸。客纔出艙，不辨何處，歡欣登岸，彼已揚帆而去，謂之放生，迨其知覺，呼號莫救。念此愚民，本欲趨利，乃不沉溺於海，即枯槁於山，雖禍由自取，而客頭之罪，已不容誅矣[24]。」為杜偷渡之端，劉師恕奏請將被獲客頭應擬充軍，為從者減一等，倘有中途謀害情事，則照強盜傷人得財律擬處。清廷禁止偷渡，立法非不周詳，但弊端仍多，偷渡伎倆，變換多端，福州將軍新柱訪知臺郡小船私由小港偷運米穀，前往漳泉及廣東等處售賣，內地民人乘其回棹，暗搭過臺。由廈門駛往臺郡的船隻，稱為橫洋船，其舵水額配過多，故分賄兵役，頂冒偷渡。除商漁船戶貪圖財物勾引裝載外，據閩浙總督喀爾吉善指出更有一種客頭，假充商漁，本身並不在船上，惟在四路招攬，復於營汛口岸層層安頓，另僱舵水撐駕偷渡，不肖兵

---

24 《宮中檔》，第 76 箱，30 包，2258 號。雍正七年十月十六日，劉師恕奏摺。

丁及地保澳甲等一氣串通，得錢賣放，以致偷渡之弊，永難杜絕。

　　乾隆十四年（1749）四月初六日，福建右營水師把總林國寶等率領兵丁扮作商人，在浯嶼外洋追獲趕繒船一隻，內載客民男婦共一百八十一名，舵水二人。此船樑頭僅九尺七寸，船身朽爛，帆維桅索，俱為草繩，男婦百餘人擁擠同艙，水深及膝，所謂放生船，即指此類船隻。另有小舟一隻，因見官兵追捕，水手四人即躍下小舟，飛駕逃脫。據所獲偷渡客民供稱是由客頭陳湖勾引，總客頭為江老，住海澄縣大涇地方，各地客民陸續聚集江老家中，每人出大番錢三、四圓不等，約計騙銀四百餘兩。自乾隆二十三年十二月起至二十四年十月止一年期間，閩省共盤獲偷渡客民共二十五起，老幼男婦計九百九十九名，溺斃男婦三十四名。乾隆五十二年分，閩省拏獲偷渡人犯共二百十八名，臺灣汛兵在鹿耳門外拏獲李淡無照船一隻，共載張挑等男婦二百四十餘名。乾隆五十五年五月，淡水同知袁秉義詳報拏獲包攬偷渡船戶陳水等十四名，據供陳水籍隸海澄縣，於乾隆四十四年到臺灣，五十四年，置買雙桅商船一隻，領給嘉義縣牌照，牌名陳發金，僱陳盛為舵工，林柏、林篆、馮笑、孫古為水手。五十五年四月二十四日，在鹿耳門掛牌出口，往淡水生理。二十六日夜，陡遇東南風，將船漂至泉州府晉江縣宮下港收泊。因船桅損壞，次早，陳水上岸，僱船匠修理時，有民人許貴攜帶妻吳氏，弟婦顏氏，嬸母老吳氏，堂弟許用，又蔡東同母洪氏，吳遠同妻林氏，又陳老同妻施氏，又莊寬同嬸母吳氏，又耿助一人，共男婦十四名，均欲往臺灣尋親生活，懇求陳水搭載。陳水應允，當即議定男客每名交番銀一圓，女

客每名錢八百文。五月初一日傍晚，陳水將船駛至僻靜處所，許貴等先後登船，即於是日晚開駕出洋，初三日午刻到淡水廳大安港南埔海面，旋被兵役拏獲。不僅商船攬載客民偷渡，水師兵船亦有私載客民偷渡者。乾隆五十五年六月，嘉義縣笨港拏獲偷渡客民沈堯等二十七名。據供沈堯等因欲渡臺找尋親戚，於是年五月十七日見有素識哨舡要往臺灣，即央求舡上水兵附渡。隨有水兵黃得元等攬載上船，每人應允給舡錢番銀三、四圓。五月十八日傍晚時分，沈堯等先後上舡，次日放洋，二十六日，被風打到海豐港附近地方，沈堯等上岸，水兵黃得元等則駕舡到鹿耳門進口。同年三月二十七日晨，鳳山縣東港有小船二隻，載貨上岸，拏獲偷渡人犯四名，內含舵工蔡牙等人，其大船停泊於東港汕外，當汛弁往拏時，其大船已駕逃。船主為福建同安縣人陳次，其妻舅王金山僱蔡牙在船上把舵。蔡牙亦籍隸同安縣，與王金山認識。陳次舊置商船一隻，領給同安縣牌照，牌名為陳裕金。乾隆五十四年五月，陳次身故。五十五年二月，其母陳蘇氏將牌照赴縣繳換，仍係陳裕金姓名。是年三月，陳蘇氏託王金山置買布疋往海山銷售。王金山聽聞臺灣布疋價昂，地瓜價賤，起意偷渡，欲將布疋在臺灣變賣，置買地瓜，運回內地，希圖獲利。三月十五日，王金山與姊丈陳次之姪陳鼎商定出海，邀蔡牙把舵，議給工食番銀六圓，先付二圓，又僱蔡江等七人為水手。王金山將空船駕至劉五店汛掛號出口，旋將布疋運載上船。水手陳內亦買烟布紙扇棕簑各貨附搭上船，蔡牙攬客陳文滔一名，議出船價番銀三圓，錢二百文，言明抵臺時交給，蔡牙即於是夜開船出海。二十六日，駛近鳳山縣屬東港汕外，將船停泊僻靜處所，次日早，蔡牙等分駕小船二

隻，裝載烟布等貨上岸時被汛兵盤獲，陳鼎等聞知後將船駕逃。

乾隆五十六年五月二十七日，在淡水廳中港口外查獲廣東紅頭船一隻，內含船戶黃阿扶，舵工趙田，水手林士青等六名，偷渡客民余富等九名。五月二十九日，在彰化縣武絡洋查獲船一隻，內含舵手鄭智、水手陳明等四名，偷渡客民林喜等二十四名。六月初七日，在淡水廳吞霄洋面盤獲船一隻，拏獲舵工潘參等五名，偷渡客民吳敬等十六名。其中鄭智籍隸廣東海豐縣，乾隆五十六年二月內，受雇在船戶施奇會船上把舵。施奇會因捕魚不敷食用，與鄭智商定攬客偷渡，陸續攬得客民林喜等二十四名，每人許給船租番銀二、三圓不等，先付番銀一圓，其餘約定到臺後找給。五月二十三日，由海豐牌竹港出口，二十九日，抵彰化武絡洋面被獲。五十七年五月二十六日，淡水廳大安港南埔海墘地方盤獲偷渡商船一隻，船戶為吳好。據供吳好籍隸南安縣，乾隆五十五年，承買馬巷廳民黃萬興小商船一隻，在各港貿易。五十七年閏四月內，有素識的陳烈同親族十餘人欲往臺灣，倩吳好載送，每名許給番銀二圓，吳好允從，並自攬鄭舊等男婦四名，在家等候。五月初八日，空船赴井汛掛驗出口，收泊南安縣內湖港荒僻地方。十八日，陳烈等十九人登舟，吳好則引鄭舊等上船，共載男婦客民二十七名。十九日，放洋。二十一日，望見臺灣，吳好令水手王朝等乘坐杉板小船探路，被巡洋兵役拏獲，吳好望見，將船駕逃。二十三日晚，駛至不知名地方海灘，吳好即令陳烈等上岸，將船駕逃，二十六日晚，收泊南埔海墘時被兵役盤獲。乾隆五十七年八月初六日，大雞籠港拏獲偷渡商船一隻，船戶為馬輔。據供馬輔籍隸廣東潮

陽縣,與鄰居曾紹化素好。曾紹化與詔安縣民何尊合買小商船一隻,是年五月初間,曾紹化在福建裝載木料回至潮州府澄海縣塗弼澳地方卸賣貨物回家,馬輔即向曾紹化租賃船隻,每日船租錢五十文。馬輔因無本置貨,起意攬客偷渡,先後攬得同鄉劉叟等十人,每名付給船租四圓。五月二十二日,由塗弼澳出口,因風信不順,收回灣泊,七月二十二日,復行開駕,八月初六日被拏獲。閩粵偷渡案件,層見疊出,不勝枚舉,客頭船戶以攬載客民為業,希圖重利,偷渡之風並不因功令森嚴而稍戢。偷渡民人甚至不由商船搭載,竟相互糾約數十人,或數百人,合置船隻,由沿海僻靜小口偷渡到臺,棄船登岸,如此可以避免被各汛弁兵丁查拏。閩粵民人偷渡方式既多,防範難周,臺地客民與日俱增,督撫遂引為隱憂,渡臺禁令迄未解除,並訂定章程,雷厲風行,嚴查偷渡,欲藉朝廷法令以遏止臺地戶口的增加。

禁止偷渡的章程

　　清廷為防止內地民人潛渡臺郡,曾頒佈禁令,議定章程。康熙二十三年(1684),清廷頒佈渡臺條例,內地商漁船隻欲渡臺地者,先給原籍地方照單,經分巡臺廈兵備道稽查,由臺灣海防同知查驗批准;渡臺者不准攜帶家眷;粵地屢為海盜淵藪,禁止粵民渡臺。但商販行私偷越,民人貪利竊留臺地,偷渡之風益盛。康熙五十七年(1718)二月,閩浙總督覺羅滿保奏請限定商船水手人數,嚴禁漁船裝載貨物,接渡人口。凡往臺地船隻,必令至廈門盤驗,由澎而臺。其往來臺地之人,俱由地方官給照,方許渡載,單身游民無照單者不許潛渡,內地民人渡臺謀生的機會,遂大受限制。

　　內地民人渡海來臺,例給印照,規定由廈門出口,至鹿

耳門入口，俱由同知查驗，惟偷渡民人多不由正口出入，而由沿海小口出入，各汛口無從查核，為清根本，以除流弊，巡視臺灣吏科掌印給事中赫碩色於雍正六年（1728）五月間奏請凡給照渡臺者，令海防同知及各地方官將民人來歷註明冊內，其從前至臺者，亦於保甲牌內註明來臺年月，遇有事故，先查從前來歷，如牌冊無名，即為偷渡，各口汛官弁則照失察例處分。過臺禁令，地方官弁遵行已久，然而禁者自禁，渡者自渡，始終未能禁絕，其弊端甚多，客頭包攬，澳甲地保通同隱瞞，都是重要原因。雍正七年（1729）十月，福建觀風整俗使劉師恕奏請嚴法懲治，查獲偷渡人犯時，客頭應擬充軍，澳甲地保知而不舉者連坐，偷渡船隻經由水汛及本地文武各員俱照失察例參處。鹿耳門為入臺要港，向設有海防同知，駐守稽查，因官微職小，不足以彈壓，偷渡民人私頂水手姓名，口岸官弁往往被矇混。高其倬在福建總督任內曾屢飭商船舵手填註箕斗，查驗相符，始准放行，船戶以其不便，呈請免填。雍正十三年（1735）十月，閩浙總督郝玉麟為加強盤驗，奏請於臺協所屬將備內酌議輪班駐箚鹿耳門，把守督察，以消弭偷渡積弊。並令地方官於商人給照時，喚齊在船人等，逐加親驗，將出海舵工水手的姓名、年貌、籍貫、箕斗、疤志，逐一開列，填註明白，仍取澳甲地保甘結存案。船隻經過沿海各汛，及抵臺汛口，文武各官細加盤驗，倘使查出偷渡情弊，即將出口內地汛守文武各官，照失察奸民下海為匪例參處。但商船出口動輒以百計，少亦五六十隻，每船舵水自十餘人至二十餘人不等，各官不能逐一親驗，不得不假手胥役，各胥役借端需索，稍有不遂，即指羅為箕，以箕為羅。乾隆元年（1736）十二月，巡臺御史

白起圖以查驗箕斗,更增弊病,奏請飭令地方官於商船過臺,祇令原籍各縣將舵水的年貌鄉貫填明照中,免其查驗箕斗,以便商民。

清廷為嚴禁偷渡,立法已極詳密,惟因偏港僻汊甚多,防範難周。乾隆十二年(1747)八月,閩浙總督喀爾吉善等參酌舊有成規,釐剔當時積弊,訂定章程。移文水陸各提鎮於偏僻港口及大小津隘派撥員弁,輪替周巡。並飭令臺廈同知,凡船隻出口進口,必須票照相符,始准驗放。若奉行有成效,即分別記功議敘,若有疏縱,則行指參,照例議處。向來人口偷渡,皆責成各官稽查,其追擒訪緝的任務,全在兵役。但兵丁祇有治罪條例,並無獎勵辦法,以致兵丁多觀望因循奉行不力。喀爾吉善奏請兵役拏獲偷渡人犯後,按照人數多寡,於船隻變價入官項內酌動銀兩賞給兵役,以示鼓勵。福建巡撫潘思榘旋亦奏稱沿海弁兵澳甲拏獲偷渡人犯每起或十餘人或數十人不等,故請於客頭包攬贓銀,及奸梢船隻追變銀兩內酌量動支獎賞。閩浙總督喀爾吉善遵旨會同潘思榘悉心妥議後亦指出偷渡船隻在昏夜裡揚帆於波濤駭浪之中,汛兵澳甲必須晝夜巡查探訪,始能弋獲,其偷渡人犯一次被獲者往往多達十餘人至三四十人不等,必須僱覓多人押解赴縣署審訊。倘離縣窵遠不能當日解到時,另需暫給飯食,所以各屬將偷渡人犯審結後,於追變入官銀兩內酌量賞給,不失為策勵辦公之意。雍正十二年(1734),總督郝玉麟條奏洋船往外番貿易,如有攬載無照偷渡人犯,兵役拏獲十人以上者各賞銀二兩,每十名遞加二兩,經部議覆允行。喀爾吉善等以偷渡臺地與私越外番,其情形相似,游巡兵役在洪波巨浪中追逐擒拏,實屬冒險出力。因此,喀爾吉善等奏陳偷

渡船隻在沿海口岸被拏獲者不必給賞，如兵目在洋面追獲偷渡人船者，即比照雍正十二年奏定章程辦理，意即按照獲犯人數於審明之日十人以上者賞銀二兩，每十名以上遞加二兩。若偷渡船隻尚未出洋，而經別汛兵目澳甲盤獲者，則減半給賞，其賞銀俱於該案追變贓銀船價內支給。清廷一方面嚴禁偷渡，加強防範，屢次重申法令，飭令汛口文武員弁嚴密盤驗稽查，一方面訂定獎勵章程，按拏獲人犯多寡量予獎賞，其主要目的就是想藉朝廷法令的力量，以遏止偷渡的浪潮，此種消極的措施，必然導致清廷封禁政策的失敗。

在清朝初年，臺灣一府四縣一廳，土沃人稀，謀生容易，尚可容納內地過剩的人口。閩粵兩省地狹民稠，生計維艱，於是航海來臺者絡繹不絕。無照私渡，例禁綦嚴，地方文武各員亦屢次重申禁令，然而偷渡案件，仍層出不窮，一方面是由於沿海遼闊，港汊多歧，防範難周；一方面則由於官渡必經官方給照，海口查驗放行。惟胥役兵丁每多留難，勒索錢文。而私渡則僅須與客頭船戶說合，即可登舟載渡，其費較官渡為省，無手續之繁，其行實較官渡為速。質言之，私渡便於官渡，偷渡風氣，迄未稍戢，此亦為主要原因之一。閩粵民人渡臺後，或藉傭工為活，或倚親戚而居，或墾種番地，或從事貿易，無形中解決內地部分人口壓迫的問題。然而一方面基於經濟因素，閩省兵民所食，多仰賴臺地米穀的接濟；一方面卻有其政治因素，即清朝對漢人的防範，為限制臺地漢人的增加，所以嚴禁偷渡。東三省與南洋的移殖既被封鎖，渡臺覓食的機會亦受限制，解決人口過剩的措施，竟在清廷的消極封禁政策下被漠視了。閩粵先民偷渡臺郡，人口的壓迫，就是最主要的推動力，清廷頒佈禁止偷渡律例，

嚴加懲治，欲藉法令的力量以限制移民的嘗試，終歸失敗，於是禁者自禁，渡者自渡，閩粵民人偷渡臺灣者依然接踵而至。

乾隆年間偷渡案件的分析

　　閩粵內地由於人口與田地比例的嚴重失調，人口壓迫問題日趨嚴重，田地不足以維持當時人口最低的生活程度，生計維艱，而臺灣則因地土膏腴，易於耕作，謀生容易，閩粵貧民遂甘觸法網，偷渡臺灣。乾隆年間，閩粵人口流動更加頻繁，偷渡臺灣的風氣更加盛行。兩廣總督陳大受具摺指出民人偷渡出洋，例禁甚嚴，守口文武員弁失察處分，亦復綦重。至於查驗牌照，定例已極周密。然而民人因內地資生乏策，輒思偷越出洋，或頂充水手，或俟洋船出口，乘夜私坐小艇，偷上大船，詭秘百出。閩浙總督喀爾吉善亦痛陳肅清偷渡的重要性，其原摺略謂：「近來流寓殷繁，已覺人滿，加以沿海奸匪又復偷越前往，良莠混淆，貽累地方，欲求頓理，肅清偷渡，首宜嚴禁。」嚴禁內地人民偷渡臺灣是清初以來的既定政策，地方文武大吏遵奉諭旨查禁偷渡，毋許私行透漏一人，並將如何實力查禁？有無查出偷漏之人，於歲底彙奏一次，其防範偷渡，可謂不遺餘力，但偷渡案件仍然層見疊出。就現存檔案可將乾隆年間（1736-1795）的偷渡臺灣案件列出簡表如下：

乾隆年間閩粵人民偷渡臺灣案件簡表

時間 \ 地點 \ 人數	福建省		廣東省		合計
	查獲地點	人數	查獲地點	人數	
十二年（1747）	詔安營	16			
	懸鐘汛	13			
	澎湖	148			
	諸羅縣	10			
	銅山營	12			199
十三年（1748）	福建通省	750			750
十四年（1749）	浯嶼	183			183
二十四年（1759）	福建通省	999			999
二十八年（1763）	臺灣	6			6
三十五年（1770）	泉州、漳州、臺灣	403	潮州	205	608
三十六年（1771）	泉州、漳州、邵武、汀州	213			213
三十七年（1772）			廣東通省	79	79
三十八年（1773）	臺灣	115			115
四十一年（1776）	臺灣	4			4
四十二年（1777）	臺灣	24			24
四十三年（1778）	海澄縣	29	陸豐縣	4	
	同安縣	185			218

時間 ＼ 地點 人數	福建省 查獲地點	福建省 人數	廣東省 查獲地點	廣東省 人數	合計
四十四年（1779）	福建通省	58			58
四十五年（1780）	福建通省	1			1
四十七年（1782）	臺灣	4			4
四十八年（1783）	福建通省	5			5
五十一年（1786）			澄海縣	31	31
五十二年（1787）	鹿耳門	244			
	福建沿海	218			
	臺灣	19			481
五十三年（1788）	鹿仔港	77			77
五十四年（1789）	臺灣水裡港	36			
	臺灣大安港	144			
	臺灣南崁港	48			
	臺灣黃衕港	36			264
五十五年（1790）	臺灣淡水	20			
	臺灣笨港	27			
	臺灣東港	9			
	臺灣吞霄	18			74
五十六年（1791）	臺灣吞霄	21			
	臺灣中港	15			36
五十七年（1792）	臺灣南埔	28			
	臺灣雞籠	11			
	臺灣武絡洋	28			67
總　　計		4177		319	4496

資料來源：國立故宮博物院現藏《宮中檔》、《軍機處檔‧月摺包》；
中央研究院歷史語言研究所出版《明清史料》。

　　國立故宮博物院現存乾隆朝《軍機處檔・月摺包》，主要
是始自乾隆十一年（1746）以後，《宮中檔》則自乾隆十六年
（1751）以後較完整。乾隆三十四年（1769），閩粵等省遵奉
寄信上諭，嗣後每年年底彙奏偷渡臺灣案件，從現存地方大
吏彙奏摺件，有助於了解閩粵人民偷渡臺灣的概況。如上表
所列，可以看出乾隆年間查獲偷渡案件及人數，是以福建省
為最多，廣東省所查獲者極少。從乾隆十二年（1747）至乾
隆五十七年（1792），查獲偷渡人犯共計四四九六人，福建省
共查四一七七人，約佔總人數的百分之九十三，廣東省共查
獲三一九人，僅佔總人數的百分之七，相差懸殊。據閩浙總
督喀爾吉善的奏報，乾隆十二年（1747）五月十五日，澎湖
通判拏獲廣東偷渡客民一百四十名，女眷三名，舵工五名，
由此可知在福建省轄內海口所獲偷渡人犯，並非俱籍隸福建
省，其中還包含有來自廣東的偷渡客民。

　　從乾隆二十三年（1758）十二月起至二十四年（1759）
十月止，十個月間，福建省共拏獲偷渡人犯二十五起，老幼
男婦共九九九名，為歷年查獲偷渡人數最多的一次，平均每
個月查獲九九人偷渡臺灣。乾隆二十八年（1763），福建省拏
獲偷渡臺灣人犯共六名，經閩浙總督楊廷璋等審理後繕摺奏
聞。其原摺指出偷渡人犯鄭桂原籍在福建閩縣，投充福建巡
撫衙門掛卯舍人。乾隆二十八年（1763）二月間，鄭桂母故，
貧窘無聊，憶及從前武鄉試時，曾在教場為侯官縣武進士林
上苑即林魁拉馬熟識，探知林上苑前往祖籍漳州，又赴廈門，
欲往臺灣祀祖省墓，兼取其父所遺賬目。鄭桂趕赴廈門，懇
求林上苑拏帶過臺。林上苑念其為同鄉，應允帶往。因林上
苑族兄林得意的船隻，向託李老管駕出海，赴臺貿易，林上

苑即同家人陳太老、范令及鄭桂共四人，俱懇李老附搭偷渡，李老應允，林上苑即頂林得意名字，鄭桂等分頂患病回家缺額的水手鄭發等姓名，共給李老船租番銀十四圓，伙食銀四圓，先付二圓，尚欠二圓。另有李老同族李力，因其父在臺開店生理，亦出銀二圓，頂補缺額幫梢方瑞姓名，一同偷渡，俱未請官給照。同年五月二十日，由大擔門掛驗出口，因風信不順，至六月初一日始放洋。六月十一日，在洋遭風，斷桅折舵，隨風飄至八里坌，於六月十五日收港登岸，林上苑等帶同陳太老、范令前往彰化祀祖。七月十五日，鄭桂潛赴臺南府城，公然穿戴水晶頂帽，白鶴補服，門首懸掛中憲大夫燈籠，假官誆騙，因被地方人士識破而查出偷渡案件。乾隆三十五年（1770）分，福建泉州、漳州、臺灣拏獲偷渡人犯共四〇三名，廣東潮州拏獲偷渡人犯共二〇五名，合計六〇八名，人數眾多。《軍機處檔‧月摺包》內含有閩省報獲各起人犯清單：淡水同知共拏獲三人，其中徐華賢是逃軍，徐宗斌是逃流；廈門同知拏獲二九四人；其中除船戶舵水三十人外，其餘二六四人，俱為民人眷口；漳浦縣拏獲船戶舵水四名，民人眷口共十名；彰化縣拏獲船戶舵水八名，民人眷口共八十四名。各起偷渡案件拏獲人犯的地點，主要在福建、廣東內地沿海及臺灣西部沿海港口，但從前列簡表中可以看出乾隆三十六年（1771）分，福建省所拏獲的偷渡臺灣人犯，除在泉州、漳州外，邵武、汀州二府，位於福建西北內陸，亦查獲偷渡臺灣的人犯，福建地區人口流動的頻繁是顯而易見的。乾隆四十六年（1781）六月，閩人陳昭，由蚶江偷渡過臺，在彰化賣魚生理。乾隆四十七年（1782）八月，漳泉民人械鬥，陳昭畏懼，於同年九月二十日自鹿仔港搭船回閩，

仍至蚶江上岸，因聞查拏獲偷渡人犯，陳昭不敢回家，四度求乞，為同安縣兵役所獲。閩粵人民渡臺聚居後，因臺地不靖，往往由臺灣返回內地原籍，前表所列偷渡人犯，未包括回籍人口。

閩浙總督喀爾吉善認為療病必拔其本，治水必究其源，客頭包攬就是偷渡的根株，汛口兵役則為客頭的屏蔽，客頭兵役狼狽為奸，偷渡風氣，遂更加盛行。就現存檔案所錄供詞，可將各船戶舵工的籍貫分佈及出入港口列表於後。

乾隆年間，地方大吏查辦偷渡案卷，雖然頗多，但現存供詞，為數有限。就供詞所述，可知福建省船戶舵水的籍貫，多分佈於海澄、同安、晉江、詔安、南安等縣，其中同安、晉江、南安等縣，屬於泉州府，海澄、詔安等縣，屬於漳州府。廣東省船戶舵水的籍貫，多分佈於澄海、潮陽、海豐等縣，其中澄海、潮陽等縣，屬於潮州府，澄海縣在汕頭東北，潮陽縣在汕頭西南，海豐縣屬於惠州府，地瀕南海。各船戶從內地沿海偷渡臺灣的出口，主要分佈於福建井尾、劉五店、松栢門、高浦、宮下、蚶江、安竹、內湖等港，以及廣東樟林、牌竹、塗弼等港，各船偷渡臺灣的入口，主要分佈於臺灣西部海岸的鹿耳門、黃衙港、水裡港、大雞籠港、南崁港、大安港、東港、吞霄港、中港、南埔、武絡洋等處。

乾隆年間偷渡臺灣船戶舵工籍貫分佈表

年　　月	出　口	入　口	姓　名	籍　貫	職別
四十三年（1778）	福建海澄縣		王大興	福建海澄縣	船戶
四十三年（1778）	福建海澄縣		李再生	福建同安縣	船戶
四十三年（1778）	廣東陸豐縣		李秀輝	廣東海豐縣	船戶
五十一年（1786）	廣東澄海縣		余阿老	廣東潮陽縣	船戶
五十二年（1787）八月	福建井尾港	鹿耳門	李淡	福建晉江縣	船戶
五十四年（1789）三月	福建劉五店	彰化黃衙港	許旺		船戶
五十四年（1789）閏五月	廣東樟林港	水裡港	林紹聚		船戶
五十四年（1789）閏五月	福建松栢港	大雞籠港	王英貴		船戶
五十四年（1789）閏五月	福建劉五店	南崁港	林榜		船戶
五十四年（1789）閏五月	廣東樟林港	大安港	余雄英		船戶
五十四年（1789）六月	福建高浦港	南崁港	王儼然	福建同安縣	船戶
五十五年（1790）三月	福建劉五店	鳳山東港	蔡牙	福建同安縣	舵工
五十五年（1790）三月	福建劉五店	鳳山東港	王金山	福建同安縣	船戶

年　　月	出　口	入　口	姓　名	籍　貫	職別
五十五年 （1790）五月	福建宮下港	大安港	陳水	福建 海澄縣	船戶
五十五年 （1790）五月	福建蚶江澳	吞霄港	蔡丕	福建 晉江縣	船戶
五十六年 （1791）五月	廣東牌竹港	彰化 武絡洋	鄭智	廣東 海豐縣	舵工
五十六年 （1791）六月	福建安竹港	吞霄港	高何	福建 詔安縣	船戶
五十六年 （1791）六月	福建安竹港	吞霄港	陳順	廣東 澄海縣	船戶
五十六年 （1791）五月	廣東塗弼港	中港	黃阿扶	廣東 潮陽縣	船戶
五十七年 （1792）五月	福建內湖港	南埔	吳好	福建 南安縣	船戶
五十七年 （1792）七月	廣東潮陽縣	大雞籠港	馬輔	廣東 潮陽縣	船戶

資料來源：國立故宮博物院藏《宮中檔》奏摺、《軍機處檔·月摺
　　　　　包》；中央研究院歷史語言研究所出版《明清史料》。

　　從各船戶的供詞，可以了解各船戶客頭攬客偷渡經過及
其出入港口。乾隆五十二年（1787），鹿耳門拏獲無照偷渡船
一隻，船戶李淡攬客偷渡來臺，欲到北路五條港入口，遇風
飄到鹿耳門。李淡被拏獲後供出其原籍在福建晉江縣，向開
布舖，久經歇業。乾隆五十二年（1787）八月間，李淡探知
縣民周媽益有領照商船一隻，無力出海。李淡即與素相認識
的同縣人蔡水商允共出錢四十千文合租駕駛，將船寄泊井尾
外海邊，意欲置貨運赴臺灣售賣，停泊多日，資本無措，原
配舵工水手俱各散歸。李淡計無所出，於是起意偷渡獲利，

另顧周佳為舵工，議給工資番銀十圓，又雇伍庇等七人為水手，各議給番銀三圓。民人張桃又名張源韜等人，先在臺灣居住多年，或置有田地，或傭佃耕種，或開張店舖，林爽文起事以後，張桃等人因被擾害，陸續攜眷避回原籍，因人地生疏，無可謀生，當臺地逐漸平靜後，又欲來臺復業。李淡即招引張桃等一百二十七人，蔡水招引蔡法等九十四人。另有王收等二十四人，因窮苦無奈，聽聞臺郡招集義民，各給口糧，得功另可領賞，意欲來臺充當義民，亦自行赴船附搭，以上共二四五人，俱從僻路上船，除幼孩十五名不收船價外，其餘各給錢五、六百文不等。八月二十三日放洋後，原擬駛至臺灣五條港僻處登岸，但於二十五日忽起大風，船隻遭風飄擱鹿耳門汕外被拏獲。

乾隆五十三年（1788）正月，福建同安縣人王儼然向素識的呂琛租賃小商船一隻，每年議給船租番銀七十圓，領取同安縣牌照，牌名陳振元。王儼然另僱王奮為舵工，呂最等八人為水手，於次年閏五月二十日起意販貨攬客偷渡，於是購買薯絲三百擔，攬載客民蔡祿等五人，六月二十七日早晨，從高浦港偷駕出洋，七月初三日晚間，駛至淡水廳南崁港僻處，客民蔡祿等人上岸，七月初五日，王儼然駕船在八里坌港口遊移被兵役拏獲。王儼然雖領有牌照，但因攬載無照客民，故被查拏。

販貨船戶因貪利攬載客民，以致偷渡案件層見疊出。福建同安縣人蔡牙，與王金山熟識，王金山姊丈陳次，舊置商船一隻，領有同安縣牌照，牌名陳裕金。乾隆五十四年（1789）五月間，陳次身故。次年二月內，陳次之母陳蘇氏將牌照赴縣繳換，仍使用陳裕金姓名。同年三月間，陳蘇氏託王金山

置買布疋，往海山售賣。但王金山聽聞臺灣布疋價昂，地瓜價賤，於是起意將布疋運臺變賣，置買地瓜回至內地，希圖獲利。僱蔡牙把舵，議給工食番銀六圓。王金山將空船駕至劉五店汛掛號出口，購買布疋運載上船，水手陳內購買煙布紙扇棕簑等貨附搭上船，舵工蔡牙攬載客民陳文滔一名，議給船價番銀三圓，錢二百文。三月二十七日，船隻在鳳山東港汕外被拏獲。

　　福建海澄縣人陳水，於乾隆四十四年（1779）渡海來臺，乾隆五十四年（1789），置買雙桅商船一隻，領取嘉義縣牌照，牌名陳發金，僱陳盛為舵工，林相等人為水手。乾隆五十五年（1790）四月二十四日，在鹿耳門掛驗出口，往淡水生理。四月二十六日夜間，陡遇東南強風，將船隻飄至泉州府晉江縣宮下港收泊。次早，陳水上岸僱船匠修理船桅。有縣民許貴夫妻及堂弟等十四人，欲往臺灣尋親生活，懇求陳水搭載。陳水應允，議定男客每名給番銀一圓，女客每名錢八百文。五月初一日傍晚，陳水將船駛至僻處，許貴等人先後上船。五月初三日午刻，抵達淡水廳大安港南埔海面時被兵役拏獲。

　　船戶固然攬客偷渡，舵工亦往往貪利私載客民。鄭智籍隸廣東海豐縣，於乾隆五十六年（1791）二月內受僱在海豐縣船戶施奇會船上把舵，兼為出海操捕，惟因捕魚獲利不敷食用，鄭智起意攬客偷渡。施奇會應允，隨後陸續攬得客民林喜等二十四人，俱欲過臺灣尋親覓食，每人許給船租番銀二、三圓不等。正欲開船，施奇會因病不能同行，將牌照交給鄭智收執管駕。五月二十三日，由海豐牌竹港出口，五月二十九日，駛至彰化縣武絡洋面時被兵役拏獲。各船戶雖領有牌照，但多非船戶本人姓名，各汛口掛驗後即放行，更助

長偷渡風氣的盛行。

　　由於汛口弁兵差役的賣放，得贓故縱，偷渡風氣，更難遏止。乾隆五十四年（1789）五月初間，廣東船戶林紹聚與崔阿駱租賃鄭阿耍漁船一隻，另僱林阿魯等五人為水手。林紹聚起意攬載客民，托客頭張敏招引客民二十八人。同年閏五月初八日，從廣東澄海縣樟林港海邊出口，閏五月十二日到臺灣水裡港。林紹聚攜帶番銀上岸，向汛兵商量賣放客民上岸，其中兵丁鍾朝英包收四十五圓，自得二十圓，鄭保生得五圓，曾成得四圓，郭財得十二圓，黃佑得四圓。此外，又有陳進假冒臺防廳差役，亦索去番銀十六圓。林紹聚用於賣放的番銀共計六十一圓，偷渡客民繳付船租，每人以番銀三圓半計算，二十八人共付番銀九十八圓，其行賄賣放的番銀約佔全商船租收入的百分之六十二。

　　臺郡沿海各港，不僅兵丁輒行賄縱偷渡船隻，其文武汛弁無不得贓縱放各船偷越入口。笨港守備李文彩從乾隆五十三年（1788）八月初一日到笨港汛，至乾隆五十四年（1789）五月初一日奉調到臺灣府，其間內地有五船，澎湖有四船收入笨港，李文彩俱得贓縱放。據李文彩供稱乾隆五十三年（1788）十一月內有蚶江船二隻偷渡臺灣，收入笨港，由文汛口胥方陞及兵丁劉世雄、林耀春向每船各索番銀二十四圓，交給守備李文彩，並告知各船戶如武汛不拏，縣丞衙署離港口四、五十里不能得知，即無妨礙，李文彩收取番銀後，縱放偷越。乾隆五十四年（1789）二月內，有同安縣偷渡船一隻收入笨港，口胥方陞等收取船戶番銀四十二圓，轉交李文彩收受。同年四月十一、十二等日有內地船兩隻收入笨港，方陞等收取船戶番銀共九十圓，轉交李文彩收受。此外，澎

湖入港船共四隻，李文彩每隻收取陋規銀二圓，四船共銀八
圓，合計共銀一百八十八圓，其中一百八十圓俱係向內地偷
渡船戶索取的贓銀。此外，口胥方陞另向偷渡入港船戶每船
索取番銀各十四圓，五船共計索取入己番銀七十圓。除笨港
外，海豐港文武員弁得贓縱放偷渡船隻的情形，亦有過之而
無不及。乾隆五十四年（1789）閏五月初一、初三、初十、
十一等日，有內地偷渡船四隻收入海豐港，俱由文口書辦方
大義帶領船戶到汛，交給汛弁外委歐士芳番銀共七十圓，歐
士芳將番銀以四六扣分分給兵丁劉國珠等人，汛弁兵丁得贓
後，即將偷越船隻縱放出口。清廷禁止森嚴，地方大吏亦屢
奉諭旨嚴拏偷渡，但各港口文武員胥役兵丁卻於內地偷渡
船隻到港時，公然向船戶索取番銀得贓縱放，偷渡風氣遂屢
禁不絕。

搬眷過臺禁令的制訂與廢止

　　鄧孔昭撰〈清政府禁止沿海人民偷渡臺灣和禁止赴臺者
攜眷的政策及其對臺灣人口的影響〉一文中指出禁止偷渡和
禁止攜眷畢竟不是一回事情，將它們統在一起考察，很容易
出現強調了某一方面而忽視另一方面的傾向。清廷在禁止攜
眷方面雖然有過一些鬆動和調整，但在禁止偷渡的政策規定
方面，卻只有不斷加嚴加苛，沒有任何的鬆動，並無所謂嚴
禁和弛禁之分，把清廷禁止沿海人民偷渡臺灣和攜眷的政
策，總的分為若干時期，其中某些時期稱為「嚴禁時期」，某
些時期又稱為「弛禁時期」，這種處理方法不免帶有很大的主
觀隨意性。因此，只有將它們分別加以考察，才有利於說明
問題的真相。

　　清初以來，對搬眷過臺的限制，屢禁屢開，很容易使人

誤解清廷對偷渡臺灣的規定，曾經數度放寬，而有所謂嚴禁和弛禁之分，其主要原因就是把搬眷和禁止內地民人無照偷渡臺灣混為一談。為了便於說明問題的真相，把禁止內地民人偷渡臺灣和禁止搬眷過臺分別加以考察，確有其必要。但因開放搬眷過臺期間，無照偷渡婦女，仍屢見不鮮，搬眷期限已過，流寓臺郡者，其在內地的父母妻子多有偷渡來臺就食者，廣義的禁止偷渡臺灣，包含禁止內地民人無照渡海入臺及禁止搬眷過臺，所以探討禁止偷渡臺灣，不能忽略禁止搬眷過臺的問題。

就現存文獻資料而言，清廷禁止內地沿海民人偷渡臺灣及搬眷過臺的政策，最早似始自康熙四十一年（1702），而不是始於康熙二十三年（1684）清廷領有臺灣之初。周鍾瑄修《諸羅縣志・雜記志》謂「男多於女，有邨莊數百人而無一眷口者。蓋內地各津渡婦女之禁既嚴，娶一婦，動費百金[25]。」周鍾瑄《諸羅縣志》，成書於康熙五十八年（1719），這就說明在康熙五十六年（1717）以前，內地婦女渡海入臺已經遭到禁止。閩粵沿海民人多於春時渡臺耕種，秋成回籍，隻身去來，習以為常。自從康熙中葉以後，海禁日益嚴厲，一歸不能復往，而且漂洋過海，浪濤危險，在臺流寓之人，漸成聚落，定居者日夥，雍正年間（1723-1735），內地民人在臺立業者已數十萬人，因不能搬眷過臺，其眷屬偷渡來臺就養者，與日俱增，偷渡問題更形嚴重，而引起地方大吏的重視。

閩粵大吏對內地民人渡海來臺的態度，因人而異，彼此不同，以致清廷對搬眷過臺的規定，或嚴或弛，屢開屢禁。從雍正末年至乾隆末年，其政策常有改變，為了便於說明清廷對搬眷過臺限制的因時制宜，先列簡表於下：

25　周鍾瑄修《諸羅縣志》，《臺灣叢書》，第 1 輯，第 2 冊，頁 284。

雍乾年間搬眷過臺開禁簡表

年　　　分	事　　　　　　　由
雍正十年（1732）	廣東總督鄂彌達奏准攜眷過臺。
乾隆四年（1739）	閩浙總督郝玉麟奏請搬眷定限一年。
乾隆五年（1740）	清廷頒諭停止搬眷之例。
乾隆九年（1744）	巡臺給事中六十七奏請開放搬眷。
乾隆十一年（1746）	清廷准許臺民搬眷過臺。
乾隆十二年（1747）	閩浙總督喀爾吉善奏請搬眷定限一年。
乾隆十三年（1748）	自六月起清廷停止給照搬眷過臺。
乾隆二十五年（1760）	福建巡撫吳士功奏准搬眷過臺。
乾隆二十六年（1761）	閩浙總督楊廷璋奏准停止搬眷。
乾隆五十三年（1788）	福康安奏准搬眷過臺毋庸禁止。

資料來源：《宮中檔》、《軍機處檔》、《內閣大庫檔》、《明清史料》

　　從上表可以看出自雍正十年（1732）至乾隆五十三年（1788），前後五十七年之間，准許搬眷過臺的命令，共頒過四次，其開放搬眷過臺的時間包括：雍正十年（1732）至乾隆四年（1739），計八年；乾隆十一年（1746）至乾隆十二年（1747），計二年；乾隆二十五年（1760）五月至乾隆二十六年（1761）五月，計一年，合計十一年，其餘四十六年，俱遭禁止，其正式開放搬眷的時間，僅佔五十七年的百分之一九，限制搬眷的時間，約佔百分之八一。

　　閩粵內地民人移殖臺灣者，與日俱增，清廷禁止搬眷過臺，並非安輯臺地之道。雍正十年（1732）五月，經廣東總督鄂彌達奏准臺灣流寓民人可以搬取家眷，俾得天倫聚首，

樂業安居，此為准許搬眷過臺之始。乾隆初年，大學士張廷玉具題指出臺地自從准許搬眷後，其戶口已增數萬之眾。乾隆四年（1739），閩浙總督郝玉麟，以搬眷過臺定例已經數年，流寓良民眷口，均已搬取，奏准定限一年，逾限不准給照，搬眷之例，遂於乾隆五年（1740）停止。乾隆九年（1744），巡視臺灣給事中六十七具摺奏陳禁止搬眷過臺後所產生的流弊，其原摺略謂：

> 內地民人，或聞臺地親年衰老，欲來侍奉，或因內地孤獨無依，欲來就養，因格於成例，甘蹈偷渡之愆，不肖客頭奸梢將船駛至外洋，如遇荒島，詭稱到臺，促客登岸。荒島人煙斷絕，坐而待斃，俄而洲上潮至，群命盡歸魚腹，因礙請照之難，致有亡身之事[26]。

巡視臺灣給事中六十七一方面為了安輯臺地，一方面顧及情理，於是奏請准許在臺民人回籍搬取家口。其具體辦法為：

> 嗣後內地游曠之民，仍照例嚴禁偷渡，不准給照外，其有祖父母、父母在臺，而子孫欲來侍奉；或子孫在臺，置有產業，而祖父母、父母內地別無依靠，欲來就養；或本身在臺置有產業，而妻子欲來完聚者，准其呈明內地原籍地方官，查取地鄰甘結，給與印照來臺，仍報明臺籍廳縣，俟到臺之日，查取確實，令伊祖父母、父母及子孫，認令編入家甲安插[27]。

　　巡視臺灣給事中六十七奏請准許臺民回籍搬眷過臺一摺，於乾隆十一年（1746）四月十九日，奉旨「依議」。

---

26 《明清史料》，戊編，第 2 本，頁 108。乾隆二十五年二月初六日，據吳士功奏。

27 《明清史料》，戊編，第 3 本，頁 207。乾隆九年八月初三日，六十七等奏。

　　禁止搬眷的禁令解除後，其攜眷過臺者，源源而往，絡繹不絕。據閩浙總督喀爾吉善指出過臺眷屬每歲不下二三千人，以致在臺漢人，「其人已眾，其勢已盛，人數益繁，更增若輩梟張之勢，將來無土可耕，漸次悉成莠民，殊與地方不便。」據喀爾吉善統計，自雍正十二年（1734）起至乾隆五年（1740），計七年之間，大小男婦紛紛給照，不下二萬餘人。喀爾吉善進一步指出巡視臺灣給事中六十七雖然奏准給照搬眷，但因未定有年限，滋弊甚深，例如在臺之人，或捏稱妻媳姓氏，或多報子女名口，非掠販頂冒，即潛行拐逃。因此，具摺奏請自乾隆十二年（1747）五月為始，定限一年，出示曉諭，在臺民人尚有家眷未搬及內地祖父母、父母、妻子欲往就養者，照例給照過臺，逾限不准給照。

　　按照閩浙總督喀爾吉善原奏所定搬眷期限，是以乾隆十二年（1747）五月為始，定限一年，扣至乾隆十三年（1748）五月止，一年限期即滿，自乾隆十三年（1748）六月為始，正式停止給照。自從搬眷過臺期限公布後，客頭船戶包攬接引偷渡的弊病，更甚於前，據統計，福建省自乾隆十三年（1748）四月至六月止，沿海文武拏獲偷渡過臺人犯共十五起，每起拏獲男婦有至七、八十人者，最少亦有一、二十人，總共約拏獲男婦七百五十餘人。

　　乾隆十七年（1752），臺灣縣知縣魯鼎梅修成《臺灣縣志》，書中對於停止給照搬眷過臺後，內地父母妻子冒險偷渡的情形，敘述頗詳，其原書略謂：

> 按內地窮民，在臺營生者數十萬，囊鮮餘積，旋歸無日；其父母妻子，俯仰乏資，急欲赴臺就養。格於例禁，群賄船戶，冒頂水手姓名掛驗。女眷則用小漁船

夜載出口，私上大船。抵臺復有漁船乘夜接載，名曰
灌水。一經汛口覺察，奸梢照律問遣，固刑當其罪；
而杖逐回籍之愚民，室廬拋棄，器物一空矣。更有客
頭串同習水積匪，用濕漏小船，收載數百人，擠入艙
中，將艙蓋封頂，不使上下；乘黑夜出洋，偶值風濤，
盡入魚腹。比到岸，恐人知覺，遇有沙汕，輒趕騙離
船，名曰放生。沙汕斷頭，距岸尚遠，行至深處，全
身陷入泥淖中，名曰種芋。或潮流適漲，隨波漂溺，
名曰餌魚。在奸梢惟利是嗜，何有天良；在窮民迫於
饑寒，罔顧行險。相率陷阱，言之痛心[28]。

清廷停止給照搬眷，偷渡案件更是層見疊出。乾隆二十五年
（1760），福建巡撫吳士功指出自從閩浙總督喀爾吉善奏准於
乾隆十三年（1748）停止給照搬眷過臺後，十餘年間，凡有
渡臺民人，禁絕往來，不能搬眷，在臺民人數十萬，其身居
內地的父母妻子，正復不少。流寓臺民思念內地父母，繫戀
妻孥，冀圖完聚的隱衷，實有不能自已的苦情，以致冒險偷
渡，百弊叢生。因此，吳士功具摺奏請准許臺民回籍搬眷，
內地父母妻孥亦准許開放探親。其原摺略謂：

臣既深知臺民之搬眷，事非得已，而奸梢之偷渡，貽
害無窮，實有不敢不直陳於聖主之前者，合應仰懇敕
命定議，嗣後除內地隻身無業之民，及並無嫡屬在臺
者，一切男婦仍遵例，不許過臺，有犯即行查拏遞回
外，其在臺有業良民，果有祖父母、父母、妻子、子
女、婦孫男女及同胞兄弟在內地者，許先赴臺地，該
管縣報明將本籍住處暨眷口姓氏年歲開造清冊，移明

28《臺灣縣志》，《臺灣叢書》，第 1 輯，頁 70。

内地原籍，查對相符，覆到之日，准報明該管道府給
與路照，回各原籍搬接過臺。其内地居住之祖父母、
父母、妻妾、子女、婦孫男女及同胞兄弟等如欲過臺
探視相依完聚者，即先由内地該管州縣報明造冊，移
明臺地查確覆到，再行督撫給照過臺[29]。

福建巡撫吳士功原摺所指眷屬，除直系血親的祖父母、父母、
子孫及配偶外，也包括同胞兄弟，俱准臺民搬眷過臺。同時
也開放内地家眷過臺探視，相依完聚。經閩浙總督楊廷璋奏
准搬眷過臺，定限一年，即自乾隆二十五年（1760）五月二
十六日起至乾隆二十六年（1761）五月二十五日止。據署廈
門同知張採造報各廳縣限期一年内給照搬眷到廈配船過臺民
人共四十八戶，計男婦大小共二七七名口。

　　清廷對臺民回籍搬眷的政策，自雍正十年（1732）至乾
隆二十五年（1760），共二十九年之間，屢開屢禁，始終徘徊
在禁而復開，開而復禁之間。閩浙總督與福建巡撫、巡視臺
灣給事中及廣東督撫的態度並不一致，閩浙總督同意開放，
但都規定一年為期，朝廷的態度，與閩浙總督是一致的。乾
隆二十六年（1761），閩浙總督楊廷璋奏請定限一年後，搬眷
之例，即永行停止。但嗣後挈眷過臺者，仍然絡繹不絕。奉
命渡臺進勦林爽文的將軍福康安經留心察訪後具摺指出挈眷
來臺者始終未絕的緣故，總因内地生齒日繁，閩粵民人皆渡
海耕種謀食，居住日久，置有田產，自不肯將其父母妻子仍
置原籍，搬取同來，亦屬人情之常，若一概嚴行禁絕，轉易
啓私渡情弊。乾隆五十三年（1788）五月初九日，福康安具

---

29 《明清史料》，戊編，第 2 本，頁 108。乾隆二十五年二月初十
日，吳士功奏移會。

摺奏請搬眷之例，毋庸禁止，嗣後安分良民情願攜眷來臺者，由地方官查實給照，准其渡海，一面移咨臺灣地方官，將眷口編入民籍，其隻身民人亦由地方官一體查明給照，移咨入籍。同年六月，福康安原奏經大學士九卿議准，搬眷過臺的限制，從此正式廢除，對杜絕偷渡臺灣風氣的盛行，無疑是一項突破性的措施。

禁止偷渡臺灣政策的影響

　　清廷禁止閩粵內地民人偷渡臺灣的原因很多，其中經濟因素是不可忽視的，禁止偷渡及搬眷過臺就是地方大吏解決內地民食的消極措施。閩粵沿海，地狹人稠，食指浩繁，本地所產米穀，不敷本地民食，多貿米而食。其中福州民食，向來資藉建寧、邵武、延平三府所產米穀，泉州、漳州二府則資藉臺灣所產米穀。臺田肥饒，適宜種植稻穀，清初領有臺灣之始，人口稀少，地利有餘，臺米價賤，除本地食用外，其餘多運至內地接濟民食，其後由於內地民人渡臺者與日俱增，地方大吏深慮臺郡人滿為患，稻米生產，供不應求，價值必至高昂，運入內地者勢必稀少。清廷禁止內地民人偷渡臺灣及搬眷過臺的主要原因，就是為了限制臺地人口的增加。雍正年間（1723-1735），臺灣米價平均每石約九錢九分，乾隆年間（1736-1795），平均每石約一兩五錢四分。臺灣米價變動不大的原因很多，例如田地面積廣闊，稻穀生產量頗大，除稻穀外，其餘番薯、黃豆、大小麥等產量亦大，由於雜糧豐收，使米價不至昂貴。影響臺灣米價波動的原因很多，雨水收成就是主要因素之一，例如康熙四十六年（1707）夏秋，雨澤愆期，八、九月間，米價每石需銀一兩八、九錢至二兩不等，米價騰貴的主要原因，是由於「因旱米貴」。乾隆

十九年（1754）九月初間，臺灣、諸羅、彰化三縣被風成災後，米價上揚，每石驟至二兩以上，有穀富室，一聞歉收，爭先閉糶，以圖厚利，市價益昂，同年九、十月間，臺郡米價，竟漲至三兩以上。閩粵等省資藉臺米甚殷，除每年照常撥運外，舉凡駐防臺地兵丁口米石、各營歲支兵米等項，俱由臺地撥運，商民為圖厚利，往往偷渡販運，兵丁胥役亦有私自赴臺買米運回泉、漳等地私糶者，以致臺郡米價漸昂。地方不靖，影響米價波動更大。乾隆五十二年（1787），福州所屬米價，每石僅二兩二錢，而臺郡反至二兩五錢以上，其主要原因就是由於臺地民變所引起。臺灣鎮總兵官奎林具摺時指出臺灣歷來所出稻穀原較內地充裕，糧價甚賤，自林爽文滋擾後，民間率多失業，米價因而昂貴。乾隆五十三年（1788），平定林爽文後，百姓陸續歸莊耕種，糧價漸減，每石價銀二兩至三兩二錢，乾隆五十四年（1789）十月份，每石自一兩九錢至三兩一錢，以後逐月平減。據閩浙總督伍拉納奏報，乾隆五十五年（1790）六月分臺郡上米每石自一兩七錢六分至二兩三錢，七月分上米自一兩七錢六分至二兩二錢，較之六月分又減銀一錢。林爽文起事後，臺灣南北兩路同時震動，稻穀生產量驟減，糧價昂貴。因此，閩粵內地民人偷渡臺灣，與臺灣米價的波動，並無直接關係，內地人偷渡臺灣及臺民回籍搬眷，並非臺灣米價波動的唯一因素。乾隆年間，臺灣米價都在一兩以上，較雍正年間有增無減，仍非因偷渡臺灣盛行所引起。

　　福建泉、漳等府米貴，也是臺灣米價日益上揚的重要原因之一。陳弘謀在福建巡撫任內已具摺指出「臺灣米價，因漳、泉昂貴，是以不能獨賤，然究竟比漳、泉平減。」就乾

隆年間而言，臺灣並未感受到人口的壓力，淡水廳可耕地的面積仍廣，稻穀產量亦大，米價更覺平賤，臺郡一廳四縣的米價平均在二兩以下，地方百姓，「共樂昇平」。隨著閩粵內地民人的移墾淡水廳，臺郡稻穀總產量，亦逐年增加。質言之，閩粵民人偷渡臺灣不是影響臺灣米價波動的唯一因素，同時清廷想藉限制臺郡人口的增加，以維持臺灣米價低廉的努力，並未奏效。

　　清廷禁止偷渡和搬眷的政策，對臺灣的開發、人口成長、人口結構，都有極大的影響。明清時期的經濟發展，主要是外延性的成長，即以人口的增加和耕地面積的擴充成為國民生產總額的增加。臺灣屬於開發中區域，可以容納內地過剩的人口，內地民人移殖臺灣，對臺灣的開發與經營，具有重大的意義。在鄭氏時代的拓墾區域，雖然南至恆春，北至雞籠，惟其拓墾重心，仍舊是承荷蘭人的餘緒，是在以臺南為中心一帶地方。由於鄭氏時代的大量開拓，正好提供了內地漢人一個適宜安居和落地生根的理想地方。清廷領有臺灣後，閩粵民人仍大量渡海過臺，臺灣耕地面積亦日益擴充。但是由於清廷的禁止偷渡臺灣和限制搬眷過臺，而延緩了對臺灣的開發與經營。

　　臺灣南部，因其地理位置恰與福建泉州、漳州二府相當，所以當內地民人移殖臺灣初期，即先在南部立足，清初領有臺灣後，臺灣已由一個海外的邊疆成為中國本土的延伸。康熙年間（1662-1722），設臺灣府治，領臺灣、鳳山、諸羅三縣，當時的拓墾重心，主要是在臺灣南部。其後由於南部本身人口的自然增殖，以及內地民人的不斷湧進，戶口頻增，拓墾方向便由南部逐漸向北延伸。北部人口的增加和耕地面

積的擴充是齊頭並進的。雍正元年（1723），彰化縣及淡水同知的增設，就是表示彰化以北在整個臺灣開拓史上確已顯出其區域性發展的重要意義。雍正九年（1731），割大甲以北刑名錢穀諸務歸淡水同知，改治竹塹，自大甲溪起至三貂嶺下遠望坑止，計地三百四十五里，劃歸淡水同知管轄。北部平原可種植稻米，山區可種茶及生產樟腦，移殖人口日增。但由於清廷嚴禁內地民人偷渡臺灣，北部開發仍極遲緩，社會經濟的發展，尤其落後，其深谷荒埔，迄未開拓。北部三貂嶺，原住民稱為摩天嶺，懸崖陡壁，禽鳥聲絕，輿馬不通，只能攀藤援葛而上，逾嶺而南，稱為後山，行三日始抵蘇澳。臺灣後山的開發，更是遲緩，直到嘉慶十五年（1810），始以遠望坑迤北而東至蘇澳止計地一百三十里設噶瑪蘭通判。甚至遲至同光年間，始有沈葆楨等人奏請解除偷渡禁令，招徠墾戶，以開發後山的建議。沈葆楨於〈奏為臺地後山急須耕墾，請開舊禁以杜訛索而廣招徠〉一摺略謂：

> 全臺後山除番社外，無非曠土，邇者南北各路雖漸開通，而深谷荒埔，人蹤罕到，有可耕之地，而無入耕之民，草木叢雜，瘴霧一垂，兇番得以潛伏狙殺縱鬥，蹊徑終為畏途，久而不用，茅將塞之，日來招集墾戶，應者寥之。蓋臺灣地廣人稀，山前一帶，雖經蕃息，百有餘年，戶口尚未充牣。內地民人向來不准偷渡，近雖文法稍弛，而開禁未有明文，地方官思設法招徠，每恐與例不合。今欲開山，不先招墾，則路雖通而仍塞，欲招墾，不先開禁，則民裹足而不前。臣等查舊例稱，臺灣不准內地民人偷渡，拏獲偷渡船隻，將船戶等分別治罪，文武官議處，兵役治罪。又稱如有充

作客頭在沿海地方引誘偷渡之人，為首者充軍，為從者杖一百，徒三年，互保之船戶，及歇寓知情容隱者杖一百，枷一個月，偷渡之人杖八十，遞回原籍，文武失察者分別議處。又內地商人置貨過臺，由原籍給照，如不及回籍，則由廈防廳查明取保給照，該廳濫給，降三級調用。又沿海村鎮有引誘客民過臺數至三十人以上者，壯者新疆為奴，老者煙瘴充軍。又內地民人往臺者，地方官給照盤驗出口，濫給者分別次數罰俸降調。又無照民人過臺失察之口岸官照人數分別降調，隱匿者革職，以上六條皆嚴禁內地民人渡臺之舊例也。又稱凡民人私入番境，杖一百，如在近番處所抽藤釣鹿伐木採者杖一百，徒三年。又臺灣南勢、北勢一帶山口勒石為界，如有偷越軍貨者，失察之專管官降調，該管上司罰俸一年。又臺地民人不得與番民結親，違者離異治罪，地方官參處，從前已娶者毋許往來番社，違者治罪，以上三條皆嚴禁臺民私入番界之舊例也。際此開山伊始，招墾方興，臣等揆度時勢，合無仰懇天恩，將一切舊禁，盡與開豁，以廣招徠，俾無瞻顧[30]。

清初以來，鑑於臺郡生聚日眾，恐有人滿之患，為了及早限制臺地人口的迅速成長，所以嚴禁內地民人偷渡臺灣。清廷的消極措施，固然限制了臺地人口的增加，但同時也延緩了臺地的開拓與經營，沈葆楨奏請開豁舊禁而廣招徠以開拓後山的建議，頗具時代意義。

---

30 《月摺檔》，臺北，國立故宮博物院，光緒元年正月初十日，沈葆楨奏摺抄件。

　　從臺灣人口增長的情形，可以了解清廷禁止偷渡臺灣的政策所產生的影響。根據現有的資料估算，在鄭氏末期，過臺漢人，約為十二萬人。清廷領有臺灣後，由於鄭氏文武官員士卒及難民相率還籍，臺灣漢族人口銳減，據估計，康熙二十三年（1684），臺灣漢族人口約為七萬人。康熙中葉以後，內地漢人過臺覓食者，與日俱增。雍正十年（1732）五月，據廣東巡撫鄂彌達具摺指出閩粵民人在臺立業者多達數十萬人。乾隆年間，臺灣府各廳縣的戶口，已經編定保甲，其漢族與原住民的實數，亦另款具報，但府志並未編列，其人口統計亦不可信。依據現存清代《宮中檔》及《軍機處檔·月摺包》福建巡撫奏摺原件及奏摺錄副，可將乾隆年間的臺灣人口總數列表於下：

清代乾隆年間臺灣人口總數一覽表

年　　　　分	人　口　數	備　　　註
乾隆二十一年（1756）	660,147	
乾隆二十八年（1763）	660,040	
乾隆二十九年（1764）	660,210	
乾隆三十年（1765）	660,380	
乾隆三十二年（1767）	687,290	
乾隆三十三年（1768）	691,338	
乾隆三十八年（1773）	765,721	
乾隆四十二年（1777）	839,803	
乾隆四十三年（1778）	845,770	
乾隆四十四年（1779）	871,739	
乾隆四十五年（1780）	888,516	

年　　　　分	人　口　數	備　　　註
乾隆四十六年（1781）	900,940	
乾隆四十七年（1782）	912,920	
乾隆四十八年（1783）	916,863	
乾隆五十三年（1788）	920,836	
乾隆五十四年（1789）	932,420	
乾隆五十五年（1790）	943,414	

資料來源：國立故宮博物院藏《宮中檔》奏摺，《軍機處‧月摺包》、
　　奏摺錄副。

　　如表中所列人口數字，乾隆四十七年（1782），臺灣人口
共 912,920 人，康熙二十三年（1684），以七萬人計算，則從
康熙二十三年（1684）至乾隆四十七年（1782）的九十八年
間，臺灣人口約增加 840,000 人，年均增長率為 2.655%，同
時期全國人口的年均增長率為 1.276%。鄧孔昭撰〈清政府禁
止沿海人民偷渡臺灣和禁止赴臺者攜眷的政策及其對臺灣人
口的影響〉一文，以全國人口的年均長率為自然增長率，將
臺灣人口的年均增長率 2.655%，減去全國人口的自然增長率
1.276%，則臺灣人口的年均移民增長率為 1.379%，易言之，
從康熙二十三年（1684）至乾隆四十七年（1782）的九十八
年間，臺灣人口的增長有一半以上是由於大陸移民而造成
的，也就是說在 840,000 人中，有 420,000 人以上是移民形成
的增加，平均每年增加約 4,300 人，所增加的人口，基本上都
屬於偷渡。由此可見清廷禁止內地人民偷渡臺灣的政策是十
分低效的，清廷的政策並未遏止閩粵沿海人民向臺灣的遷
徙。從乾隆末年取消禁止搬眷過臺的政策及設立官渡後，開

始出現移民高潮。因此，清廷禁止偷渡臺灣和搬眷過臺的政策，延緩了移民高潮的出現，對臺灣人口的增長產生了阻礙的作用，對清代臺灣人口的結構也產生了重大的影響，造成了人口結構中男多於女性比例的嚴重失調。人口的性別結構，是人口自然結構的一個基本要素，它反映出在一定時間內人口總數中男女人數的比例關係。從康熙末年以來，已有頗多的記載指出臺灣人口性別結構的嚴重失調，諸羅縣境內往往有「村莊數百人而無一眷口」，在十八重溪旁的大埔莊，有居民二百五十七人，其中有女眷者僅一人，六十歲以上者六人，十六歲以下者無一人。臺灣人口的年齡結構，同樣也是嚴重地失調，老年人口和童年人口所佔的比例極低。雍正、乾隆年間，臺灣人口性別結構，仍然男多於女，單身獨漢的比例偏高，其年齡則為精壯者多於倚賴性者，老耆幼稚的比例極低，臺灣人口結構的不健全，都與清廷禁止內地民人偷渡臺灣及搬眷過臺有極密切的關係。

清初以來，中國社會史最顯著的特徵，就是人口的增長與流動，清代中期的許多社會現象，幾乎都可以用人口壓迫及人口流動來加以說明。康熙年間以降，由於長期休養生息的結果，食指愈眾，人口壓迫日益嚴重。清廷為了緩和人口壓力，先後推行幾項政策，例如積極獎勵墾荒，改土歸流，開拓苗疆，丁隨地起，免除無地貧民的人頭稅，減輕人身依附土地的關係，准許無地貧民自由遷徙，增加他們謀生的機會，都有利於人口的流動，開發中的邊陲地區，可以容納核心地區的過剩人口。閩粵沿海州縣，地狹人稠，人口壓迫最為嚴重，貧民為謀生計，遂紛紛向地曠人稀的開發中區域遷徙，他們除了向鄰近省分如江西沿邊，廣西、雲南、貴州等

省邊境移徙外，也移殖於一衣帶水的臺灣。閩粵內地民人渡臺後，或開山種地，或從事貿易，或傭工度日，無形中緩和了內地部分的人口壓力。但一方面基於經濟因素，內地兵民所食，多仰賴臺地米穀的接濟，一方面基於政治因素，即清廷對臺地漢民的防範，為限制臺郡人口的增長，清廷乃議定章程，嚴禁內地漢人無照偷渡臺灣，搬眷過臺的限制，也是屢開屢禁。清廷嚴禁內地民人偷渡臺灣的政策，是與清初以來緩和人口壓力的政策自相矛盾的。

　　無照私渡臺灣，例禁綦嚴，但官渡必經官府給照，胥役兵丁從中勒索錢文，私渡便於官渡，其費亦省，閩粵沿海民人為解決生計問題，遂相繼渡臺就食，偷渡案件，層見疊出，其偷渡人口，以福建省為最多，廣東省所佔比例較少。包攬偷渡的客頭船戶舵水，多分隸福建泉州同江、晉江、南安等縣，漳州海澄、詔安等縣，廣東潮州澄海、潮陽等縣，惠州海豐等縣。各船偷渡到臺的入口，主要分佈於臺灣西部海岸的鹿耳門、黃衙港、水裡港、東港、大安港、南埔港、武絡洋、吞霄港、中港、南崁港、大雞籠港等處。

　　廣義的禁止偷渡臺灣，包含禁止內地民人無照渡海入臺及禁止搬眷過臺。福建泉州、漳州二府兵民糧食，向來資籍臺灣所產米穀。由於內地民人渡臺者與日俱增，清廷深恐臺米日昂，供不應求，運入內地者勢必稀少，於是禁止內地民人偷渡臺灣，以限制臺郡人口的增加。但就乾隆年間而言，臺灣並未感受到人口的壓力，閩粵民人偷渡臺灣並不是影響臺灣米價波動的唯一因素。清廷嚴禁內地民人偷渡臺灣的消極措施，固然限制了臺郡人口的增加，但同時也延緩了移民高潮的出現，對臺灣人口的增長產生了阻礙的作用，因而延

緩了臺地的開拓與經營。至於清廷禁止搬眷過臺的政策，對
清代臺灣人口的結構產生了男多於女性別比例的嚴重失調，
老年人口及童稚人口所佔的比例極低，臺灣人口結構的不夠
健全，也是造成早期臺灣移墾社會穩定性相對減低的原因之
一。清廷禁止內地民人偷渡臺灣及搬眷過臺的政策，既與清
初以來緩和內地人口壓力的政策自相矛盾，更與內地人口流
動的方向形成逆勢，由此可以說明清廷禁止偷渡臺灣的政策
十分低效的原因，禁令雖嚴，但是並未能遏止閩粵民人向臺
灣的遷徙。

鄭氏時期臺灣蘆葦帆船

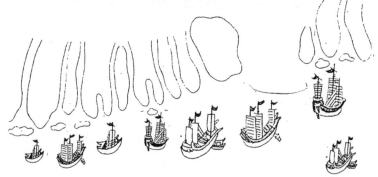

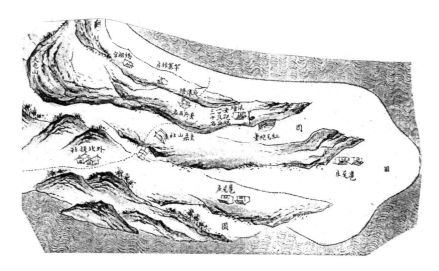

滬尾庄示意圖，乾隆年間

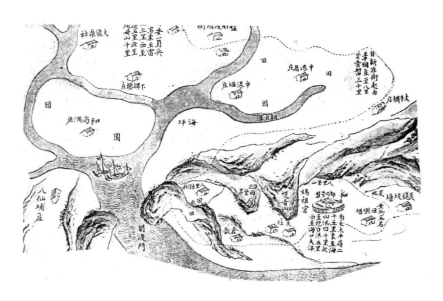

關渡門示意圖，乾隆年間

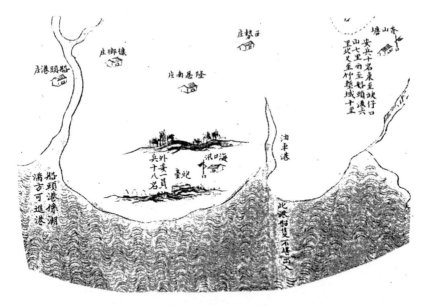

油車港示意圖，乾隆年間

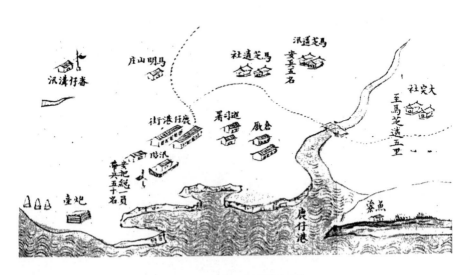

鹿仔港示意圖，乾隆年間

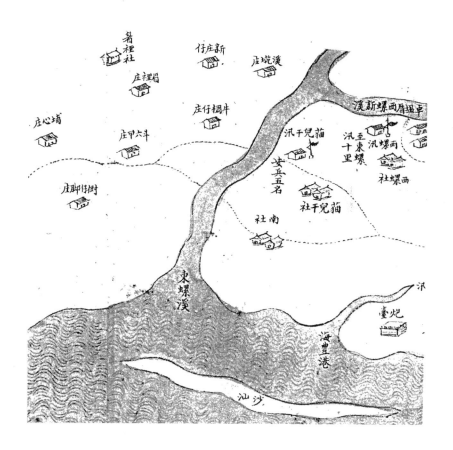

海豐港示意圖，乾隆年間

奏

福建總督臣高其倬謹

奏為奏

　　閩事竊查臺灣一府為閩省第一要地欽奉

聖訓臺灣地方緊要未一責雙倍維經中定但

　　以朕觀之如安置一物而未穩妥到閩省

　　加意料理務使可以放心方為安協欽此欽

　　遵臣自到閩以來日夕恭繹

聖訓留心察訪雖少有所聞不敢輕易率行今

　　經一年稍知詳細

聖訓教語所以料理臺灣之法范圍無遺欽遵

　　辦理臺灣自然寧貼穩安盡從前亦隨時

聖訓為經久之計然愚昧所知以為第一在

　　文武得人文武得人固各慶無在不然而

　　臺灣地方險要人眾兄雜人隔兩皇大洋

　　緊要之事地方文武不能待上司之批行

　　料酌即須先行辦理萬一不安即累地方

　　即令更改已在數月半年之後欽得人尤

　　為緊要竊臣查現在臺灣總兵兵象

聖恩循旅布玷綸燠為人謹恪雖非尚未見其料理

兵丁練兵以來，謹約束，嚴守廠，充撥守謹約束，但此林心，比上為，效之，頃為

益協督將，康俟自到任，盡力辦理，督伍，尚未見其，能剋，怠查偷渡，查偷渡，陶者實嚴，赴陶者，為

澎湖協副將呂瑞麟，甫經蒞任，尚未見其，新任，在臺灣撥守，甚好，極能，管兵，行事前在，臺灣撥守甚好，極能辦理

臺灣府知府俞兆岳，為人，通達仁和，過省時，臣留之十餘，省日，且老成，諸事俱好，與說臺灣之事，留之

聖恩准放臺灣彰化知縣，此二人，向在福建，經調臺灣知，縣，蕭震，條，查臺灣，亦，知，質樸

臣已詳查，偷渡一事，尚有須，續行

臣謹奉

旨遵行文查禁偷渡一事，已，詳細，有須，續行

閱

天恩

敕諭

奏　其稽查挑班之兵冒名頂替又防範疏虞完
之人無知妄為一節現在嚴查嚴防并總
與水師提臣藍廷珍陸路提臣丁士傑力
查防外此外有田土辦理一節即顏係地方根本
之事而辦理頗須詳細料的查臺灣田土四縣
經界不清穀目隱混若多清言宜加清丈
若有可以增額者臣查臺灣一縣其田土皆以
之情形亦復不一如臺灣查過定額令之田額居
倘賦軫成功畝狀臺地人稠地狹無甚隱居
猶時為底

其彰化一縣係新設立荒地尚多可以開
墾增賦此宜料理有稗兵食前藍廷與庄

臣所摺

奏者即其應的查辦而原任知府孫魯彰化
臣知縣張縞令仗社料面與新知府知府俞遠仁詳細說明
緒料　令其徹底料理係新彰化縣知縣湯啟聲故

到時與細說起此初墾之始令其極

力查辦立文規模臣期於行有實至
諸羅鳳山二縣田土實多隱匿但海外之
地方若不籌畫至當至安竟不敢孟浪輕言
民已詳說與新臺灣知府會遵令共再偷渡
詳細覆查廣詢訊得情形又熟思再行
所見臣知臣再又加籌想再行

奏：

　　關於番人狀貌一節即此事情即中有數條一則
　　開墾之民俟入番界及抽藤弔鹿處為番
　　人所殺此應嚴禁嚴處漢人清立地界不許
　　應遇賣者一則番社俱有通事通事利
　　利者人情忍忍挾逐肆投番波及隣住之
　　人或猾通事與新通事爭仙此社暗發番
　　人殺人此應嚴查僉准通事之地方官又
　　嚴懲通事而番人殺害無辜者亦應兼行
　　示懲一則社番殺人數次逐自時強梁頑
　　行此事番殺人取音誘擢逐推此應懲刲番
　　人以宜查清番界番界番界樹立戶碑刲則番址清楚
　　如有殺番之事即往抽藤弔鹿查若係民人俟入番
　　番界抽藤弔鹿番社殺死則懲刲民人俟入

主廛長甲係之界番人投令縱及主田
慮嚴則投人番而界過未並民漢如
常不移遠后界而立不非界未向但人番
山曲計邊若后通一立方許界量數又
呂路安為未亦那移難院界量庶之漢
會令說面縣府新與又武文灣臺令行已
三步十或勢地其隨勒類清查踏底徹同
惜費既定法之後非經有故另許不擅移三十步
尺寸界址院清無生事之時係番民清
查有憑慮庶廉可得實至通事一即
在嚴禁嚴查人行令遍府稽查各縣不許實
漢史觀送溫以無妻子田房身家不設贌
及行事不好之人僉無及無處優更通事
致彼此侵漢事又令各縣嚴行查處通
事不許博利番人有侵不許需索通事再
民亦可以詳行得即畫行革除吏為清其至
事應強梁之番如北路之水沙連番亦應稍
撫現在嚴防調劑南路之傀儡番亦應稍

再行俟久問水洞，如說府遣夫總與臣慇
最秋意喃任度無侈杏俟風臺再理材
令府如又慈詳示嚴已民禁勸加急應
此止不改更其倬率調各勝時時留心
即情之臺皇如已所方地有益以期遇仁
　　　謹行詳細繕摺

明俟文參有緊要情即再行陸續具
奏謹　奏

雍正伍年柒月初捌日

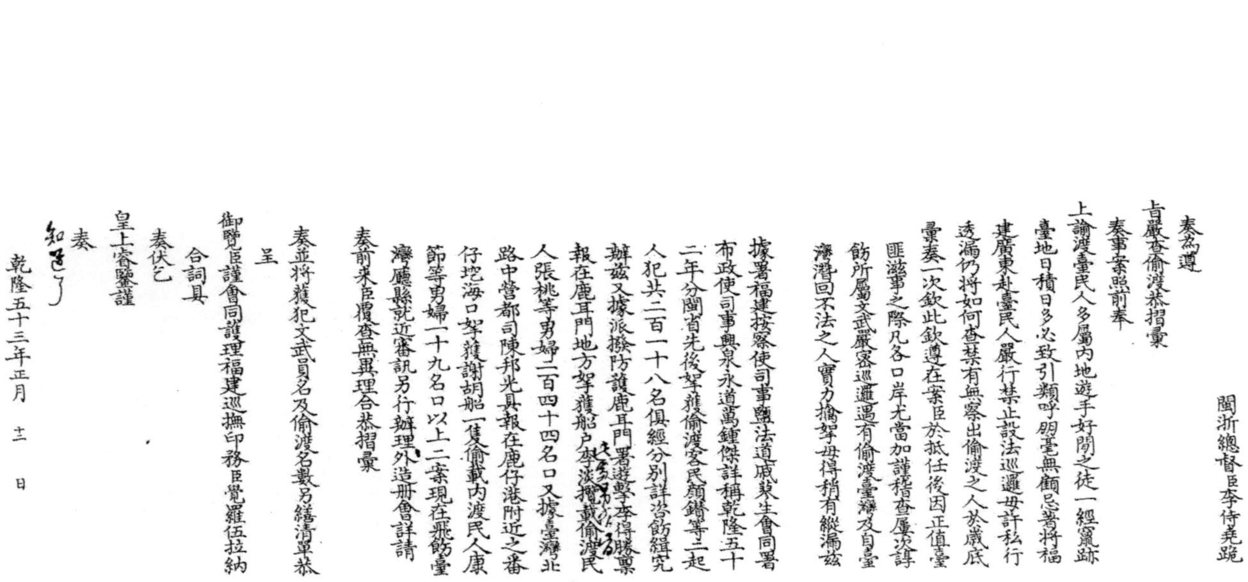

閩浙總督臣李侍堯跪
奏為遵
旨嚴查偷渡恭摺彙
奏事案照前奉
上諭渡臺民人多屬內地遊手好閒之徒一經竄跡
臺地日積日多必致引類呼朋毫無顧忌著將福
建廣東赴臺民人嚴行禁止設法巡邏毋許私行
透漏仍將如何查禁有無察出偷渡之人於歲底
彙奏一次欽此欽遵在案臣於抵任後因正值臺
匪滋事之際凡各口岸尤當加謹稽查屢次諄
飭所屬文武嚴密巡邏遇有偷渡臺灣及自臺
灣潛回不法之人實力擒拏毋得稍有縱漏茲
據署福建按察使司事鹽法道戚蓼生會同署
布政使司事興泉永道萬鍾傑詳稱乾隆五十
二年分閩省先後拏獲偷渡客民顏鐕等二起
人犯共二百一十八名俱經分別詳咨飭緝究
辦茲又據派撥防護鹿耳門署遊擊李得勝稟
報在鹿耳門地方拏獲船戶李淡攬載偷渡民
人張桃等男婦二百四十四名口又據臺灣北
路中營都司陳邦光具報在鹿仔港附近之番
仔挖海口拏獲謝胡船一隻偷載內渡民人康
節等男婦一十九名口以上二案現在飛飭臺
灣廳縣就近審訊另行辦理外造冊會詳請
奏前來臣覆查無異理合恭摺彙
奏並將獲犯文武員名及偷渡名數另繕清單恭
呈
御覽臣謹會同護理福建巡撫印務臣覺羅伍拉納
合詞具
奏伏乞
皇上睿鑒謹
奏
知道了
乾隆五十三年正月　十二　日

《宮中檔》，乾隆五十三年正月十二日，李侍堯奏摺

地緣村落

── 人口流動與臺灣移墾社會的發展

　　有清一代，人口的流動，主要是人口因壓力差而產生流動的規律。已開發人口密集地區，形成了人口高壓地區，開發中地曠人稀地區，則為人口低壓地區，於是人口大量從高壓地區快速流向低壓地區。清代閩粵地區的人口壓迫問題，在康熙、雍正年間（1662-1735）已極嚴重，人多米貴的現象，尤為普遍。福建巡撫毛文銓已指出閩省山海多而田疇少，生齒殷繁，歲產米穀，不足以資一歲之需，即使豐收之年，尚賴江浙等省商船運米接濟。雍正四年（1726），春夏之交，霖雨過多，各處米糧即形昂貴，漳州府屬漳浦、海澄、平和、詔安等縣，泉州府屬同安、南安、德化等縣的米價，每石需銀二兩、七、八錢不等[1]，而同時的臺灣月平均米價為一兩三錢。廣東地狹人稠，人口壓迫問題，亦極嚴重。雍正四年（1726）四月初二日，廣東布政使常賚指出，廣東一省，山多田少，即使豐年，其米穀半資廣西販運。是年因春雨較多，廣西商販罕至，遂致米價不能即平[2]。兩廣總督孔毓珣具摺時亦稱，

---

[1] 《宮中檔雍正朝奏摺》，第 6 輯（民國 67 年 4 月），頁 4。雍正四年五月十四日，福建巡撫毛文銓奏摺。

[2] 《宮中檔雍正朝奏摺》，第 5 輯（民國 67 年 3 月），頁 770。雍正四年四月初二日，廣東布政使常賚奏摺。

惠州府屬海豐等縣，因上年秋雨較多，收成歉薄。是年春天陰雨連綿，氣候寒冷，民間所播穀種不能發芽，米價陡漲，惠州府海豐縣、碣石衛每石價至二兩五、六錢，潮州府每石賣至二兩八、九錢及三兩不等。孔毓珣原摺指出，「廣東素稱魚米之鄉，然生齒繁庶，家鮮積蓄，一歲兩次收成，僅足日食，而潮州一府，界連福建，田少人多，即遇豐歲，米價猶貴於他郡[3]。」雍正五年（1727）四月間，據報廣東潮州因連年薄收，米價昂貴，每石需銀五兩[4]。生齒日繁，食指眾多，是米貴的主要原因。此外，閩粵地區普遍的稻田轉作，也是不可忽視的重要因素。在自然經濟下，農業是主要生產部門，而作為純粹農業的糧食生產，又是農業生產中最重要的部門，數量越來越多，規模越來越大，需要農業供給的原料也大為增加，於是促使各種技術作物如煙葉、茶葉、甘蔗、藍靛、棉花、苧麻以及其他經濟作物種植的大量增產。煙草的種植，在閩粵農業經濟中佔著巨大的比重，「煙草之植，耗地十之六、七」，種煙面積既廣，單位面積獲利又多，煙葉的種植幾成居民貧富的標誌，這種大量種煙的結果，自然勢必影響糧食種植面積日益縮減及糧食供應的不足[5]。兵部尚書法海具摺奏稱：「臣愚以為煙之為物，無益於民生日用之常，而以有盡之地利種無益之煙苗，殊為可惜。在無籍貧民或於棄地

---

3 《宮中檔雍正朝奏摺》，第 6 輯（民國 67 年 4 月），頁 73。雍正四年五月二十八日，兩廣總督孔毓珣奏摺。

4 《宮中檔雍正朝奏摺》，第 7 輯（民國 67 年 5 月），頁 881。雍正五年四月初四日，兩廣總督孔毓珣奏摺。

5 李之勤撰〈論鴉片戰爭以前清代商業性農業的發展〉，《明清社會經濟形態的研究》（上海，上海人民出版社，1956 年 6 月），頁280。

少種煙苗可也，至於富戶人家以良田栽種煙苗者往往有之，地方大吏宜開示曉諭，漸革其逐末之習，庶於積貯之道，不無小補[6]。」果樹隨土地之宜，各地均有，而處於亞熱帶地區的福建、廣東地區，其商業性的果樹經營，尤為發達，龍眼、荔枝、甘蔗等俱為閩粵地區利潤較高的果樹，富裕農戶多以稻田利薄而紛紛棄稻田以種果樹，以致民富而米少。清初以來，商業性經濟作物的生產面積愈大，所佔土地越多，必然出現與稻穀奪地的現象[7]。隨著農村商業性經濟作物面積的增加，稻田面積的相對減少，隨著而來的就是糧食價格的日益昂貴，閩粵地區愈來愈多的農村人口因為生計艱難而成為流動人口。其流動方向，除移殖南洋等地國外移民外，主要為國內移民。其流動方向主要是由東南沿海流向西北山區及一衣帶水的臺灣，這一人口流動現象，對閩粵西北山區及臺灣地區的社會變遷，都產生了相當大的影響力。

在內地漢人大量移殖臺灣以前，島上雖有原住民分社散處，但因土曠人稀，可以容納閩粵沿海地區的過剩人口，他們為了尋找較優越的生存環境，相繼冒險渡臺墾殖荒陬。明朝末年，鄭芝龍等人入臺後，獎勵拓墾，閩省泉、漳二府民人徙居臺地者，與日俱增。荷蘭人佔據臺灣後，為發展農業，增加蔗糖的生產，由於勞力的需要，積極招徠漢人的移殖，內地漢人渡海來臺者，更是絡繹不絕。鄧孔昭撰〈清政府禁止沿海人民偷渡臺灣和禁止赴臺者攜眷的政策及其對臺灣人口的影響〉一文對臺灣漢族人口的統計作了較精密的估算。

6　《宮中檔雍正朝奏摺》，第 6 輯，頁 137。雍正四年六月初十日，兵部尚書法海奏摺。

7　李華撰〈明清時代廣東農村經濟作物的發展〉，《清史研究集》，第 3 輯（成都，四川人民出版社，1984 年），頁 142。

原文指出清代臺灣各時期的人口數字：康熙二十三年（1684）
為 70,000 人；乾隆四十七年（1782）為 912,920 人；嘉慶十
六年（1811）為 1,901,833 人；光緒十九年（1893）為 2,545,731
人。由此得出臺灣人口的增長數字：康熙二十三年（1684）
至乾隆四十七年（1782）九十八年間，臺灣人口年均增長率
為百分之二點六五五；乾隆四十七年（1782）至嘉慶十六年
（1811）的二十九年間，年均增長率為百分之二點五六三；
嘉慶十六年（1811）至光緒十九年（1893）的八十二年間，
年均增長率為百分之零點三五六。另據孫敏棠等〈清代的墾
田與丁田的記錄〉一文中的全國人口數字：康熙二十三年
（1684）至乾隆四十七年（1782）之間，全國人口的年均增
長率為百分之一點二七六；乾隆四十七年（1782）至嘉慶十
六年（1811），全國人口的年均增長率為百分之零點八三四；
嘉慶十六年（1811）至光緒十三年（1887）七十年間，全國
人口的年均增長率為百分之零點一四七。無論那一時期，臺
灣人口的年均增長率都大大高於全國。全國人口的年均增長
率可以看作是全國人口的自然增長率，假定當時臺灣人口的
自然增長率與全國平均水平相同，那麼，康熙二十三年（1684）
至乾隆四十七年（1782）之間，移入因素所佔的臺灣人口的
年均移民增長率為百分之壹點三七九；乾隆四十七年（1782）
至嘉慶十六年（1811）之間，年均移民增長率為百分之壹點
七二九；嘉慶十六年（1811）至光緒十九年（1893），年均移
民增長率為百分之零點二〇九。由此可知康熙二十三年
（1684）至乾隆四十七年（1782）之間，臺灣人口的增長，
有一半以上是由於大陸移民而造成的；乾隆四十七年（1782）
至嘉慶十六年（1811）之間，移民增長佔人口增長的三分之

二以上；嘉慶十六年（1811）至光緒十九年（1893）之間，移民增長也佔人口增長的大約五分之三。換一種方式說，在康熙二十三年（1684）至乾隆四十七年（1782）之間，臺灣總人口增加 84 萬，其中有 42 萬以上屬於移民形成的增加，平均每年使臺灣人口增加大約 4,300 人；乾隆四十七年（1782）至嘉慶十六年（1811）之間，臺灣總人口增加近 99 萬人，其中 66 萬人屬於移民增加，平均每年使臺灣人口增加 22,733 人。嘉慶十六年（1811）至光緒十九年（1893）之間，臺灣總人口增加 64 萬人，其中有 38 萬人屬於移民增加，平均每年使臺灣人口增加 4,700 人[8]。

　　清代臺灣人口，大部分屬於移入人口，所增加的男女，基本上屬於偷渡的流動人口。林爽文起事以後，大學士阿桂等具摺指出，臺灣每年開報丁口，都是任意填寫，其人口數目，與民冊迥不相符。其原摺有一節敘述說：「臺灣為五方雜處之區，本無土著，祇因地土膏腴，易於謀生，食力民人挈眷居住，日聚日多，仰蒙聖澤涵濡，生齒繁盛。雖係海外一隅，而村庄戶口，較之內地郡邑，不啻數倍。人數既多，每年開報丁口，俱係任意填寫，並不實力清查。前聞府城被賊攻擾時，惟恐賊匪潛為內應，清查城內民數，共有九十餘萬，而臣等現在檢查臺灣縣民冊內祇開十三萬七千餘口，數目迥不符合，人數既眾，版籍難憑[9]。」乾隆年間，民冊丁口，既與實際人數迥不相符，其版籍難憑，可想而知。清廷禁止偷

8　鄧孔昭撰〈清政府禁止沿海人民偷渡臺灣和禁止赴臺者攜眷的政策及其對臺灣人口的影響〉，《臺灣研究十年》（廈門，廈門大學，1990 年 10 月），頁 262。

9　《明清史料》（臺北，中央研究院，民國 61 年 3 月），戊編，第 4 本，頁 308，大學士阿桂等奏摺。

渡和禁止赴臺者攜眷的政策，對清代臺灣人口的構成產生了很大的影響，包括人口構成中性比例的嚴重失調。隨著性比例失調，又造成了人口出生率的降低，以及勞動力年齡人口的比例一直比較高。勞動力年齡人口的比例較高，說明當時有較多的人口可以投入勞動生產和創造物質財富，而需要他們撫養的人口則不多。這對物質財富的積累和當時臺灣社會經濟的發展，確實是有益處的。反過來說，這種能夠積累更多物質財富及經濟發展較快的社會環境，又進一步吸引了閩粵沿海人民向臺灣的遷徙[10]。這或許可以解釋雍正、乾隆時期閩粵沿海人民向臺灣快速流動的原因。

　　閩粵籍移民渡海入臺之初，缺乏以血緣紐帶作為聚落組成的條件，通常是同一條船或相同一批渡海來臺的同鄉聚居一處，或採取祖籍居地的關係，依附於來自同祖籍同姓或異姓村落，而形成了以地緣關係為紐帶的地緣村落。同鄉的移民遷到同鄉所居住的地方，與同鄉的移民共同組成地緣村落。基於祖籍的不同地緣，益以習俗、語言等文化價值取向的差異，早期移殖臺灣的閩粵漢族移民，大致分為泉州籍移民，漳州籍移民及廣東籍客家移民等三個族群，其聚落遂形成所謂的泉州庄、漳州庄及廣東客家庄，以地緣為分界。例如臺灣南路下淡水港東、港西等里，主要為廣東籍移民所建立的客家庄。彰化快官庄、番仔溝、溪州庄、鹿仔港、過口庄、秀水庄、中庄、沙連保、柯仔坑等庄，以泉州籍移民居多，稱為泉州庄。在各泉州庄中，以鹿仔港為泉州籍移民鱗集之區，其中又以施姓為大族，聚族而居。快官庄泉州籍移民張姓等，亦聚族而居，族丁眾多。至於過溝仔、三塊厝、

10　《臺灣研究十年》，頁266。

大里杙、枋橋頭、瓦窯庄、林杞埔、許厝蔡、半線保、馬芝遴保、大崙、半路店、大肚、下保、苦苓腳、山仔港、南勢庄、竹頭崎庄、四張犁等庄，則以漳州籍移民居多，稱為漳州庄。其中大里杙林姓，也是族大勢盛。諸羅縣境內笨港的北港為泉州庄，南港為漳州庄，但挿居南港的泉州籍移民，為數卻極眾多。

　　竹塹廳所轄地界，較為遼闊，同治年間（1862-1874），除東界向山，西臨大海，尚無漢人村落外，其所轄村庄包括：竹塹廳城週圍四里，城內分為東西南北四門，城外附城處所分為東西南北廂及東北、西北廂各庄。由竹塹城向南為中港保、後壠保、苑裡保、大甲保，直至與彰化縣交界的大甲溪止。由竹塹城向北為桃澗保、海山保、擺接保、大加蚋保、拳山保、石碇保，直至與噶瑪蘭廳交界的遠望坑庄；大加蚋保的艋舺街斜向東上為興直保、芝蘭保，直至海岸止。在移墾早期，竹塹廳城郊，地方空曠，村落稀疏，田野未闢，漳、泉移民，戶口稀少。其後，由於荒地漸闢，入臺者益眾，民戶日夥，一庄之中，大者萬餘家，小者亦三、四十戶，或五、六十戶不等[11]。《淡新檔案（三）》中含有同治十三年（1874）分臺灣府北路淡屬各庄人丁戶口清冊，有助於了解竹塹廳境內地緣村落的分佈情形。為了便於說明，可將閩、粵人丁戶口分佈列出簡表於下：

11　《淡新檔案（三）》（臺北，國立臺灣大學，民國84年10月），
　　頁326。

閩、粵人丁戶口分佈列出簡表

座落	庄別	籍別	戶數	丁 口 數				合 計		備註
				男丁	女口	幼孩	幼女	閩	粵	
竹塹城內	東門	閩	200	250	200	203	106			
	西門	閩	91	104	68	89	101			
	南門	閩	50	73	50	24	36	657 戶		
	北門	閩	316	409	402	225	183	2523 人		
竹塹城外東廂二十五庄	東勢庄	閩	23	36	31	20	17			
	下東店庄	閩	18	20		13	10			
	大陂坪庄	閩	21	29		15	9			
	埔仔頂庄	閩	30	41		32				
		粵	13	28	20	15	16			
	牛路頭庄	閩	26	29	18	14	21			
	柴梳山庄	粵	14	16	12	12	14			
	蘇園堵庄	閩	28	30	26	20	32			
	二十張犁庄	閩	15	24		21				
	白沙墩庄	閩	25	36		29				
		粵	5	7	9	4	4			
	沙崙庄	閩	16	20	22	18	14			
	八張犁庄	閩	21	27	26	16	19			
		粵	9	13	10	14	20			
	六張犁庄	閩	21	32	25	19	13			

| 座落 | 庄別 | 籍別 | 戶數 | 丁 口 數 | | | | 合 計 | | 備註 |
				男丁	女口	幼孩	幼女	閩	粵	
竹塹城外東廂二十五庄（續）	鹿場庄	閩	20	36	34	25	18			
	番仔藔庄	閩	18	29	32	20	14			
	隘口庄	閩	17	21		16	12			
	五塊厝庄	閩	22	45		28	25			
	九芎林庄	粵	37	59	41	23	29			
	頂下嵌庄	閩	25	24		17	12			
	鹿藔坑庄	粵	29	30	31	22	24			
	十股林庄	粵	30	39	42	26	19			
	五股林庄	閩	41	62	45	37	28			
	石壁潭庄	閩	42	55	50	23	29			
	山豬湖庄	閩	30	27	35	29	17			
	猴洞庄	閩	28	29	33	27	19	514 戶	137 戶	
	橫山庄	閩	27	39	42	25		2365 人	577 人	
西廂十庄	隘仔庄	閩	29	36		12	13			
	南勢庄	閩	47	51		23	18			
	牛埔庄	閩	25	37	41	23	28			
	茇仔林庄	閩	18	21	12	15				

座落	庄別	籍別	戶數	丁　口　數				合　計		備註
				男丁	女口	幼孩	幼女	閩	粵	
西廂十庄（續）	虎仔山庄	閩	37	52		23	13			
	浸水庄	閩	22	27	21		12			
	三塊厝庄	閩	24	35	33	11	12			
	羊藔庄	閩	27	24	31	13	14			
	香山庄	閩	39	44	39	21	17	286 戶		
	洴水港庄	閩	18	25	32	11	18	1018 人		
南廂二庄	巡首埔庄	閩	51	67	55	23	27	95 戶		
	溪仔底庄	閩	44	53	39	24	21	309 人		
北廂十七庄	水田庄	閩	29	23	36	15	27			
	湳仔庄	閩	16	27	31	14	15			
	金門厝庄	閩	17	28	24	19	22			
	舊社庄	閩	21	36	23	21	12			
	蘇園庄	閩	24	25	24					
	頂溪洲庄	閩	25	42		23				
	新庄仔庄	閩	18			12				
	白地粉庄	閩	22	41	29	13	12			

座落	庄別	籍別	戶數	丁口數				合計		備註
				男丁	女口	幼孩	幼女	閩	粵	
北廂十七庄（續）	溪心壩庄	閩	22	32		11				
	嵌頂庄	閩	15	19	15	8	9			
	鳳鼻尾庄	閩	17	21	22	7	6			
	紅毛港庄	閩	31	44						
	蠔殼港庄	閩	23	28		12	12			
	笨仔港庄		24			15	15			
	大溪墘庄	粵	26	22	32	9	17			
	芝葩里庄	粵	29	31	34	22	15	327 戶	55 戶	
	鳳山崎庄	閩	23	27	23	16	14	1314 人	182 人	
東北廂十六庄	新社庄	閩	16	12		11				
	豆仔埔庄	閩	18	23	31	22	17			
	枋藔庄	粵	21	31		13	21			
	新埔庄	粵	32	42	37	26	12			
	大茅埔庄	閩	24	23	21	8				
	五份埔庄	粵	13	21		12				
	六股庄	粵	16	19		15				
	石崗仔庄	粵	21	23		21	13			

座落	庄別	籍別	戶數	丁　口　數				合　計		備註
				男丁	女口	幼孩	幼女	閩	粵	
東北廂十六庄（續）	烏樹林庄	閩	22	27	25	21	21			
	鹽菜硼庄	粵	21	46	49	27	23			
	三洽水庄	粵	37	51	42	24	23			
	婆老粉庄	閩	25	21	27	9	13			
	大湖口庄	粵	28	32	33	19	19			
	崩坡庄	粵	13	27	32	21	16			
	楊梅壢庄	閩	41	62		31		146 戶	223 戶	
	頭重溪庄	粵	21	36		14	19	584 人	1046 人	
西北廂十庄	崙仔庄	閩	23	33		15				
	沙崙仔庄	閩	27	23		17				
	樹林頭庄	閩	31	42		21	19			
	苦苓腳庄	閩	34	52	39	22	27			
	榛榔庄	閩	42	63	65	32	29			
	油車港庄	閩	16	13	22	8	9			

座落	庄別	籍別	戶數	丁　口　數				合　　計		備註
				男丁	女口	幼孩	幼女	閩	粵	
西北廂十庄（續）	船頭庄	閩	14	21	19	11	13			
	南北汕庄	閩	27	31	32	12	14			
	下溪洲庄	閩	19	24	32	12		255 戶		
	魚簝庄	閩	22	25		21		1014 人		
竹塹城之南中港保十四庄	山簝庄	閩	22	37		21				
	後厝庄	閩	17	17	25	12	9			
	中港街庄	閩	42	53	45	24	29			
	湖底庄	閩	14	21	13	9	13			
	海口庄	閩	19	23	19	17	18			
	上下山腳庄	閩	31	32		19				
	嵌頂庄	閩	21	23		15				
	塗牛口庄	閩	35	33		22	17			
	二十份庄	閩	36	43	52	22	23			
	隆恩庄	閩	31	39	33	17	22			
	蘆竹湳庄	閩	42	57	43	26	25			
	茄冬庄	閩	27	24	31	13	19			
	斗換坪庄	粵	32	43	33	23	18	337 戶	75 戶	
	三灣庄	粵	43	62	49	31	19	1252 人	278 人	
後壠保八庄	山仔頂庄	閩	22	37	38	13	21			
	後壠街庄	閩	83	93	89	47	58			

座落	庄別	籍別	戶數	丁口數				合計		備註
				男丁	女口	幼孩	幼女	閩	粵	
後壠保八庄（續）	海豐庄	閩	39	43		21				
	芒花埔庄	閩	23	32		21				
	嘉志閣庄	粵	36	42	37	23	21			
	貓裡庄	粵	52	72	83	34	29			
	蛤仔市庄	粵	43	44	38	27	25			
	芎蕉灣庄	粵	32	52	57	31	23			
	銅鑼灣庄	粵	43	61	45	32	27			
	高浦庄	閩	19	15	27	12	15			
	南勢庄	閩	27	22	31	13	23	237 戶	206 戶	
	打哪叭庄	閩	24	32	29	17		874 人	803 人	
苑裡保八庄	吞霄庄	粵	38	38	39	15	13			
	北勢窩庄	閩	25	27		12	9			
	竹仔林庄	閩	32	42		13	13			
	塗城庄	閩	32	37		22	23			
	苑裡庄	粵	37	45	36	27	25			
	榭苓庄	閩	22	25	32	19	21			
	日北庄	粵	26	29	33	12	22	153 戶	101 戶	
	房裡庄	閩	42	53	49	25	23	550 人	334 人	
大甲保十二庄	大甲庄	閩	51	63	72	42	29			
	馬鳴埔庄	閩	27	19	32	12	13			
	中和庄	閩	31	47	27	21				

座落	庄別	籍別	戶數	丁口數				合計		備註
				男丁	女口	幼孩	幼女	閩	粵	
大甲保十二庄（續）	牛稠坑庄	閩	32	39	43	17	22			
	月眉庄	閩	23	32		12	18			
	營盤口庄	閩	22	32	23	17	12			
	大安街庄	閩	37	32	43	22	22			
	海墘厝庄	閩	25	22	34	25	27			
	田心仔庄	閩	27	32	23	22	17			
	蘊簝庄	閩	21	29		12	12			
	水汴頭庄	閩	23	37		21	19	351 戶		
	番仔簝庄	閩	32	45	26	23	15	1321 人		
竹塹之北桃澗保八庄	中壢庄	閩	44	63	54	32	27			
	赤崁庄	閩	32	37	39	18	22			
	桃仔園庄	閩	52	66	75	37	33			
	龜崙口庄	粵	27	35	43	23	17			
	大湳庄	閩	21	27	39	21	23			
	新興庄	閩	26	32	32		17			
	安平鎮庄	粵	32	52	45	23	26	175 戶	86 戶	
	員樹林仔庄	粵	27	23	27	15	23	706 人	362 人	

| 座落 | 庄別 | 籍別 | 戶數 | 丁 口 數 | | | | 合 計 | | 備註 |
				男丁	女口	幼孩	幼女	閩	粵	
海山保九庄	風櫃店庄	閩	37	45	37	22	13			
	潭底庄	閩	36	43	33	22	22			
	樟樹窟庄	閩	42	52	62	25	37			
	尖山庄	閩	27	37	45	25	27			
	大姑崁庄	閩	43	66	54	29	27			
	三角湧庄	閩	39	45	46	26	32			
	橫溪庄	閩	22	37	37	22	26			
	彭厝庄	閩	26	33	45	21	27	272 戶	31 戶	
	柑園庄	粵	31	49	55	23	32	1121 人	159 人	
擺接保五庄	枋藔庄	閩	32	32	29	12	13			
	員山仔庄	閩	33	42	38	21	17			
	冷水坑庄	粵	42	52	57	31	26			
	火燒庄	閩	47	43	62	23	15	163 戶	42 戶	
	柏仔林庄	閩	51	77	63	42	23	552 人	166 人	
大加蚋保七庄	艋舺庄	閩	87	110	99	54	35			
	三板橋庄	閩	37	45	52	22	27			
	林口庄	閩	39	32	37	21	15			
	錫口街庄	閩	45	75	69	31	25			

座落	庄別	籍別	戶數	丁　口　數				合　　計		備註
				男丁	女口	幼孩	幼女	閩	粵	
大加蚋保七庄（續）	搭搭攸庄	閩	42	62	42	32	21			
	奎府聚庄	閩	37	23	27	13	13	319戶		
	大隆同庄	閩	32	33	37	21	19	1092人		
拳山保六庄	大坪林庄	粵	36	36	43	17	12			
	秀朗社庄	閩	52	43	45	22	23			
	木柵庄	閩	27	32	25	12	13			
	頭重溪庄	粵	23	31	39	22	16			
	萬順藔庄	閩	25	32	31	17	19	131戶	59戶	
	楓林庄	閩	27	25	32	21	17	409人	216人	
石碇保六庄	水返腳庄	閩	31	22	37	21	17			
	康誥坑庄	閩	33	37	32	22	14			
	五堵庄	閩	27	23	31	12	12			
	暖暖庄	閩	26	23	23	15	17			
	四腳亭庄	閩	21	31	21	12	12	169戶		
	遠望坑庄	閩	31	42	33	13	13	534人		
興直保九庄	陂角店庄	閩	21	27	36	12	23			
	中塭庄	閩	23	32	35	19	22			
	和尚州庄	閩	42	63	56	32	27			

座落	庄別	籍別	戶數	丁　口　數				合　計		備註
				男丁	女口	幼孩	幼女	閩	粵	
興直保九庄（續）	武勝灣庄	閩	37	51		14				
	三重埔庄	閩	35	42	35	19	27			
	關渡庄	閩	37	52	23	11	12			
	八里坌庄	閩	41	57		22				
	烏嶼藔庄	閩	27	23	32	13	19	285 戶		
	長道坑庄	閩	22	22	29	15	14	1019 人		
芝蘭保十八庄	劍潭庄	閩	22	32	34	17	21			
	角溝庄	閩	27	32		12	12			
	芝蘭庄	閩	31	42	32	21	23			
	毛少翁社庄	粵	32	52	37	26	13			
	淇里岸庄	粵	21	22	23	22	12			
	北投庄	粵	21	22	33	31	12			
	嗄嘮別庄	粵	32	42	32	25	15			
	雞北屯社庄	閩	32	42	32	13	13			
		粵	14	19	21	9	13			
	大屯社庄	閩	22	32	32	12	21			
	石門汛庄	閩	32	43		22				
	金包裏庄	閩	37	52	42	22	17			

座落	庄別	籍別	戶數	丁　口　數				合　計		備註
				男丁	女口	幼孩	幼女	閩	粵	
芝蘭保十八庄（續）	野柳庄	閩	21	22	33	13	15			
	雞籠街庄	閩	27	33		21				
	三貂庄	閩	42	65	53	23	13			
	燦光藔庄	閩	31	42	32	22	16			
	丹裏庄	閩	27	32	26	17	21			
	獅毬嶺庄	閩	29	32	37	25	19			
	長潭堵庄	閩	32	45	37	23	29	412 戶	140 戶	
		粵	20	24	16	20	25	1555 人	576 人	
總計	四門194 庄	203	6439					5248 戶 20112 人	1155 戶 4699 人	

資料來源：《淡新檔案（三）》（臺北，國立臺灣大學，民國 84 年 10 月），頁 328-350。

　　由前列簡表可以看出同治十三年（1874）分，淡水廳竹塹城共 4 門，194 庄，其中東西南北 4 門，共 657 戶，計 2,523 人，都是閩籍移民，平均每戶為 3 至 4 人。竹塹城外東廂 25 庄中，東勢、下東店、大陂坪、牛路頭、蘇園堵、二十張犁、沙崙、六張犁、鹿場、番仔藔、隘口、五塊厝、頂下嵌、五股林、石壁潭、山豬湖、猴洞、橫山等 18 庄，為閩籍移民村庄。柴梳山、九芎林、鹿藔坑、十股林等 4 庄為粵籍移民村庄。埔仔頂、白沙墩、八張犁等 3 庄為閩籍和粵籍移民錯處村庄。合計閩籍移民共 514 戶，粵籍移民共 137 戶，閩籍戶數約佔百分之七十九，粵籍戶數約佔百分之二十一。就其人口數而言，閩籍移民共 2,365 人，粵籍移民共 577 人。閩粵籍

移民共計 2,942 人，閩籍約占百分之八十，粵籍約佔百分之二十。西廂隙仔、南勢、牛埔、芨仔林、虎仔山、浸水、三塊厝、羊蓁、香山、洪水港等 10 庄，共 286 戶，計 1,018 人，都是閩籍移民。南廂巡首埔、溪仔底等 2 庄，共 95 戶，計 309 人，都是閩籍移民。北廂 17 庄中，水田、湳仔、金門厝、舊社、蘋園、頂溪洲、新庄仔、白地粉、溪心壩、崁頂、鳳鼻尾、紅毛港、蠔殼港、笨仔港、鳳山崎等 15 庄是閩籍移民村庄，共 327 戶，計 1,314 人。大溪墘、芝葩里等 2 庄是粵籍移民村庄，共 55 戶，計 182 人。閩粵籍移民共 382 戶，閩籍佔百分之八十六，粵籍佔百分之十四。其人口數合計 1,496 人，閩籍約佔百分之八十八，粵籍約佔百分之十二。東北廂 16 庄中，新社、豆仔埔、大茅埔、烏樹林、婆老粉、楊梅壢等 6 庄為閩籍移民村庄，共 146 戶，計 584 人。枋蓁、新埔、五份埔、六股、石崗仔、鹽菜硼、三洽水、大湖口、崩坡、頭重溪等 10 庄是粵籍移民村庄，共 223 戶，計 1,046 人。閩粵籍移民共 369 戶，閩籍約佔百分之四十，粵籍約佔百分之六十。其人口數合計 1,630 人，閩籍約佔百分之三十六，粵籍約佔百分之六十四。西北廂崙仔、沙崙仔、樹林頭、苦苓腳、檳榔、油車港、船頭、南北汕、下溪洲、魚蓁等 10 庄，都是閩籍移民村庄，共 255 戶，1,014 人。竹塹城以南中港保共 14 庄，其中山蓁、後厝、中港街、湖底、海口、上下山腳、嵌頂、塗牛口、二十份、隆恩、蘆竹湳、茄冬等 12 庄是閩籍移民村庄，共 337 戶，1,252 人[12]。斗換坪、三灣 2 庄是粵籍移民村庄，共 75 戶，計 278 人。閩粵籍移民共 412 戶，計 1,530 人，閩籍戶數約佔百分之八十二，粵籍戶數約佔百分之十八。閩籍人口數約佔百分之八十二，粵籍人口數約佔百分之十

12　原清冊記錄有誤，粵籍與閩籍人口總數，亦前後有異。參見《淡新檔案（三）》，頁 350，註 3、註 4。

八。後壠保 12 庄中，山仔頂、後壠街、海豐、芒花埔、高埔、南勢、打哪叭等 7 庄是閩籍移民村庄，共 237 戶，計 874 人。嘉志閣、貓裡、蛤仔市、芎蕉灣、銅鑼等 5 庄是粵籍移民村庄，共 206 戶，計 803 人。閩粵籍移民共 443 戶，計 1,677 人。閩籍戶數約佔百分之五十三，粵籍戶數約佔百分之四十七。閩籍人口數約佔百分之五十二，粵籍人口數約佔百分之四十八。苑裡保八庄中，北勢窩、竹仔林、塗城、榭苓、房裡等 5 庄是閩籍移民村庄，共 153 戶，計 550 人。吞霄、苑裡、日北等 3 庄是粵籍移民村庄，共 101 戶，334 人。閩粵籍移民共 254 戶，計 884 人。閩籍戶數約佔百分之六十，粵籍戶數約佔百分之四十。閩籍人口數約佔百分之六十二，粵籍人口數約佔百分之三十八。大甲保大甲、馬鳴埔、中和、牛稠坑、月眉、營盤口、大安街、海墘厝、蘊釀、水汴頭、番仔簝等 12 庄，都是閩籍移民村庄，共 351 戶，計 1,321 人。竹塹城以北桃澗保八庄中，中壢、赤崁、桃仔園、大湳、新興等 5 庄是閩籍移民村庄，共 175 戶，計 706 人。龜崙口、安平鎮、員樹林仔等 3 庄是粵籍移民村庄，共 86 戶，計 362 人。閩粵籍移民共 261 戶，計 1,068 人。閩籍戶數約佔百分之六十七，粵籍戶數約佔百分之三十三。閩籍人口數約佔百分之六十六，粵籍人口數約佔百分之三十四。海山保九庄中，風櫃店、潭底、樟樹窟、尖山、大姑崁、三角湧、橫溪、彭厝等八庄是閩籍移民村庄，共 272 戶，計 1,121 人。柑園庄為粵籍移民村庄，共 31 戶，計 159 人。閩粵籍移民共 303 戶，計 1,280 人。閩籍戶數約佔百分之九十，粵籍戶數約佔百分之十。閩籍人口數約佔百分之八十八，粵籍移民約佔百分之十二。擺接保 5 庄中，枋簝、員山仔、火燒、柏仔林等 4 庄是閩籍移民村庄，共 163 戶，計 552 人。洽水坑庄是粵籍移民村庄，共 42 戶，166 人。閩粵籍移民共 205 戶，計 718 人。

閩籍戶數約佔百分之八十，粵籍戶數約佔百分之二十。閩籍
人口數約佔百分之七十七，粵籍人口數約佔百分之二十三。
大加蚋保艋舺、三板橋、林口、錫口街、搭搭攸、奎府聚、
大隆同等 7 庄，都是閩籍移民村庄，共 319 戶，計 1,092 人。
拳山保 6 庄中秀朗社、木柵、萬順藔、楓林等 4 庄是閩籍移
民村庄，共 131 戶，計 409 人。大坪林、頭重溪等 2 庄是粵
籍移民，共 59 戶，計 216 人。閩粵籍移民共 190 戶，計 625
人。閩籍戶數約佔百分之六十九，粵籍戶數約佔百分之三十
一。閩籍人口數約佔百分之六十五，粵籍人口數約佔百分之
三十五。石碇保水返腳、康誥坑、五堵、暖暖、四腳亭、遠
望坑等 6 庄，都是閩籍移民村庄，共 169 戶，534 人。興直保
陂角店、中塭、和尚州、武勝灣、三重埔、關渡、八里坌、
烏嶼藔、長道坑等 9 庄，都是閩籍移民村庄，共 285 戶，計
1,019 人。芝蘭保 18 庄中，劍潭、角溝、芝蘭、大屯社、石
門汛、金包里、野柳、雞籠街、三貂、燦光藔、丹裏、獅球
嶺等 12 庄是閩籍移民村庄，毛少翁社、淇里岸、北投、嘎嘮
別等 4 庄是粵籍移民村庄。雞北屯社、長潭堵等 2 庄是閩粵
籍移民錯處村庄。芝蘭保各庄中，閩籍移民共 412 戶，計 1,555
人，粵籍移民共 140 戶，計 576 人。閩粵籍移民共 552 戶，
計 2,131 人。閩籍戶數約佔百分之七十五，粵籍戶數約佔百分
之二十五。閩籍人口數約佔百分之七十三，粵籍人口數約佔
百分之二十七。以上 4 門，194 庄，合計閩籍移民共 5,284 戶，
計 20,112 人；粵籍移民共 1,155 戶，計 4,699 人。閩粵籍移民
共計 6,439 戶，24,811 人。閩籍戶數約佔百分之八十二，粵籍
戶數約佔百分之十八。閩籍人口數約佔百分之八十一，粵籍
人口數約佔百分之十九。由前列清冊所開戶數及人口數，以
及閩粵籍移民的村庄分佈，可以了解其清冊對地緣村落的研
究，提供了很珍貴的資料。

　　清初領有臺灣後，土地制度發生了重要變化，鄭氏時代的官田、屯田及文武官田等名目，都被廢除，准許私人開墾，並佔有土地，而確立了土地私有制，包括官地、民地及番地。閩粵民人渡海入臺後，或向熟番租地耕種，或爭墾番界，抽藤釣鹿，於是掀起了墾荒高潮。早期渡臺開墾種田者，主要是自墾田土自身承種的自耕農及承種他人田土的佃戶。自耕農是清代臺灣土地所有者的一個組成部分，各墾戶都是地主階層的主體，有大墾戶及小墾戶的分別。大墾戶多半是獨資開墾，但也有由富豪資助者。在中小墾戶之中，有許多是自籌資本招佃開墾的，他們招募的佃戶，需要自備各項生產資料，墾闢後墾戶自己坐享地租。佃戶轉佃土地，收取小租，墾戶就成為大租戶。小租戶原為轉佃制下的佃戶，起初僅擁有土地的使用權，以後佃戶又招到佃人耕種，收取小租，轉化為小租戶，形成一地兩租的狀況。大租戶承擔官賦，小租戶不負擔官賦，卻又索取佔收穫物一半的小租，並可處置及更換佃人，成為土地的實際所有者，而確認了小租戶的業主地位。雍正六年（1728）八月，巡視臺灣吏科掌印給事中赫碩色具摺時已指出向來臺地有田地的人，稱為業主，各業主招募流民種地研糖，稱為佃丁，又叫僱工，閩粵內地民人渡臺餬口者，大致不出這兩條途徑[13]、自耕農及各墾戶，都是業主，由業主招募佃丁種地研糖。各墾戶及衙役垂涎內山曠土，多越界開墾。臺灣早期移墾社會的土地制度及租佃關係，確實經歷了顯著的變化。康熙二十五年（1686）前後，廣東嘉應州人至南路下淡水溪左岸開墾，後來人口增加，開墾區域隨之擴大。《鳳山縣采訪冊》按語中亦稱：「義民，率粵之鎮平、平遠、嘉應州、大埔等州縣人，渡臺後寓縣下淡水港東、

13　《宮中檔雍正朝奏摺》，第 11 輯（民國 67 年 9 月），頁 124，雍正六年八月十八日，巡視臺灣吏科掌印給事中赫碩色奏摺。

西二里，列屋聚廛，別成村落[14]。」港東、港西二里粵籍移民
一百餘庄。《問俗錄》記載「鳳山、淡南粵人眾，閩人寡，餘
皆閩人眾，粵人寡[15]。」羅漢門內、外門，原為大傑顛社土地，
康熙四十二年（1703），臺灣縣和諸羅縣墾戶招募汀州府縣民
開墾，耕種採樵，往來日眾。康熙末年，其墾地已遍及枋寮
一帶[16]。

分類械鬥的起因，主要是由於開墾集團對於社會資源的
爭奪，或因爭墾荒地，或因爭奪水利灌溉，各墾戶互相凌壓，
以眾暴寡，同時又由於分類械鬥而造成各地區移殖人口的移
動。彰化大甲地區大規模移墾，是始自康熙中葉以後，閩籍
移民林姓、張姓等由鹿仔港北上開墾，粵籍移民邱姓等則率
眾開墾九張犁、日南、鐵砧山腳、大安等荒埔。雍正年間，
粵籍移民開拓柳樹湳，漳州籍移民林姓等率領族人自大里杙
南下向平埔族膜得土地，建設村落。其後因分類械鬥，粵籍
移民聲勢較弱，於是遷入東勢。內地漢人初至岸里社時，曾
以割地換水方式，與原住民訂立墾約，出資興建下埤水圳，
以二分圳水歸原住民灌溉。前後有粵籍移民張姓、李姓等率
領族人鄉親大事拓荒[17]。乾隆年間，粵籍移民在岸里社北庄等
地形成以廣東嘉應州移民為主的地緣村落。其後因閩粵分類
械鬥頻仍，粵籍移民遷居銅鑼、大湖等地，而形成了粵籍客
家庄地緣村落[18]。林爽文起事以後，彰化北庄神岡及牛罵頭地

---

14 《鳳山縣采訪冊》（南投，臺灣省文獻委員會，民國 82 年 6 月，
頁 268。
15 《問俗錄》，頁 138。
16 《臺灣私法》（臺中，臺灣省文獻委員會，民國 79 年 6 月），卷
1，頁 41。
17 《臺中縣志》（臺中，臺中縣政府，民國 79 年 9 月），卷 2，頁
339。
18 《臺中縣鄉賢傳》（臺中，臺中縣立文化中心，民國 77 年 5 月），

方的粵籍移民，因勢力單薄，遂移居南坑庄、葫蘆墩、東勢角等地。其後又因嘉慶年間的分類械鬥而遷至東勢及貓裏地方[19]。嘉慶十年（1805），粵籍客民黃祈英隻身來臺，進入中港溪斗換坪，開始與原住民交換物品，漸得原住民信任，並取番婦，從番俗，改名斗乃。後來邀同鄉人張大滿、張細滿等入山，約為兄弟，亦各娶番女。嘉慶二十五年（1820），黃斗乃等開墾三灣荒埔。其後又沿中港溪進入南庄開墾。黃斗乃藉著原住民的保護，於是越過土牛界限，進入番界墾闢荒埔。但因閩人蔡阿滿曾向淡水廳納餉領墾三灣、南庄一帶荒埔而為墾首，並率族人定居土牛口，於是建立土牛庄。閩籍移民和粵籍移民既各成勢，遂種下道光六年（1826）分類械鬥的禍根[20]。

　　由於清代閩粵沿海民人渡臺墾荒的絡繹不絕及臺灣地方社會共同體形成過程的複雜，早期臺灣移墾社會的聚落，無論泉州庄、漳州庄或廣東客家庄，都是以地緣關係為紐帶而形成依附式的地緣村落。為了集資開發，臺灣依附式的地緣村落，又形成既以地緣關係為紐帶，同時亦以經濟利益為紐帶，而轉化成合同式的地緣村落。例如臺灣移民中為了墾開荒埔而組成的蒸嘗，就是移墾社會裡的地方社會共同體。蒸嘗，又作丞嘗，本指秋冬二祭，冬祭叫做蒸，秋祭叫做嘗，後來泛指一般祭祀。在早期臺灣移墾社會裡的蒸嘗，原係共同出資以購買祭田，作為祖宗血食的共同體。在當時渡臺先民的心目中，除了尊祖敬宗之外，還有類似共同投資，相扶相持的目的。《頭份鎮志初稿》將蒸嘗的由來歸納為四個原

頁 17。

19　《臺中縣志》，卷 2，頁 351。

20　陳運棟編《頭份鎮志初稿》（苗栗，頭份鎮志編纂委員會，民國 68 年 10 月），頁 21。

因：第一，官毫無資助，乃民自設法；第二，披荊斬棘，鑿陂開圳，須通力合作，而乃舉目無親，又缺乏資力；第三，因爭取墾地而與土著民族及異籍漢人引起爭端，須合力攻防；第四，遠適新闢之地，水土不服，而缺乏家庭親情的慰藉。由於前述四個原因，所以由同血緣擴及於同姓共屬意誠的蒸嘗便應運而生。直視同姓為同宗，所有族祠，凡同姓的都參與[21]。《臺灣縣志》記載，「臺鮮聚族，鳩舍建祠宇，凡同姓者皆與，不必其同支共派也[22]。」同姓不必同宗，皆可參與活動。《噶瑪蘭廳志》亦載，「蘭中鮮聚族，間有之，尚無家廟祠宇。故凡同姓者，呼之曰叔姪，曰親人，不必其同支而共派也。其中必推一齒高者為家長。遇內外事，辨是非，爭曲直，端取決於家長。而其人亦居之不疑，一若我言維服，勿以為笑也[23]。」早期臺灣移墾社會裡的地方社會共同體，是以地緣、血緣和共同利益關係等等因素相互作用下維繫起來的，這種地方社會共同體是屬於一種鄉族組織的共同體，它可以反映清代臺灣移墾社會的組織特徵。其同姓不同宗者，以泛家族主義的概念合同組成一種宗族式的鄉族組織，類似這種性質的地方社會共同體，在早期臺灣移墾社會裡，十分普遍。至於不同宗又不同姓的異姓結拜組織，也是以泛家族主義的概念結盟拜會，形成一種虛擬宗族的地方社會共同體，這種類型的地方社會共同體，稱為秘密會黨。在早期臺灣移墾社會裡，秘密會黨的活動，頗為頻繁，結盟拜會，蔚為風氣，可以反映邊疆移墾社會的特徵。

21　《頭份鎮志初稿》，頁 7。

22　《重修臺灣縣志》（南投，臺灣省文獻委員會，民國 82 年 6 月），下冊，頁 401。

23　《噶瑪蘭廳志》（南投，臺灣省文獻委員會，民國 82 年 6 月），頁 191。

奏

總理臺灣事務和碩怡親王臣
……
巡視臺灣
監察御史臣
……
具奏謹

奏為欽遵陳保臺地事宜仰祈

聖鑒事臣等奉

命恭視臺灣欽遵

聖訓和衷辦事茲以料理較月以來凡

訪察民番相關係地方事務應移知各衙門若印結該地

續移時博查會奸宄等事應行查禁者亦當論該地方

咨情官俱查臺灣絆員三千餘里數十年來土田

方軍靜但查臺灣……人民念其間土番安分守業猶為馴良民

……情隘健和利而作奸為……文常防範少珠可采慮出臣

……為以達海臺地亦立法詳查永固根基使防禦

……有思見所及為約有三條不端昌昧就為武

皇上陳之

一清查奸匪……宜責成業主也臺灣日編保甲忽

請地方究竟是門難設而奸匪終無可稽其

楊洪者多俱在城者少散處者多成莊者少半

……田之人謂之業主也

《宮中檔》，雍正六年八月十八日，赫碩色等奏摺

工利主業種之但謂之又丁即謂之糖所地種地民流案
雜主業種二此出不概大者口舖關臺來地內
混人百數武人數十殼良好同不任正力其一
辭為甲家入未以名姓不息娼屢天事犯至及為該
方地累甚窒究稂能不急娼衙因官方則恣盟
田甲主業主業成責宜之市城局以見思等邑甚為此真
之甲保局事管以庄各於應事營有各皆者
瑷引衙各於註詳說羊任住之留滑即本末二簿甲有
逐其先者事犯有安任驗查註遠送漂甲遞期日庄到保
業生此應其清以察緝大事營甲信主業人何事營主業主
此則法之證互之文者甲家既歸而人之甲隶派再外
盡稿逝查稽各於亦証好事理清實責此隱容以雜查稿相
歸蓆整各軍使方堅決次利丁兵營各方使兵練操一
邊撥地內保供丁兵灣臺查用頁以又戈時臨除隊
男易技習所兵各論不數人論止時之兵揆而

往往撥至臺灣器械參差不齊且閩內地各
營派往臺灣之兵其軍器堅好者多留與本
營使用臨時隨便抽撥帶至臺灣以至軍器
多有不堅利者兵丁既無力另備又錯闕凡
臺地軍器皆由省城製造不許本地繕修及
至將器械修成兵丁操演將熟而更換之期
又至矣似此軍器不整殊非防禦之道臣等
愚見請嗣後先令臺灣各營議定其營鎗手
若干籐牌若干弓箭等項若干計其總數移
知內地各營均派令所派兵丁各帶素習精
良軍器不許臨時抽撥該衙門職司查點者
將軍器逐一查對各寫記號封交押送之弁
員如有不堪用者即於內地發回另撥到臺
之日照議定之數逐一點收給還各兵即以
原營各兵酌撥各營以內地成隊之兵入臺
地各營之隊人器相習亦易操練可無參差
不齊之患至三年內有軍器一時破壞者再
議令內地每年酌量預備更換則軍容整肅
軍器堅利於防禦之法似有裨益矣

一澎湖兵米宜就近存貯也查澎湖爲內地外
洋之接應設立水師關係甚大其左右二營
共兵二千名每年兵米七千零八十石向來
從將府城兌發支給撥夸郊運但中隔大洋

應接貯右以應
就近存貯
以為應候守時需未免露薩葦信風武
之批駐有水師兵丁則兵糧句應
修緩急方使好應得應臣等思以為應

在澎湖建蓋倉貯米可供兵食一年或半年
實貯在澎陸續散給即陸續運補務於時春
貴穀無使缺乏偶值颶信阻深貯春之未足
未澎湖試設巡檢一員恐職小不能彈守令運
既改通判會同營升支放以於兵食較便至
蓋倉若干間需費若干恭候

俞允之日令督撫查議

以上三條皆因臺地形勢遼濶海外最屬嚴疆宗永
為經固之計之思有備無患矣臣等愚昧之見未知
諶竭淺念是

思深重日思報效思見所可採伏乞不敢不盡陳於
君父之前如臣言可採伏乞
皇上飭下督撫詳加議行為此謹
　　奏

雍正陸年柒月　拾捌　日

篳路藍縷

——清代臺灣粵籍客民的拓墾過程與社區發展

　　閩粵兩省是清代人口壓迫較嚴重的地區，同時也是人口向外流動最為頻繁的省分。閩粵流動人口渡海來臺後，篳路藍縷，墾殖荒陬，經過先民的慘澹經營，於是提供內地漢人一個適宜安居和落地生根的海外樂土。臺灣從康熙二十三年（1684）歸入清朝版圖至光緒二十一年（1895）割讓於日本止，歷經二百餘年的墾拓過程，開墾耕地面積約八百五十萬畝，人口激增至二百七十餘萬，行政建置擴展為一省三府、一直隸州、四廳、十一縣，臺灣開發成果的顯著，與閩粵先民的渡海來臺，臺灣地理的特徵，清朝政策的調整，都有十分密切的關係。但因臺灣孤懸海外，其人文景觀卻自成一區，在社會、經濟方面的發展，都經歷過非常顯著的變化，同時建立了十分複雜的土地制度及租佃關係，而形成臺灣獨有的特點。

　　清代臺灣的土地開發過程，大致可以分為前後兩個階段：從康熙二十二年（1684）清朝領有臺灣至同治十二年（1873），計一百九十年為前期，是第一個階段。閩粵移民紛紛東渡臺灣，偷渡盛行，開墾的土地，主要在臺灣西部前山平原荒埔，拓墾方向，先由府城、臺灣縣向南、向北拓墾。在康熙、雍正年間，鳳山、諸羅等地，都成了拓墾重心。乾

隆初年以來，彰化平原也成了拓墾重心。乾隆末年由於淡水八里坌海口的正式開港，對臺灣北路或淡水廳境內的開發，產生了促進的作用。嘉慶、道光以來，噶瑪蘭遂成為新的拓墾重心。同治十三年（1874）至光緒二十一年（1895），計二十一年，是第二個階段，屬於後期。同光時期，由於列強的加緊侵略，爭奪在臺灣的利權，清朝政府為了救亡圖存，開始建設海防，反映朝野都注意到了臺灣的重要戰略地位，清廷的治臺政策也開始大幅度的調整，於是沈葆楨等人奏請取消渡臺禁令，積極開發後山，打通後山的封閉社會。所謂開山而後臺灣安，就穩定東南局勢，移民實邊，保全臺灣而言，確實具有時代的意義。

　　有清一代，檔案資料，可謂汗牛充棟，其中臺北國立故宮博物院典藏的《宮中檔》御批奏摺、《軍機處檔‧月摺包》和檔冊、《內閣部院檔》、《史館檔》等等，為數相當可觀。中央研究院歷史語言研究所典藏《明清史料》或《明清檔案》，國立臺灣大學典藏《淡新檔案》或《臺灣文書》、《岸裡社文書》等，對清代臺灣史的研究，也提供了不少珍貴的資料。其中閩浙總督、兩廣總督、福建巡撫、廣東巡撫、巡視臺灣監察御史和給事中、福建水師提督、福建臺灣鎮總兵官等人的奏摺原件、奏摺錄副、奏摺抄件，以及題本、諭旨等文書，多含有涉及臺灣史研究的直接史料。清代臺灣史是清朝歷史的一部分，臺灣史料雖然所佔比重不大，但是探討清代臺灣歷史，仍然有必要熟悉現存相關檔案資料，並充分加以利用。本文僅就清代粵籍客家族群在臺灣墾拓舞臺上所扮演的腳色進行浮光掠影的探討。

臺灣本島的地理特徵與拓墾族群的分佈

　　清代臺灣拓墾族群的分佈及拓墾社區的形成，與臺灣本島的地理特徵，有密切的關係。福建巡撫丁日昌曾把臺灣本島的地形比喻為一條魚，他曾指出，「臺灣地勢，其形如魚、首尾薄削，而中權豐隆。前山猶魚之腹，贏腴較多，後山則魚之脊也[1]。」臺灣中央山脈縱貫南北，將全島劃分為東西兩部分，形成不對稱的條狀層結構，形狀如魚，西部為前山，面向中國大陸，很像魚腹，膏腴肥沃，與閩粵內地一衣帶水；東部為後山，為山脈所阻隔，好像魚脊。福建總督高其倬具摺時亦稱，「臺灣地勢，背靠層山，面向大海。其山外平地，皆係庄民及熟番居住，各種生番，皆居深山之中，不出山外[2]。」面向大海的前山平地，土地肥沃，沿海港口較多，上岸便利。由於地理位置的近便，早期渡海來臺的閩粵漢人，主要就是從福建沿海對渡臺灣西部海口，其拓墾方向，主要分佈於臺灣西部平地。福建巡撫勒方錡具摺時亦指出臺灣族群分佈特徵，節錄奏摺一段內容如下：

> 查臺地人民，約分五類：西面瀕海者，閩漳泉人為多，興化次之，福州較少；近山者則粵東惠、潮、嘉各處之人，號為客民；其一則為熟番；又其一則新撫之番，名之曰化番，即後山各社稍近平坦處也；至於前山後山之中脊深林邃谷，峭壁重巒，野聚而獸處者是為生

1　《月摺檔》（臺北，國立故宮博物院），光緒二年二月二十五日，福建巡撫丁日昌奏摺抄件。

2　《宮中檔雍正朝奏摺》，第 6 輯（臺北，國立故宮博物院，民國 67 年 4 月），頁 527。雍正四年九月初二日，福建總督高其倬奏摺。

番[3]。

臺灣族群分佈，固然有其地理特徵，但同時也和各族群的強弱及內地人先來後到而有所不同。熟番、化番、生番雖然是臺灣的先住民，但他們屬於弱勢族群，而退處深林山谷或各社稍近平坦地方。除熟番、化番、生番之外，其來自閩粵內地的流寓人口，多分佈於西部瀕海平坦處，或近山荒埔，其主要原因，一方面是先來後到的問題；一方面則是由於清廷領有臺灣後，置臺灣府，隸屬於福建省，粵籍客民渡海來臺受到很大限制，以致形成大分散小聚居的分佈特徵。

在內地漢人大量移殖臺灣以後，島上雖有原住民分社散處，但因土曠人稀，可以容納閩粵沿海地區的過剩人口，閩粵民人為了解決生計問題，於是爭相冒險渡海來臺墾荒。明朝末年，鄭芝龍等人入臺後，積極獎勵拓墾，閩省漳泉等府民人徙居臺地者，遂與日俱增。荷蘭人佔據臺灣期間，為了發展農業，增加蔗糖的生產，曾經極力招徠漢人從事生產工作，內地漢人渡海來臺者，更是絡繹不絕。《平臺紀略》有一段記載說：

> 臺灣古無人知，明中葉乃知之，而島彝盜賊，後先竊踞，至為邊患，比設郡縣，遂成樂郊。由此觀之，可見有地不可無人，經營疆理，則為戶口貢賦之區；廢置空虛，則為盜賊禍亂之所。臺灣山高土肥，最利墾闢，利之所在，人所必趨，不歸之民，則歸之番，歸之賊，即使內賊不生，野番不作，又恐寇自外來，將有日本、荷蘭之患，不可不早綢繆者也[4]。

---

3 《月摺檔》，光緒七年一月初三日，福建巡撫勒方錡奏摺抄件。
4 藍鼎元著《平臺紀略》，《文淵閣四庫全書》（臺北，臺灣商務印

臺灣土地肥沃，多暄少寒，最利墾闢，利之所在，人所必趨。清初以來，臺灣土地制度產生了重要變遷，鄭氏時代的屯田及文武官田等名目，都被廢除，准許私人開墾，並佔有土地，而確立了土地私有制，包括官地、民地及番地。閩粵內地漢人渡海來臺後，或向熟番租地耕種，或爭墾生番荒埔，於是掀起了墾荒高潮。巡視臺灣監察御史索琳等人訪查臺灣田糧積弊後具摺指出，「佃丁悉係漳泉潮惠客民，因貪地寬，可以私墾，冒險渡臺[5]。」臺灣地寬，又可以私墾，因此，漳泉潮惠民人遂爭相冒險渡臺拓墾。福建總督高其倬具摺時亦稱，諸羅、鳳山、彰化三縣之人，「閩粵參半，亦不盡開田耕食之人，貿易者有之，雇工者有之，飄蕩寄住全無行業者有之。即耕田之人，亦有二種：一種係自墾田土身自承種者；一種係承種他人田土為其佃戶者。但佃戶之中，又自不同，也有承種田數甚多且年久者，亦有承種甚少且年淺者[6]。」閩粵移民來臺後，或經營生理，從事貿易，或耕田為活，或為羅漢腳。福建巡撫鐘音具摺時，對閩粵移民入臺後的生計，敘述亦詳，節錄原摺一段內容如下：

> 臺灣一郡，孤懸海外，人民煙戶，土著者少，流寓者多，皆係閩之漳泉，粵之惠潮，遷移赴彼，或承瞨番地墾耕，或挾帶貲本貿易，稍有活計之人，無不在臺落業，生聚日眾，戶口滋繁。而內地無業之民，視臺地為樂土，冒險而趨，絡繹不絕，請照以往者有之，

書館，民國71年），第369冊，頁45。

5 《宮中檔雍正朝奏摺》，第8輯（民國67年6月），頁683。雍正五年八月十二日，巡視臺灣監察御史索琳奏摺。

6 《宮中檔雍正朝奏摺》，第8輯，頁473。雍正五年七月初八日，建福總督高其倬奏摺。

私行偷渡者有之。到臺之後，或倚親戚而居，或藉備
工為活，或本無可倚，在彼游蕩者，亦實蕃有徒，奸
良混雜，莫可辨別[7]。

　　承瞨番地，或攜帶資本從事貿易，或充當雇工，是閩粵
民人來臺之初的主要謀生方式。

　　早期渡臺開墾種田者，主要是自墾田土自身承種的自耕
農及承種他人田土的佃戶。自耕農是清代臺灣土地所有者的
一個組成部分，各墾戶都是地主階層的主體，有大墾戶和小
墾戶的分別。大墾戶多半是獨資開墾，但也有由富豪資助者。
在小墾戶之中，有許多是自籌資本招佃開墾的，他們招募的
佃戶，需要自備各項生產資料，墾闢之後，墾戶自己坐享地
租。佃戶轉佃土地，收取小租，墾戶就成為大租戶。小租戶
原為轉佃制下的佃戶，起初僅僅擁有土地的使用權，以後佃
戶又招到佃人耕種，收取小租，轉化為小租戶，形成一地兩
租的現象。大租戶承擔官賦，小租戶不負擔官賦，卻又索取
佔收穫物一半的小租，並可處置及更換佃人，成為土地的實
際所有者，而確認了小租戶的業主地位。雍正六年（1728）
八月，巡視臺灣吏科掌印給事中赫碩色具摺時，他已指出，
向來臺灣有田地的人，稱為業主，各業主招募流民種地研糖，
稱為佃丁，又叫做雇工，漳、泉、惠、潮各府民人渡臺糊口
者，大致不出此二途[8]。自耕農及各墾戶，都是業主，由業主
招募佃丁種地研糖，各墾戶及衙役垂涎內山曠土荒埔，爭相

7　《宮中檔乾隆朝奏摺》，第 12 輯（臺北，國立故宮博物院，民國
　　72 年 4 月），頁 478。乾隆二十年九月十一日，福建巡撫鐘音奏
　　摺。
8　《宮中檔雍正朝奏摺》，第 11 輯（民國 67 年 9 月），頁 124。雍
　　正六年八月十八日，巡視臺灣吏科掌印給事中赫碩色奏摺。

越界墾荒，對清代臺灣拓墾社會土地制度及租佃關係，產生了顯著的變化。在早期臺灣拓墾社會裡，由於勞動力年齡人口的比例較高，說明當時有較多的人力可以投入勞動生產和創造物質財富，而需要他們撫養的老年人口及婦孺則不多。這對物質財富的累積和當時社會經濟的發展，確實是有利的。反過來說，這種能夠積累更多物質財富及經濟發展較快的社會環境，又進一步吸引了閩粵沿海人民向臺灣的遷徙和墾拓。

臺灣南路的拓墾與客民社區的分佈

關於臺灣客家族群的拓墾歷史，學術界多認為曾經歷過四個時期，即：閩人開墾的第一期；閩粵民人併肩開墾的第二期；社番雇用客民墾荒閩人轉為營商建設市鎮的第三期；武裝移民開墾山區的第四期。有清一代，閩粵漢人在臺灣北路及前山與後山的拓墾，確實存在著各種不同形式的開發過程，然而並非都是按照四個時期發展，不能忽視因地而異的現象。有的地區是閩粵移民爭墾區，有的地區是漳、泉、粵三籍合墾區，有的地區是閩籍拓墾區，有的地區是客民拓墾區。官方文書所反映的南路鳳山縣境內荒埔的開發歷史是漳、泉、惠、潮各府移民爭墾的過程。康熙二十五年（1686）前後，廣東嘉應州人到鳳山下淡水左岸開墾，其後人口增多，拓墾區隨之擴大。鳳山縣埤仔頭庄也有嘉應州人前往開墾，譬如劉爾爵是嘉應州鎮平縣人，號訓伯，康熙四十六年（1707），他從原籍渡海來臺，住居鳳山縣埤仔頭庄，向施姓業戶墾田七甲。乾隆十六年（1751），施姓業戶把田業賣給縣民陳思敬，當時施姓的管事是柯廷第。雍正年間（1723-1735），劉爾爵之子劉俊升由鎮平縣原籍來臺幫耕，

其妻仍留在原籍，並未隨夫來臺長住。乾隆元年（1736），劉爾爵因年老回籍。乾隆七年（1742），劉爾爵卒於原籍鎮平。乾隆二十七年（1762）三月，劉俊升長子劉麟遊隨同他的叔父劉俊登、弟郎日輝從原籍鎮平縣領照過臺。劉麟遊在照票內的名字是劉日煌，劉麟遊這個名字是參加鄉試時取的，其弟郎日輝即監生劉鳳鳴。乾隆二十九年（1764）正月，劉俊升卒於埤仔頭庄。乾隆三十五年（1770）三月，郎日輝在鳳山縣請領往返兩岸印照，將其父劉俊升骸骨運回原籍鎮平縣。同年冬間，郎日輝從原籍鎮平縣渡海來臺。乾隆三十六年（1771）六月，郎日輝身故，葬於鳳山縣埤仔頭庄[9]。從劉爾爵父子等在鳳山縣境內的墾拓活動，可以說明粵籍客民墾拓臺灣南路的時間確實相當早。

闆粵移民渡海來臺之初，大都缺乏以血緣紐帶作為聚落組成的條件，通常是採取祖籍居地的關係，依附於來自相同祖籍同姓或異姓村落，同鄉的移民遷到同鄉所居住的地方，與同鄉的移民共同組成地緣聚落。各地緣聚落為了集資開墾，其依附式的地緣聚落又形成了既以地緣關係為紐帶，同時亦以經濟利益為紐帶，而轉化成合同式的地域聚落，閩粵或漳、泉、粵墾戶遂因共同的經濟利益而合資拓墾。據《鳳山縣采訪冊》的記載，下淡水山系有內支與外支之分，港東、港西二里內山，稱為內支，總名傀儡山，由北而東而南，綿亙一百二十餘里，勢若彎弓。極北為南雅仙山，為下淡水溪發源之所。自南雅仙山以上有山豬毛等山，沿傀儡山麓一帶

---

9 《明清史料》（臺北，中央研究院，民國 61 年 3 月），戊編，第 2 本，頁 12。乾隆三十七年十月初五日，吏部題本。

附近民居為外支[10]。巡視臺灣御史覺羅圖義等巡視臺灣南路時指出，山豬毛等處沿山居民約二百餘庄，俱與傀儡山生番逼近，設有隘寮六座[11]。福康安具摺時亦稱，山豬毛粵庄在東港上游，粵民一百餘庄，分為港東、港西兩里[12]。港東、港西兩里就是粵籍客民墾拓傀儡山、山豬毛等荒埔而建立的客家社區。

　　港東、港西兩里客民又有嘉應州客民與潮州客民之分，《鳳山縣采訪冊》按語中記載，「義民，率粵之鎮平、平遠、嘉應、大埔等州縣人，渡臺後寓縣下淡水港東、港西二里，列屋聚廛，另成村落[13]。」其中大埔等州縣屬於潮州府，鎮平、平遠等縣屬於嘉應州。在港東、港西兩里內，各設里正、里副，共四人，以應公差，通音譯，稽奸匪。《問俗錄》記載，「鳳山淡南粵人眾，閩人寡[14]。」鳳山縣下淡水港東、港西兩里，因為廣東嘉應州、潮州客民人數較多，所以形成了客民拓墾社區。例如萬巒、鹿寮、四塊厝等庄都是在港東里的客民拓墾聚落，其中萬巒、鹿寮等庄是嘉應州客民所建立的拓墾聚落，四塊厝等庄則是潮州客民所建立的拓墾聚落。提督藍元枚具摺時指出，「臺灣語音與廣東之潮州相同[15]。」與萬

10　《鳳山縣采訪冊》(南投，臺灣省文獻委員會，民國 82 年 6 月)，頁 34。

11　《宮中檔乾隆朝奏摺》，第 42 輯 (民國 74 年 10 月)，頁 64。乾隆四十三年二月初八日，巡視臺灣御史覺羅圖義奏摺。

12　《明清史料》，戊編，第 3 本，頁 287。乾隆五十三年三月二十一日，福康安奏摺。

13　《鳳山縣采訪冊》，頁 268。

14　陳盛韶著，劉卓英標點《問俗錄》(北京，書目文獻出版社，1983 年 12 月)，頁 138。

15　藍元枚著《欽定平定臺灣紀略》(臺北，國立故宮博物院，文淵閣四庫全書)，卷 4，頁 5。

蠻、鹿寮、四塊厝等庄毗連的佳左庄，則為漳、泉和廣東客家三籍移民交叉錯處的聚落。佳左庄的異籍村民固然不睦，即萬蠻庄的嘉應州客民與四塊厝的潮州客民，也是彼此不睦。

　　清初以來，閩粵內地漢人多由鳳山縣埤仔頭向南經東港、枋寮陸路赴琅嶠墾拓。閩浙總督英桂曾經指出，由枋寮經莿桐腳南行，可至風港，沿途山深菁密，僅闢一線，以通行人，兼有凶番潛伏。從風港至琅嶠的柴城，都是熟番社，並有閩粵民人，依山多粵人，山內為番人，擬請就閩粵番三籍之內，每籍選舉正副各二人，名曰隘首，壯丁各五十名，名曰隘丁，各就三籍所居之地，分設隘寮，逐段防護[16]。琅嶠即琅瑀，其靠近山地的移民，大都是粵籍客民，至於柴城、壠眉等處，逼近海岸，在乾隆年間，已由閩粵漢人拓墾居住[17]。《恒春縣志》有一段記載說道：

> 民居曰莊，番居曰社。有所謂客莊；客人者，皆粵人也。莊如西門外之保力、統埔、四重溪、內埔等及城內之客人街是。又有客番雜居者，如東門外之射麻里、文率、响林、八磘、太古公、萬里得、八姑角、牡丹灣、羅佛山等，南門外之大坂埒、潭仔、墾丁等莊是。其閩籍者，則不繫以客，亦不與番同處云[18]。

　　琅瑀地區的客民拓墾聚落，有粵籍客戶聚居的地緣聚落，也有客番雜居的混合聚落。至於閩人聚居的地緣聚落，既無粵籍客民混居，亦不與原住民同處。

16　《月摺檔》，同治八年七月初二日，閩浙總督英桂奏摺抄件。
17　《明清史料》，戊編，第 3 本，頁 271。乾隆五十三年二月初五日，福康安奏摺。
18　《恒春縣志》（南投，臺灣省文獻委員會，民國 82 年 6 月），頁9。

臺灣北路的拓墾與客民社區的分佈

羅漢門有內門、外門之分，原為大傑巔社地界，康熙四十二年（1703），臺灣縣和諸羅縣墾戶招募汀州籍移民開墾，耕種採樵。康熙末年，其墾地已遍及枋寮一帶[19]。彰化大甲地區大規模拓墾始自康熙中葉以後，閩籍移民林姓、張姓等由鹿仔港北上開墾，粵籍客民邱姓等人則率同鄉開墾九張犁、日南、鐵砧山腳、大安等處荒埔。張達京（1690-1773），他是廣東潮州府大埔縣人，康熙年間，他渡海來臺後，曾經在臺灣南路從事貿易，後來定居彰化大竹庄，娶番婦為妻。岸裡社接受招撫後，張達京以通番語，曉番情，而充當岸裡社通事。雍正年間，張達京以割地換水方式取得埔地所有權，並以張振萬為墾號，他以業主姿態將草埔分割成以甲為單位的地塊，分批招佃開墾。其中餘慶庄就是張達京利用雍正元年（1723）合約取得阿河巴草埔地權後所建立的租業之一。岸裡社草埔鹿場的水田化，反映漢人墾佃逐漸在岸裡社周圍生根落籍，形成番漢雜處的多元文化聚落[20]。從清初以來，由於族群的分佈特徵，粵籍客民形成番漢雜處的多元文化聚落，較閩籍移民更加普遍。

雍正年間（1723-1735），粵籍客民墾拓柳樹湳，漳州籍移民林姓等率領族人從大里杙南下向平埔族贌地開墾。其後因分類械鬥，粵籍客民聲勢較弱，於是遷入東勢。粵籍客民黃應岐於康熙末年來臺後，住居彰化地方，乾隆二年（1737），

19　陳金田譯《臺灣私法》（臺中，臺灣省文獻委員會，民國 79 年 6 月），卷 1，頁 41。

20　陳秋坤著《清代臺灣土著地權—官僚、漢佃與岸裡社人的土地變遷，1700-1895》（臺北，中央研究院近代史研究所，民國 83 年 12 月），頁 85。

黃應岐墾耕張振萬即張達京田業。乾隆十二年（1747），黃應岐之子黃元堼帶同其孫黃駟渡海來臺。乾隆十四年（1749），黃元堼將應分之業典當給其弟黃秀錫後回到原籍，黃駟則長住臺灣。吳子賢於康熙年間從原籍嘉應州隨同其父吳從周渡海來臺，在彰化平原墾耕官庄田五甲，年輸糧銀六兩，戶名吳啓漢，吳子賢正式入籍臺灣。乾隆年間（1736-1795），粵籍客民在岸裡社北庄等地，已經形成以嘉應州客民為主的墾拓社區，其後因閩粵分類械鬥頻仍，粵籍客民遷往銅鑼、大湖等地拓墾[21]。彰化牛罵頭庄原為閩粵錯處聚落，例如，居民蔡運世的原籍是福建晉江縣，紀春的原籍是福建同安縣，陳秀成、饒九如等人的原籍是廣東嘉應州。他們的原籍分隸福建、廣東，但都定居於牛罵頭庄，或耕種度日，或開張布店生理、因此，牛罵頭庄就是閩籍和粵籍移民雜處聚落[22]。林爽文起事以後，牛罵頭、北庄等庄的粵籍客民，因勢力單薄，遂轉往南坑庄、葫蘆墩、東勢角等地拓墾。嘉慶年間（1796-1820），又因閩粵分類械鬥，粵籍客民又有遷往貓裡等地開墾者，於是貓裏、嘉志閣、銅鑼灣等庄後來都成了粵籍客民拓墾社區。

　　現存《淡新檔案》，原稱《臺灣文書》，是清代同光年間臺灣淡水廳與新竹縣的官方檔案。其中含有同治十三年（1874）分淡水廳境內閩粵各庄人丁戶口清冊，有助於了解閩籍和粵籍移民各庄地緣村落的分佈及其人口數。為了便於說明，可根據原清冊將各庄的名稱、座落地點及人口數列出

21　《臺中縣鄉賢傳》(臺中，臺中縣立文化中心，民國 77 年 5 月)，頁 17。

22　《清代臺灣檔案史料全編（五）》(北京，學苑出版社，1999 年 7 月)，頁 902。乾隆五十二年二月初二日，常青奏摺錄副。

簡表如下。

同治十三年分淡水廳閩粵各庄分佈簡表

座落	閩籍村莊	粵籍村莊	錯處村莊	莊數	合計		備註
					閩籍	粵籍	
竹塹城	東門、西門、南門、北門			4	657戶 2523人		
東廂	東勢、下東店、大陂坪、牛路頭、蔴園堵、二十張犁、沙崙、六張犁、鹿場、番仔藔、隘口、五塊厝、頂下嵌、五股林、石壁潭、山豬湖、猴洞、橫山	柴梳山、九芎林、鹿藔坑、十股林	埔仔頂、白沙墩、八張犁	25	514戶 2365人	137戶 577人	
西廂	隙仔、南勢、牛埔、茇仔林、虎仔山、浸水、三塊厝、羊藔、香山、泔水港			10	286戶 1018人		
南廂	巡首埔、溪仔底			2	95戶 309人		
北廂	水田、湳仔、金門厝、舊社、蔴園、頂溪洲、新庄仔、白地粉、溪心壩、崁頂、鳳鼻尾、紅毛港、蠔殼港、笨仔港、鳳山崎	大溪墘、芝葩里		17	327戶 1314人	55戶 182人	
東北廂	新社、豆仔埔、大茅埔、烏樹林、婆老粉、楊梅壢	枋藔、新埔、五份埔、六股、石崗仔、鹽菜硼、三洽水、大湖口、崩坡、頭重溪		16	146戶 584人	223戶 1046人	
西北廂	崙仔、沙崙仔、樹林頭、苦苓腳、檳榔、油車港、船頭、南北汕、下溪洲、魚藔			10	255戶 1014人		

座落	閩籍村莊	粵籍村莊	錯處村莊	莊數	合計		備註
					閩籍	粵籍	
中港保	山藔、後厝、中港街、湖底、海口、上下山腳、嵌頂、塗牛口、二十份、隆恩、蘆竹湳、茄冬	斗換坪、三灣		14	337戶1252人	75戶278人	
後瓏保	山仔頂、後瓏街、海豐、芒花埔、高埔、南勢、打哪叭	嘉志閣、貓裡、蛤仔市、芎蕉灣、銅鑼灣		12	237戶874人	206戶803人	
苑裡保	北勢窩、竹仔林、塗城、槺榔、房裡	吞霄、苑裡、日北		8	153戶550人	101戶334人	
大甲保	大甲、馬鳴埔、中和、牛稠坑、月眉、營盤口、大安街、海垱厝、田心仔、蘊藔、水汴頭、番仔藔			12	351戶1321人		
桃澗保	中壢、赤崁、桃仔園、大湳、新興	龜崙口、安平鎮、員樹林仔		8	175戶706人	86戶362人	
海山保	風櫃店、潭底、樟樹窟、尖山、大姑崁、三角湧、橫溪、彭厝	柑園		9	272戶1121人	31戶159人	
擺接保	枋藔、員山仔、火燒庄、柏仔林	冷水坑		5	163戶552人	42戶166人	
大加蚋保	艋舺、三板橋、林口、錫口街、搭搭攸、奎府聚、大隆同			7	319戶1092人		
拳山保	秀朗社、木柵、萬順藔、楓林	大坪林、頭重溪		6	131戶409人	59戶216人	
石碇保	水返腳、康誥坑、五堵、暖暖、四腳亭、遠望坑			6	169戶534人		

座落	閩籍村莊	粵籍村莊	錯處村莊	莊數	合計		備註
					閩籍	粵籍	
興直保	陂角店、中塭、和尚州、武勝灣、三重埔、關渡、八里坌、島嶼藔、長道坑			9	285 戶 1019 人		
芝蘭保	劍潭、魚溝、芝蘭、大屯社、石門汛、金包裡、野柳、雞籠街、三貂、燦光藔、丹裡、獅毬嶺	毛少翁社、淇里岸、北投、嘎嘮別	雞北屯社、長潭堵	18	412 戶 1555 人	140 戶 576 人	
總計	152	37	5	194	5284 戶 20112 人	1155 戶 4699 人	

資料來源:《淡新檔案(三)》(臺北:國立臺灣大學,1995),頁 328-350。

　　由前列簡表可知《淡新檔案》戶籍清冊是按閩籍、粵籍村庄統計戶數和人數的。在淡水廳境內的閩、粵籍村庄,包括:竹塹城內四門,城外東廂、西廂、南廂、北廂、東北廂、西北廂、中港保、後壠保、苑裡保、大甲保、桃澗保、海山保、擺接保、大加蚋保、拳山保、石碇保、興直保、芝蘭保,所屬各庄共計一百九十四庄,其中閩籍村庄分佈各廂保境內,計一百五十二庄,約佔閩粵總庄數的 78%。粵籍客家村庄則分佈於東廂的柴梳山、九芎林、鹿寮坑、十股林;北廂的大溪墘、芝葩里;東北廂的枋藔、新埔、五份埔、六股、石崗仔、鹽菜硼人、三洽水、大湖口、崩坡、頭重溪;中港保的斗換坪、三灣;後壠保的嘉志閣、貓裡、蛤仔市、芎蕉灣、銅鑼灣;苑裡保的吞霄、苑裡、日北;桃澗保的龜崙口、安平鎮、員樹林仔;海山保的柑園;擺接保的洽水坑;拳山

保的大坪林、頭重溪；芝蘭保的毛少翁社、淇里岸、北投、嗄嘮別，合計三十七庄，約佔閩粵總庄數的 19%。粵籍和閩籍錯處雜居的村庄是東廂的埔仔頂、白沙墩、八張犁；芝蘭保的雞北屯社、長潭堵，計五庄，約佔閩粵總庄數的 3%。原清冊記載淡水廳各廂保閩粵籍村庄共 6,439 戶，計 24,811 人。其中閩籍戶數共 5,284 戶，約佔 82%；粵籍戶數共 1,155 戶，約佔 18%。閩籍人口數共 20,112 人，約佔 81%；粵籍人口數共 4,699 人，約佔 19%，無論戶數或人口數，粵籍客家庄都居於弱勢。《淡新檔案》現存清冊對同治末年淡水廳境內廣東客家庄的村落分佈，確實提供了重要的研究資料。

《淡新檔案（三）》中所載中港保，共計十四庄，其中斗換坪、三灣等庄是中港溪流域的粵籍客民社區。關於中港溪流域內山的墾拓資料，以 1904 年《清代臺灣大租調查書》、1905 年《新竹廳志》、1907 年伊能嘉矩《大日本地名辭書‧臺灣之部》所載較為詳盡。陳運棟撰〈中港溪流域內山之開拓〉一文，內容充實，論述深入[23]。潘英著《臺灣拓殖史及其族姓分布研究》一書對粵籍客民拓殖南庄、三灣、獅潭等地，也進行過研究[24]。國立故宮博物院現藏檔案中含有清朝福建總督巡撫奏報中港溪流域內山開發的部分資料。閩浙總督孫爾準等具摺指出：

> 淡水廳所屬竹塹六十餘里地名三灣，本係土牛界外，悉係荒埔，人跡罕至。近年來，聞有民人前往搭寮開

---

23 陳運棟撰〈中港溪流域內山之開拓〉，《苗栗內山開發之研究專輯—附廣泰成文物史話》（苗栗，苗栗縣立文化中心，民國 79 年5 月），頁 2。
24 潘英著《臺灣拓殖史及其族姓分布研究》（臺北，自立晚報社，民國 81 年 12 月），上冊，頁 241。

墾，其能曉番語者，交通生番，貿易漁利，並有入山
娶番女為妻，藉以占耕其地，巧取其財，俗名為之番
割。此等奸徒，往往散髮改裝，帶引生番，潛出劫奪，
被害者既畏生番兇悍，又慮番割報復，相率隱忍，不
敢告官[25]。

　　三灣地方，原在土牛界外，都是荒埔，因在內山，漢人
罕至。閩浙總督孫爾準原奏已指出，三灣地方，雖在土牛界
外，但距內山隘口尚隔溪水一道，地名頭道溪。漳汀龍道方
傳穟、署淡水同知李慎彝等人勘明頭道溪地方，兩山夾峙，
中隔溪水，河道甚寬，為生番出入路口。在頭道溪附近還有
大北埔等地方，主要也是粵籍客民拓墾的聚落。嘉慶十年
（1805），粵籍客民黃祈英來臺後，溯中港溪，進入斗換坪，
與生界原住民以物易物。原住民以內山鹿皮、藤條、木耳、
通草等物向黃祈英等人交換鹽、茶、煙、布等日用品，漸得
原住民的信任。黃祈英後來娶番婦，從番俗，改名黃斗乃，
他藉著原住民的保護，於嘉慶二十五年（1820）越過土牛界
限，進入三灣，開墾荒埔，其後又沿中港溪進入南庄開墾。
黃斗乃邀集同鄉林大蠻、張振發、黃武二、鄒阿土、徐阿來、
溫阿馨、徐潑賴、柯阿成、黃阿錢、傅阿相等人入山搭寮開
墾。道光五年（1825），黃斗乃所墾的耕地面積，已多達五甲。
三灣、大北埔、南庄等庄先後成了粵籍客民拓墾社區。其中
南庄聚落就是番漢雜處的聚落。黃斗乃等人通曉內山原住民
語言，娶原住民少女為妻，散髮改裝，與原住民共同生活，
溫阿馨等人所居住的番社，據官方文書的記載，稱為木谿呢

25　《外紀檔》（臺北，國立故宮博物院），道光六年十一月十三日，
　　閩浙總督孫爾準奏摺抄件。

社。這些散髮改裝的粵籍客民，雖然被稱為「番割」，但他們對原住民卻較富於包容性，地緣意識與族群意識，都較淡薄。他們在原住民與漢人或地方官之間，常常扮演了溝通者的重要角色。由於彰化閩籍張大滿、蔡細滿曾向淡水廳納餉領墾三灣、南庄一帶荒埔而為墾首，並帶領其族人定居土牛口，建立土牛庄，閩籍移民與粵籍移民既因開墾形成勢力，遂種下道光六年（1826）閩粵分類械鬥的禍根[26]。

　　閩浙總督孫爾準具摺時指出，三灣近山居民，生齒日繁，業經出資開墾成熟，倘若勒令遷移，轉恐失所，漳汀龍道方傳穟等人經過勘查後，也稟請在三灣地方築砌石墻為界，設立屯弁防守。因此，閩浙總督孫爾準奏請仿照嘉義縣阿里社之例，遴舉誠實安分能通番語之人充當正副通事，並令番中稍能曉事者，舉充正副土目，定期在隘口貿易。漳汀龍道方傳穟等人於立定界址後，即督率居民築砌石圍，並檄行臺灣鎮道在於熟番中遴撥健丁六十名作為老丁，另派屯弁一名駐守附近頭道溪的大北埔地方，以資防守。所有墾埔飭令地方官勘丈明白，酌科租穀，撥充屯丁口糧，藉資守衛。道光六年（1826）四月，閩粵分類械鬥發生後，黃斗乃因帶領三灣內山生界原住民出山助鬥被捕，他所開墾的耕地，則撥給屯弁耕種。《淡水廳志》記載，「三灣隘，民隘。在中港堡三灣內山，距城南稍偏東三十三里南港仔隘之北。道光六年，奏請派撥屯把總一員、屯兵六十名、番通事一名，防守中港、三灣、大北埔等隘[27]。」所載內容，與閩浙總督孫爾準原奏是

26　陳運棟編《頭份鎮志初稿》（苗栗，頭份鎮志編纂委員會，民國
　　68 年 7 月），頁 21。
27　《淡水廳志》（南投，臺灣省文獻委員會，民國 82 年 6 月），頁
　　47。

相吻合的。

　　《淡新檔案（三）》中所列竹塹城外東廂共計二十五庄，其中柴梳山、九芎林、鹿藔坑庄、十股林等庄為粵籍客民拓墾的聚落，埔仔頂、白沙墩、八張犁等庄為閩粵移民雜處聚落。東北廂共計十六庄，其中枋藔、新埔、五份埔、六股、石崗仔、鹽菜硼、三洽水、大湖口、崩坡、頭重溪等庄為粵籍客民聚落。現存檔案資料中也含有部分粵籍客民渡海來臺後依附於客家庄墾荒種地的資料，例如鄭家茂的原籍是廣東潮州，他渡海來臺後，住居九芎林庄，耕田為活，功名為例貢生。劉耀藜的原籍是廣東大埔縣，他渡海來臺後，住居九芎林庄，後來遷居鹽菜硼庄，功名為廩生。羅阿奎的原籍是廣東陸豐縣，他渡海來臺後，住居鹿藔坑庄，耕田為活。彭明蘭、彭殿華的原籍都是陸豐縣，他們渡海來臺後，都住在樹杞林庄，也是耕田為活。曾雲中的原籍是陸豐縣，他渡海來臺後，住居石壁潭庄，耕田為生。

　　金廣福是閩粵合股經營的墾號，乾隆二年（1737），廣東惠州人姜朝鳳渡海來臺後，在淡水廳紅毛港從事開墾。姜朝鳳身故後，其子姜勝捷、姜勝賢、姜勝略、姜勝智等遷居九芎林。乾隆末年，姜勝智與劉承豪合股開墾新竹下山至九芎林一帶。道光六年（1826），姜勝捷之孫姜秀鑾充當九芎林庄總理後，一面從商開張豐源號；一面從事土地開墾。道光十三年（1843），姜秀鑾加入南重埔地方的墾務，擔任設隘防番的工作。道光十四年（1844）冬，姜秀鑾出錢出力親率隘丁墾拓荒埔[28]，開墾耕地面積，與日俱增。《新竹縣采訪冊》記

28　吳學明著《金廣福墾隘與新竹東南山區的開發，1837-1895》（臺北，國立臺灣師範大學歷史研究所，民國75年2月），頁42。

載，據舉人許超英，貢生魏紹華等稟稱，道光十五年（1835）
間，墾南界外番山，有墾戶金廣福奉諭設隘堵禦兇番，自樹
杞林起至中港三灣，連絡七十餘里[29]。由此可知，道光年間，
金廣福的墾拓規模，已經極為可觀。

　　清朝政府領有臺灣後，將臺灣府隸屬於福建，使廣東籍
民人來臺，及進學名額受到限制。清代臺灣的文教措施及考
試制度的沿革，與臺灣的社會發展及行政區域的調整，關係
密切。清朝政府將臺灣納入版圖後，仍保存臺灣的郡縣制度，
設立臺灣府，隸屬於福建省，開科取士，實施和內地一致的
行政制度。明清時期的科舉考試，主要是童試、鄉試、會試、
殿試等等。童試分為三級：縣官考的叫做縣試，知府考的叫
做府試，將縣府考過的童生造冊由學政考試，叫做院試。院
試取中後入府學、縣學肄業，稱為進學，進了學的童生，成
為生員，有增生、附生、廩生等名目，統稱諸生，就是秀才，
社會上習稱相公。生員經過歲科預備考試後，始准參加三年
一科的鄉試，鄉試中式者，稱為舉人，社會上習稱老爺。舉
人入京參加會試，中式後稱為貢生。貢士參加皇帝主考的殿
試，中式者分為一二三甲，一甲三人，第一名為狀元，第二
名為榜眼，第三名為探花。二甲、三甲分別賜進士、同進士
出身。從清代傳統科舉考試，可以看到客家人在臺灣歷史舞
臺上所扮演的角色。

　　早期移墾臺灣的廣東客家族群，都十分重視子弟教育，
鼓勵子弟參加科舉考試。按照《學政全書》的規定，凡入籍
二十年以上，其祖先墳墓田宅，確有印冊可據者，方准考試。

29　《新竹縣采訪冊》（南投，臺灣省文獻委員會，民國 88 年 1 月），
　　卷 5，頁 265。

臺灣為新闢邊疆，多冒籍考試之人。雍正五年（1727）七月，
福建總督高其倬具摺指出，「查臺灣府縣各學所有生童學科二
試，歷來俱係臺灣道考試，往日因臺地新闢，讀書者少，多
係泉漳之人應試，進學之後，仍歸本處居住，應試之時，渡
海而往，試畢復回。」因日久弊生，所以高其倬具奏，「請嗣
後歲科兩試，應令道府各縣查明現住臺地有田有屋入籍既定
之人，方准與考，即就此內取進，其泉漳各處寄籍之人，一
概不許冒濫。」同年八月，經禮部議覆，以臺地昇平日久，
文風漸盛，應如所請，嗣後歲、科二試，飭令各地方官查明
現住臺地之人有田有屋入籍既定者取具里鄉結狀，方准應
考。雍正六年（1728），巡視臺灣兼理學政監察御史夏之芳為
防止內地冒籍應考，同時鼓勵邊遠地區的士子，具摺奏請於
鄉試年分，在福建內地八府之外，另立「臺」字號，酌量於
正額數內分中一、二名。入籍應考，另立字號，對閩籍士子，
確實產生鼓舞作用。但高其倬、夏之芳原奏內並未聲明閩粵
一體字樣，遂以閩籍為「臺」字號，廣東移民為客籍，客籍
士子遂未得以「臺」字號一體與考。

　　乾隆五年（1740）二月二十九日，巡視臺灣御史楊二酉
條奏，請准粵籍移民在臺考試，奏請敕諭福建省督撫飭令臺
灣府縣詳查粵民現居臺灣有田產家室編入戶口冊籍者，准其
另編字號，即附各縣廳應考，送學政彙試，取進數名，附入
臺灣府學管轄。臺灣府學廩增額數，或照內地府學之例，各
加二十名，或照州學之例，各加十名。原奏經禮部議覆，禮
部以粵民入籍臺郡，應先將現在居住臺郡例合考試者，確查
人數多寡，據實題明。閩浙總督德沛奉到部文後，即飭令臺
灣府移會臺灣道查報。攝理臺灣府事臺灣道副使劉良璧詳

稱，粵民流寓在臺年久入籍者，臺灣四縣，均有戶冊可稽，其父兄雖衹事耕耘，而子弟多有志誦讀，其俊秀子弟堪以應試者頗多。但溯其本源，究屬隔省流寓，以致遭到閩籍臺童攻揭。據四縣冊報考驗過實在粵童，堪以應試者，通共七百十一名。其中臺灣縣考送粵童，計一百一十七名；鳳山縣考送粵童，計四百四十四名；諸羅縣考送粵童，計五十三名；彰化縣考送粵童，計九十八名。閩浙總督德沛據報後即於乾隆六年（1741）疏請粵童另編「新」字號應試，四縣通校，共取進八名。其鄉試暫附閩省生員內一體鄉試，俟數科後滿百名，始另編字號，取中一名，經禮部議准。

乾隆三十二年（1767）十二月，臺灣府舉行科舉考試，廣東客家生童劉麟遊、馮徽烈、伍逢捷、吳明、黃駟、梁謨、賴濟、謝榮等人前往臺灣道考棚應試，均因成績優異取進生員，撥入府學。他們的父祖來臺時間都相當早，其中劉麟遊的原籍是嘉應州鎮平縣。其祖父劉爾爵於康熙年間就來臺灣，住在鳳山縣埤子頭庄，租地墾田。黃駟的祖父黃應岐也在康熙年間來臺，住居彰化縣地方，墾耕田業。吳明的祖父吳從周、父親吳啓漢於康熙年間渡臺來彰化縣墾耕官庄田五甲，年輸糧銀六兩。乾隆十二年（1747），黃駟隨父黃元塋來臺。乾隆二十七年（1762），劉麟遊隨同叔父劉俊登等向鎮平縣衙門領照來臺。乾隆三十三年（1768）八月，馮徽烈領照前往福建省城參加秋闈鄉試，順便返回廣東原籍。劉麟遊等人取進生員後被官府指為冒籍應試，經官府提訊，錄有供詞。據劉麟遊供稱：

> 生員今年三十五歲，原籍嘉應州鎮平縣人。康熙四十
> 六年，祖父爾爵，號訓伯，就過臺灣，住在鳳山縣埤

仔頭莊，向施姓業戶墾田七甲零。乾隆十六年間，施
姓把業賣與陳思敬了，有業戶歷年給過租單，及管事
柯廷第可查問的。雍正年間，父親俊升也來臺幫耕。
乾隆元年，祖父因年老回籍，到七年死了。父親是二
十九年正月內死在臺灣。三十五年三月內，是弟郎日
輝即監生鳳鳴在鳳山縣請領往回印照，搬運骸骨回
籍，冬間來臺，上年六月死在鳳山，現葬埤仔莊的。
生員母親陳氏，娶妻曾氏，生一個兒子，名叫文堂，
都在內地。生員是二十七年三月同叔父俊登、弟郎日
輝在鎮平縣領照過臺，照內名字日煌，這劉麟遊名字，
是考時取的。生員雖是二十七年來臺，家眷現在內地，
與例稍有不符。但祖父置有產業，已經年久，並不是
偷渡冒籍，是以保生劉朝東纔肯保結的。總是粵人在
臺應試，原是客籍，但要有產業，就算有根底入籍的
了，大家都許考試，從不攻擊，所以里管族鄰都肯出
結，就是地方官也無從查察的。這劉朝東是和生員同
族，沒有送過他分文謝禮，實在並無賄囑。

前引供詞中已指出，粵人在臺灣應試，原是客籍，但只
要有產業，就算有根底入籍的，經保生或里管族鄰保結後，
即可應試。替劉麟遊保結的保生劉朝東也是嘉應州鎮平縣
人，劉麟遊等人曾向鎮平縣知縣衙門領照過臺，並非偷渡冒
籍。生員吳明的祖父吳從周、父親吳啓漢從康熙年間來臺後，
已經入籍臺地。吳明自己也是在臺灣生長，墳墓家族產業，
都在臺灣，並非冒籍應試。

道光八年（1828），閩浙總督孫爾準、福建巡撫韓克均以
臺灣府人文日盛，奏請加設粵籍舉額，並增加廳縣學額，以

廣文教。原奏指出，臺灣府粵籍生員計一百二十三名，已遠遠超過百名之數，與乾隆六年（1741）部議粵籍生員人數滿百即請取中舉人一名的規定相符，孫爾準、韓克均奏請加設粵籍舉額是遵奉原議辦理。經禮部議准於臺灣閩籍中額三名之外，另編「田」字號，加設粵籍中額一名，使閩籍和粵籍，各有定額。除了文闈鄉試外，還有武闈鄉試。臺灣武生參加武闈鄉試，原歸通省內地士子一併考校取中，未經另編字號，咸豐年間，為了避免與內地武生互相混淆，閩浙總督慶端奏請將臺灣閩籍武生仿照文闈之例，另編「至」字號，以憑稽查，至於粵籍武生則仍照舊章歸於廣東通省內地各武生一體考取。

　　光緒十一年（1885）九月初五日，臺灣奉旨建省，以劉銘傳補授首任福建臺灣巡撫，兼管學政。劉銘傳依照臺灣行政區劃的調整，分別議定新設府縣文武學額。劉銘傳奏摺附呈〈臺灣省各府縣學添設增改文武生童及廩增名額出貢年限清單〉，清單中詳列臺灣各府縣學文武生童等名額，可據清單列出簡表如下：

福建臺灣省各府縣學文武生童廩增名額簡表

府縣學		臺灣府學	臺灣縣學	彰化縣學	雲林縣學	苗栗縣學	臺南府學	安平縣學	鳳山縣學	嘉義縣學	臺北府學	淡水縣學	新竹縣學	宜蘭縣學	總名額
文童進額	閩籍	20	15	15	12	4	15	17	17	17	13	6	6	6	163
	粵籍	9					6				6				21
武童進額	閩籍	12	10	9	4	2	16	14	14	14	7	4	4	4	114
	粵籍	4					2				3				9
廩生名額	閩籍	30	15	15	10	5	30	15	15	15	20	15	10	10	205
	粵籍	4					4				4				12
增生名額	閩籍	30	15	15	10	5	30	15	15	15	20	15	10	10	205
	粵籍	4					4				4				12

資料來源：《月摺檔》（臺北：國立故宮博物院），光緒十六年三月十七日，學額清單。

　　前列簡表未含加廣名額。表中所列臺灣建省後三府十縣
文童進額，閩籍計一百六十三名，粵籍計二十一名，合計共
一百八十四名，閩籍約佔文童總進額 89%，粵籍約佔 11%。
武童進額，閩籍計一百一十四名，粵籍計九名，合計共一百
二十三名，閩籍約佔總進額 93%，粵籍約佔 7%。廩生、增生
名額，閩籍各二百零五名，粵籍各十二名，合計各二百一十
七名，閩籍約各佔 94%，粵籍約各佔 6%。不論文童武童進額
或廩生、增生名額，粵籍名額所佔比值都很低，相差懸殊。

　　乾隆末年，八里坌海口的正式開港，同光年間，滬尾港
的對外開放通商，促進北臺灣的繁榮，渡海來臺，墾拓北臺
灣的粵籍客民，遂與日俱增，客家移民聚落，也散佈於臺北
各保。根據同治十三年（1874）淡水廳編查的保庄資料，有
助於了解當時客民聚落的分佈概況。例如海山保九庄之中，
柑園庄，就是粵籍客民的拓墾聚落。擺接保共計五庄，其中
洽水坑庄就是粵籍客民的拓墾聚落。拳山保共計六庄，其中
大坪林、頭重溪等庄為客民聚落。芝蘭保共計十八庄，其中
毛少翁社，淇里岸、北投、嘎嘮別等庄為客民聚落，至於雞
北屯社、長潭堵庄則為閩粵移民錯處聚落。

　　噶瑪蘭又作蛤仔欄或蛤仔蘭，乾隆中葉繪製的《臺灣地
圖》標明，「哈仔蘭內有二十六社，漢人貿易，由社船南入，
北風起則回。」哈仔欄雖然隸屬於淡水廳，但因山嶺阻隔，
交通不便，所以開發較晚。康熙末年以來，雖然已有內地漢
人從海路進入蛤仔欄，惟其正式的開墾，則始自漳州籍移民
吳沙。乾隆末年，吳沙住居三貂，與哈仔欄原住民進行交易，
見哈仔欄一片荒埔，原住民不諳耕作，於是招致漳、泉、粵
移民進入蛤仔欄，開墾荒埔，每人給米各一斗，斧各一把。

他們披荊斬棘，漸成阡陌。嘉慶元年（1796）九月，吳沙至
烏西港築土圍，作為據點，稱為頭圍，廣招漳、泉、粵三籍
漢人前往開墾，頭圍就是三籍合墾社區[30]。嘉慶三年（1798），
吳沙領有招墾文單，官給吳春郁義首戳，於是漳、泉、粵三
籍漢人陸續進入西勢、東勢、羅東等處墾荒，所墾地段，各
作五股，分給三籍漢人，漳籍得其三，泉籍、粵籍，各得其
一[31]。福州將軍賽沖阿於嘉慶十三年（1808）曾飭令臺灣府知
府楊廷理馳赴蛤仔欄查明居民開墾情形，據楊廷理稟稱：

> 該處南北狹長一百五、六十里，東西寬一、二十里至
> 二、三十里不等，中有濁水溪一道，溪北為西勢，有
> 土圍五所，零星民庄，共二十三處，與番社錯處，男
> 女丁口約有二萬餘人，開墾田畝八百餘甲。溪南為東
> 勢，近溪間有民居，其餘均係生番，僅墾田二百餘甲，
> 並無民庄，惟岸裡社熟番在羅東地方開墾。其蘇澳又
> 在羅東之南，中隔番社[32]。

福州將軍賽沖阿原奏也指出蛤仔欄居民，漳人最多，泉
人次之，粵省人較少，因此奏請設立總董，漳州庄內選充八
人，泉州內選充六人，粵庄內選充二人，其一切地方命盜案
件，均令總董報知淡水同知衙門。同年十二月初二日，少詹
事梁上國奏請將蛤仔欄收入版圖。其原奏指出，蛤仔欄地方，
田土平曠豐饒，每為洋盜所覬覦，蔡牽、朱濆曾欲佔耕其地，
後俱為官兵所擊退，若收入版圖不特可絕洋盜窺伺之端，且

30　《臺灣私法》，第 1 卷，頁 45。
31　《清代臺灣大租調查書（上）》（南投，臺灣省文獻委員會，民國
　　83 年 7 月），頁 37。
32　《明清史料》，戊編，第 6 本，頁 548。嘉慶十三年四月十三日，
　　戶部為內閣抄出福州將軍賽沖阿等移會。

可獲海疆之利[33]。嘉慶十五年（1810），淡水廳割遠望坑迤北而東至蘇澳止，計地一百三十里，增設噶瑪蘭通判。閩浙總督方維甸查明噶瑪蘭田土膏腴，米價較賤，流寓日多。檢查戶口，漳人計四萬二千五百餘丁，泉人計二百五十餘丁，粵籍客民計一百四十餘丁[34]。漳州籍移民約佔百分之九十，泉州、客民約各佔百分之十。噶瑪蘭的拓墾，雖然是屬於漳、泉、粵三籍民拓墾地區，但漳州籍移民卻佔絕對優勢的主導地位。從蘇澳、大南澳以至岐萊、新城，其中路以璞石閣、水尾為適中之地，北可控制岐萊、秀姑巒，南可聯絡卑南，地方平坦，適宜種植水稻、蔗糖、油桐、茶、棉等作物。據督辦福建船政候補三品京堂吳贊誠指出，「璞石閣亦有民庄，係粵閩雜居，而番眾民單，勢難相抗[35]。」同光年間，後山已有閩粵移民拓墾社區，其中璞石閣就是閩粵雜居的一個聚落。

臺灣客民社區意識的社會作用

移民、開發、定居的過程，雖然都是臺灣拓墾社會的共同經驗，土地的開發權和擁有權，也是逐漸形成的，但是如何通過內聚力，而逐漸地域化，得到定居權，也是值得重視的問題。清初以來，臺灣拓墾社會的地域宗族，是以地緣關係為紐帶，同時也以經濟利益為紐帶，在地域宗族內部存在著共同的利益和共同的文化傳統，在認同和自我意識方向，具有共同感。臺灣粵籍客民中為了開墾荒埔而組成的蒸嘗，就是臺灣拓墾社會裡的地域宗族。蒸嘗，又作烝嘗，原指秋冬二祭，冬祭叫做蒸，秋祭叫做嘗，後來泛指一般祭祀。在

33　《清宮諭旨檔臺灣史料（四）》（臺北，國立故宮博物院，民國86
　　年10月），頁2860。
34　《清宮諭旨檔臺灣史料（四）》，頁3047。
35　《月摺檔》，光緒三年七月二十八日，吳贊誠奏摺抄件。

臺灣早期拓墾社會的蒸嘗，原來是共同出資以購買祭田，作為祖宗血食的地域宗族。在早期渡臺先民的心目中，除了尊祖敬宗之外，還有共同投資，守望相助的目的。

《頭份鎮志初稿》將蒸嘗的由來歸納為四個原因：第一，官毫無資助，乃民自行設法；第二，披荊斬棘，鑿陂開圳，須通力合作，而乃舉目無親，又缺乏資力；第三，因爭取墾地而與土著民族及異籍漢人引起爭端，須合力攻防；第四，遠適新闢之地，水土不服，而缺乏家庭親情的慰藉。由於前述四個原因，所以由同血緣擴大及於非同血緣而同姓的蒸嘗，便應運而生，直視同姓為同宗，所有族祠，凡同姓的都參與[36]。重修《臺灣縣志》記載，「臺鮮聚族，鳩舍建祠宇，凡同姓者皆與，不必其同支共派也[37]。」同姓不必以血緣為紐帶，就是一種地域宗族。《噶瑪蘭廳志》記載「蘭中鮮聚族，間有之，尚無家廟祠宇。故凡同姓者，呼之曰叔姪，曰親人，不必其同支而共派也。其中必推一齒高者為族長。遇內外事，辨是非，爭曲直，端取決於家長。而其人亦居之不疑，一若我言維服，勿以為笑也[38]。」同姓以地緣為紐帶，不必同支共派，早期臺灣客民拓墾社會裡的地域宗族，就是以共同利益和地緣等因素相互作用維護凝聚起來的，這種地域宗族是屬於一種鄉族組織的社會共同體，它可以反映清代臺灣客家族群拓墾社區的組織特徵。

在拓墾社區裡，由於聚落的形成，戶口日增，其拓墾業

---

36 《頭份鎮志初稿》，頁7。
37 重修《臺灣縣志》（南投，臺灣省文獻委員會，民國82年6月），下冊，頁401。
38 《噶瑪蘭廳志》（南投，臺灣省文獻委員會，民國82年6月），頁191。

務及社區治安，日益繁重，於是有總理及幫辦等人員的設立，由墾戶或族長充當。例如淡水廳大隘、北埔等庄，因地方遼闊，向來各庄大小公務，原由大隘南興庄總墾戶金廣福即職員姜紹基兼理，且設有何、黎、邱等總理，互為幫辦，何、黎、邱等身故後，由墾戶周懋祥經辦，周懋祥身故後，因懇務繁重，乏人承辦，大隘、北埔等庄紳耆舖戶等向姜紹基商議推舉原籍廣東大埔縣的何廷輝為大隘、北埔等庄總理[39]。

新埔街在竹北二保，是粵籍村庄，同光年間，新埔街已是地廣民稠，由廣東陸豐縣范輝光充當總理，但因他年老，由其子范文華充當族長，並接任總理。據范文華稟稱：

> 年四十二歲，原籍陸豐縣，住竹北二保新埔街，小生意為活，有父母妻子。因小的之父范輝光充當新埔街庄總理，數十年無異，現已老邁不力，是以該地街庄紳耆舖戶等議舉小的接充，赴案僉稟，蒙准驗充在案。今蒙提驗准充，候給諭戳奉公，如有大小事務，自當小心勸化，不敢懈忽[40]。

由引文內容可知拓墾社區各庄的總理，是經由官戶認可給戳的。總理的主要業務為：「如遇街庄大小事故，務須出為排解息事，毋許庄民聚賭滋端，倘有盜警，尤宜督率庄丁協力圍拏，並於衝要處所，曉夜梭巡，毋使盜賊逗遛境內，其有命案重情，並當據實稟報[41]。」總理在拓墾社區裡扮演了重要的角色。

中港溪流域頭份等庄，主要是廣東嘉應州等粵籍客民拓

39　《淡新檔案（三）》，頁222。
40　《淡新檔案（三）》，頁182。
41　《淡新檔案（三）》，頁182。

墾形成的聚落，同治年間，頭份庄總理黃玉堂六十餘歲，因年邁欲回原籍，經公議推舉監生謝煥光接充總理，據謝煥光稟稱：

> 年四十八歲，原籍嘉應州，在臺生長，父在母故，兄弟二人，小的居長，有妻子，住頭份街，生理度活。那頭份街離內山二十餘里，總理黃玉堂，六十餘歲，辦事公平，小的平時亦是與他幫辦該地公事，已經熟悉。今蒙提訊驗充該處總理，自當小心奉公，不敢有誤[42]。

謝煥光是嘉應州人，他接充頭份街總理，辦理地方公事。竹北一保六張犁等庄屬閩籍聚落，與粵庄九芎林等庄毗連。同治六年（1867）正月，粵籍墾戶劉維翰即劉子謙與閩籍保正劉清雲等具稟推舉劉維蘭充當六張犁和九芎林兩庄閩粵總理，其原稟略謂：

> 緣城東之六張犁等庄，盡屬閩人，居住與粵庄九芎林等處毗連，凡庄民雀角細故，係雲出為排解，奈人煙稠密，事務繁冗，一人難以支齊，前有總理陳道協幫，經已病故年久，在地遴選無人接充。但九芎林總理劉維蘭自蒙前憲充當多年，公事熟悉，尚屬勤勞。倘遇庄中大小事務往投，無分晝夜，克盡斯職，辦理妥善，庄民悅服，眾所歆美。第六張犁等處渠城咫尺，兼是閩粵交界，非能事者難勝斯任。設使歸與粵籍總理幫辦，更令閩粵和睦，庶幾無虞，豈不兩全其美，似可仰邀憲恩，准劉維蘭充歸閩粵總理，換給諭戳，專責奉公，不准〔惟〕地方有靠，即公事免致貽誤。茲雲

等欲和睦閩粵之心起見，勢得聯名加結僉叩，伏乞大
老爺首重地方，俯以所請，恩准劉維蘭充當六張犁、
九芎林等庄閩粵總理，換給諭戳，以專責成，人地均
沾[43]。

　　充當總理，由官府換給戳記。由引文內容可知劉維蘭是
九芎林庄總理，六張犁與九芎林閩粵接界，為使閩粵移民和
睦相處，竹北一保閩保正劉清雲等稟請由九芎林庄總理劉維
蘭充當六張犁、九芎林等庄閩粵總理，確實有助於族群的融
合。

　　客家義民是客家社區的英雄人物，義民爺的祭祀，與血
緣無關，義民爺是為社區犧牲的英雄，義民爺的崇拜，與客
民社區意識的作用有著很密切的關係。在民變期間，義民的
活躍，是客民社區的普遍現象，義民組織就是抑制民變的一
股重要力量。投充義民，必須身強力壯，要有力氣，才能報
名，領取腰牌[44]。康熙六十年（1721），朱一貴起事以後，客
民社區的義民為了守望相助，保境安民，奮勇抵抗朱一貴勢
力。閩浙總督覺羅滿保具摺時指出，鳳山下淡水義民，分為
十三大庄，六十四小庄，共一萬二千餘名，分設七營，排列
淡水河岸，又以八庄倉穀，遣劉懷道等帶領鄉庄社番固守，
義民首官府給予委牌，並頒給懷忠里匾額，以旌其里民。又
在懷忠里適中地點建蓋忠義亭一所。是年六月，朱一貴遣劉
育從西港口潛渡新園，進攻客家庄萬丹，義民三面合攻，大
敗劉育，義民首涂文煊等一百餘人陣亡，覺羅滿保肯定了義

43　《淡新檔案（三）》，頁 118。
44　《天地會（三）》（北京，中國第一歷史檔案館，1980 年 11 月），
　　頁 6。

民的正面社會功能[45]。由於義民自保意識的強烈，而產生強烈的排他性，使朱一貴不能越雷池一步。義民保境安民的精神，形成了社區意識，雖然義民也幫同官兵打仗，但是，義民的分類意識，遠比國家意識更加濃厚。雍正十年（1732），鳳山縣吳福生等起事以後，沿途招人入夥，焚搶庄社，外委千總徐學聖等先後陣亡。當官兵在牛相觸地方駐守時，有懷忠里義民千餘人執「大清」旗號前來相助，殺退吳福生夥黨。吳福生夥黨於鳳彈汛埤頭山中林內四處豎立「大明」字樣的旗幟[46]。「大清」與「大明」旗號表明各陣營的政治立場。懷忠里義民李炳鳳等數百人從山豬毛上淡水等處趕來相助，隨同官兵追入，吳福生夥黨敗退。由於客民社區意識的濃厚，義民設堆抵抗，以及義民隨同官兵作戰，使朱一貴、吳福生等終於先後兵敗被捕。

乾隆末年，林爽文、莊大田領導天地會起事之後，臺灣南北兩路陷於動亂，地方不靖，會黨焚掠各庄社，於是遭到義民強烈的反制。山豬毛港東、港西兩里客家義民齊集忠義亭，供奉萬歲牌，同心抵抗，挑選丁壯八千餘名，分為中左右前後及前敵六堆，按照田畝公捐糧餉，由舉人曾中立總理其事。每堆每庄，各設總理事、副理事，分管義民，督剿會黨。莊大田曾差遣黨羽涂達元、張載柏執旗到港東、港西客民社區招引客民加入天地會，但港東、港西兩里客民誓不附和，並擒殺涂達元等人。《新竹縣采訪冊》記載，「昔日乾隆五十一年林逆爽文之亂，糾集義民助官滅賊，死傷甚眾。今

---

45 《清代臺灣檔案史料全編（四）》（北京，學苑出版社，1999 年 7 月），頁 743。

46 《宮中檔雍正朝奏摺》，第 19 輯（民國 68 年 5 月），頁 610。雍正十年四月初八日，巡視臺灣監察御史覺羅栢修奏摺。

各堡祠廟所稱義民亭者,蓋祀當時殉難義民云[47]。」殉難義民,就是為社區犧牲的英雄,義民為保境安民而慷慨赴義的精神,對客民社區起了正面的作用。

清朝官方文書中的臺灣客家族群

有清一代,閩粵督撫等官員,對臺灣各族群的評論,不盡客觀。各種文獻典籍的記載,則往往因作者的成見,而頗多爭議。

《臺灣采訪錄》記載,「每叛亂,多屬閩人,粵人每據上游,藉義肆毒生靈,甚於叛賊[48]。」粵籍客民肆毒生靈的指控,與歷史事實不合,在現存官方文書中類似的評論,實屬罕見。《臺海使槎錄》一書記載,「朱一貴為亂,始事謀自南路,粵庄中繼。我師破入安平,甫渡府治,南路粵庄則率眾先迎,稱為義民。粵庄在臺,能為功首,亦為罪魁[49]。」粵庄客民有加入會黨者,兄弟會或同年會是貓裏客民所倡立的會黨,閩粵分類械鬥,粵籍客民的分類意識極為濃厚。然而族群的矛盾,民變或分類械鬥所造成的社會侵蝕或社會成本的損失,各族群都不能辭其咎。所謂粵庄義民「亦為罪魁」、「甚於叛賊」云云,確實言過其實,離差極大。其實,官府用義民助剿是不得已而用之的權宜措施。閩浙總督孫爾準具摺時,曾將閩粵兩籍移民進行比較,節錄內容一段如下:

> 臺灣土著之民,皆閩粵兩籍寄居,粵則惠、潮兩府,
> 嘉應一州;閩則漳、泉、汀三府,汀人附粵而不附閩。

47　《新竹縣采訪冊》,卷7,頁384。

48　《臺灣采訪錄》(南投,臺灣省文獻委員會,民國82年6月),頁38。

49　黃叔璥著《臺海使槎錄》(南投,臺灣省文獻委員會,民國85年9月),頁92。

粵人性直而知畏法，為盜者頗少，惠、潮兩處之人聯
為一起，嘉應則好訟多事，與惠、潮時合時分。閩人
既與粵人不睦，而漳人與泉人又互相仇隙。其有身家
而良善者，質直好義，類多守法，而單身游手俗稱羅
漢腳者，實繁有徒，每多流為盜賊，無所不為[50]。

封疆大吏心目中的臺灣客民類多質直守法。閩浙總督崔
應階具摺時也有評論，他說：

臺灣一郡，除番子之外，絕無土著之民，俱係外來流
寓，內閩人約數十萬，粵人約十餘萬。熟番統計百十
社，不及萬丁，伊等極其馴良，奉公維謹，偶有差遣，
亦皆不辭勞苦，勇往向前，設臺地盡係熟番，竟可無
為而治。粵民多屬耕種為活，但貪得好勝，衛護同鄉，
眾心齊一，間有並無恒產游手好閒者，亦十居二、三，
既無恒業，易致為匪。至於在臺閩民，多半好勇鬥狠，
聚散無常，惟利是務，恩不可結，法不可威，所謂狼
子野心，最難約束[51]。

在臺閩人「惟利是務」、「好勇鬥狠」。在臺客民「貪得好
勝」，其實都是貪地寬可以拓墾。所謂客民「衛護同鄉，眾心
齊一」，就是客民團結合作的精神表現。福建巡撫潘思榘具摺
時亦論及臺灣的族群，原奏略謂：

該地流寓多，而土著少，流寓之人，俱係粵東惠、潮，
閩省漳、泉等府人氏。惠、潮之人，列庄而居，戶多

50　《外紀檔》，道光六年十一月十四日，閩浙總督孫爾準奏摺抄
件。

51　《軍機處檔・月摺包》（臺北，國立故宮博物院），第 2771 箱，
71 包，10889 號。乾隆三十四年九月二十四日，閩浙總督崔應階
奏摺錄副。

殷實，不致流於匪僻；漳、泉之人，窮窘而散處，或
代人傭作，或佃人地畝，或搭蓋寮廠，養鴨取魚以資
生，甚至覬覦生番田土，侵墾番界，大抵不肖生事之
輩，多出於漳、泉。其土著熟番，素為安分[52]。

福建巡撫潘思榘對臺灣客民褒多於貶，他指出客民列庄
而居，不致流於匪僻，但是，侵墾番界，是閩粵移民的共同
現象。閩粵移民侵墾番界，抽藤弔鹿，以致番漢衝突案件，
層出不窮。番漢衝突以外，閩粵移民亦因墾戶或開墾集團對
於社會資源的爭奪，或爭墾荒埔而引發分類械鬥，又往往因
分類械鬥而釀成民變。由於臺灣族群的尖銳對立，福康安等
人乃有遷村的想法，節錄原奏一段內容如下：

查臺灣地方，本無土著，以全郡而論，漳、泉、廣東
三處民人，居其大半。而福州、汀州、興化等府民人，
寄籍者亦多。除郡城、縣城及港口鎮集各處，俱為五
方雜處之區，其餘村庄，原係自分籍貫，各為一庄居
住。惟因閩庄，粵庄彼此交錯，田業毗連，遂有構釁
相爭之事。如能將漳、泉、廣東村庄，酌為遷徙，各
分界址，使其相離較遠，固可以稍杜爭端，但南北兩
路，地方寬廣，處處清釐，盧舍田產皆須互相易換，
房間之多寡，田畝之腴瘠，即難適得其平。而派往查
辦各員，又不能不假手胥吏，辦理稍有未妥，轉恐紛
爭滋事。若令義民仍守世業，查明與賊匪同庄之人，
即行遷徙，又屬難於區別。蓋臺灣鬥狠成風，又因賊
匪蔓延日久，愚民畏其凶橫，心懷兩端。雖漳民中未

52 《宮中檔雍正朝奏摺》，第 1 輯（民國 71 年 5 月），頁 21。乾
隆十四年三月十二日，福建巡撫潘思榘奏摺。

嘗無向義之人，而泉州、廣東各庄，附賊者亦復不少。
除山豬毛、簫壠、學稼等處，始終通庄拒賊外，其餘
一庄之中，或充義民，或為賊黨，至有父兄現係義民，
子弟復去而從賊，奸良相離，實屬不齊。即如諸羅受
困時，賊匪內間有潛賣糧食接濟城中之人，而義民被
賊裹去者，又復中道從賊。此等情形，可為明證。現
在被脅投出之人，俱已幸獲更生，歸庄安業，倘於民
心甫定之後，復行紛紛查辦，概令離析，勢有所難。
詳察情形，漳、泉、廣東民人，各分氣類，固屬風俗
不純，而閩粵各庄，彼此鄰近，即偶有為匪之事，不
能合成一氣，轉可互相舉首[53]。

　　漳、泉、廣東地緣聚落，或彼此鄰近，或互相交錯，按
照籍貫，各為一庄居住，使村鄰相離較遠，以避免分類械鬥。
但因遷村轉致紛爭滋事，並不可行，只得順其自然，而且，
閩粵各庄彼此鄰近，可以互相監視，不能合成一氣，倘若有
為匪之事，可互相舉首，福康安等人的措施，足以反映清朝
政府治臺政策的防範心態。朱一貴、林爽文起事後，鳳山縣
山豬毛港東、港西各粵庄雖然始終通庄團結一致，共同抵抗
外力入侵，但嘉應州與潮州各籍聚落，並不和睦，以致釀成
械鬥案件。乾隆年間，長住港東四塊厝庄的陳阿滿、陳阿約
兄弟，族人陳阿國、陳朝陽及素好的吳阿崙等人的原籍都是
廣東潮州，長住萬蠻庄的馮阿隴、謝輝俊牽牛三隻，同萬蠻
庄婦女張顏氏、曾林氏、李林氏、林羅氏等人在四塊厝庄外
荒埔樵牧，四塊厝庄潮州人陳阿滿見馮阿隴等人少，起意糾

53　《清代臺灣檔案史料全編（八）》，頁 1640，乾隆五十三年正月
　　初九日，據福康安等奏。

搶牛隻，即與弟陳阿約，族人陳阿國等十八人，分執刀棍，趕至庄外荒埔，搶奪牛物，並將年少婦女張顏氏等四人擄回四塊厝庄輪姦，張顏氏等本夫約同鄰右往討人牛，互相鬥毆，張顏氏之夫張阿二傷斃潮州人呂添贊，放火焚燒草屋，救回張顏氏等人。陳阿滿、陳阿國等心懷氣憤，糾眾往攻萬蠻、鹿寮等庄報復，萬蠻、鹿寮等庄各自加強防禦。與萬蠻等庄毗連的佳左庄漳、泉、粵三籍移民見嘉、潮二庄挾嫌鬥毆，於是商同嘉應州人宋阿二等人糾眾前往佳左庄放火搶奪，終於擴大成為潮州與嘉應州客民的激烈械鬥[54]。由此可知閩籍與粵籍移民的族群衝突案件，固然屢見不鮮，即使漳、泉分類械鬥案件，也是層出不窮，此外，同屬粵籍的嘉應州與潮州客民，彼此也有矛盾。

　　人口流動是一種社會現象，人口流動的結果，可以改變人口的分佈狀況，影響社會發展。人口學研究的人口流動，主要是指由居住地點向外遷移而產生的流動現象。有清一代，人口的流動，主要是人口因壓力差而產生流動的規律。已開發人口密集地區，形成了人口高壓地區，開發中地曠人稀地區，則形成人口低壓地區，於是人口大量從高壓地區快速流向低壓地區。明末清初，一方面由於政權交替、社會動盪，一方面由於閩粵沿海州縣人口壓迫問題的日趨嚴重，生齒日繁，人多米貴，愈來愈多的農村人口因為生計艱難而成為流動人口。其流動方向，除移殖南洋等國外移民外，主要是由閩粵沿海流向一衣帶水的臺灣，對臺灣的社會發展，產生相當大的影響。

54　《外紀檔》，嘉慶二十四年十一月十九日，福建臺灣鎮總兵官武隆阿奏摺抄件。

　　閩粵流動人口渡海來臺後，篳路藍縷，墾殖荒陬，經過先民的慘澹經營，使臺灣荒地日闢，社會經濟日趨繁榮，臺灣遂提供閩粵等省內地民人一個適宜安居和落地生根的海外樂土。閩粵民人渡海來臺之初，大都採取祖籍居地的關係，同鄉的移民依附於來自相同祖籍同鄉所居住的地方，與同鄉移民共同組成地緣聚落。由於各聚落拓墾面積的擴大以及人口的與日俱增，逐漸形成了地域社區。粵籍客民在臺灣的拓墾活動，雖然與閩籍漳、泉等府移民的拓墾活動，具有共同的現象，但是由於清朝政府領有臺灣後，將臺灣府隸於福建省，使粵籍流動人口渡海來臺以及他們在臺灣的活動，受到較大的限制，在臺灣的粵籍流動人口成了客籍人口或客民，益以廣東沿海的地理位置，與臺灣往來不及福建便利，使客籍聚落的戶數及丁口數，遠不及泉、漳、閩籍移民。相對閩籍移民而言，客籍流動人口因先來後到而成了弱勢族群，客民聚落多沿山區形成大分散小聚居的分佈特徵。

　　有清一代，臺灣客民的拓墾過程，曾經以各種不同的形式進行，因地而異，或與漳、泉移民爭墾荒埔，或越界侵墾番地，或與閩籍合資經營，併肩開墾，或承贌平埔族荒埔，於是形成各種不同的社區，有的地區是閩粵爭墾區，有的地區是漳、泉、粵各籍移民爭墾的過程。岸裡社接受招撫後，粵籍客民以割地換水方式向平埔族取得埔地所有權。中港溪流域內山的拓墾，包括三灣、南庄、大北埔等荒埔，原在土牛界外，先後成了番漢雜處的粵籍客民拓墾社區，其中通曉內山原住民語言，娶原住民少女散髮改裝的「番割」，扮演了重要的角色。淡水廳竹塹九芎林等地的金廣福是閩粵合股經營的墾號。在拓墾社區裡，由於戶口日增，其拓墾業務及社

區治安，日益繁重，於是有總理等員的設立，由墾戶或族長經地方人士推舉產生。竹北一保六張犁等庄屬於閩籍聚落，與粵籍聚落九芎林等庄毗連，為使閩粵移民和睦相處，閩籍保正劉清雲等人推舉九芎林庄總理劉維蘭充當六張犁、九芎林等庄閩粵總理，有助於族群的融合。噶瑪蘭烏西港頭圍西勢、東勢、羅東等處屬於漳、泉、粵三籍合墾社區，不僅是閩粵雜居，而且也是番漢錯處拓墾地區。

　　在臺灣早期拓墾社區裡，由於地緣聚落彼此鄰近，或互相交錯，各墾戶因社會資源的爭奪，益以社區意識的強烈，以致分類械鬥案件，屢見不鮮，其中閩粵分類械鬥，造成嚴重的社會侵蝕作用。例如朱一貴起事期間，粵籍客民豎立「大清」旗號，以拒朱一貴，閩籍鄭章兄弟以眷屬遇害，於是聚眾復仇，終於釀成閩粵分類械鬥。《東征集》的作者藍鼎元對閩粵移民提出呼籲，他在〈諭閩粵民人〉一文中指出：

　　　　賴君奏等建立大清旗號，以拒朱一貴諸賊，乃朝廷義
　　　　民，非聚眾為盜者比，鄭章擅殺義民，律以國法，罪
　　　　在不赦，汝等漳、泉百姓，但知漳、泉是親；客庄居
　　　　民，又但知客民是親。自本鎮道府視之，則均是臺灣
　　　　百姓，均是治下子民，有善必賞，有惡必誅，未嘗有
　　　　輕重厚薄之異，即在汝等客民與漳、泉各處之人，同
　　　　自內地出來，同屬天涯海外，離鄉背井之客，為貧所
　　　　驅，彼此同痛，幸得同居一郡，正宜相愛相親，何苦
　　　　無故妄生嫌隙，以致相仇相怨，互相戕賊，本鎮每念
　　　　及此，輒為汝等寒心[55]。

55　藍鼎元著《東征集》，卷 5，頁 20。《欽定四庫全書》，第 369
　　冊，頁 637。

　　粵籍移民雖是客民，但與漳、泉移民都是為生計所迫，同自內地出來，都是離鄉背井同屬天涯海外的客民，幸得同居臺灣，都是臺灣人，何苦相仇相怨，藍鼎元的呼籲，有其正面的作用。

乾隆年間港東里位置示意圖

雍正年間岸裡等社示意圖

奏為恭報巡視臺郡南路各情形仰祈

聖鑒事竊查臺郡北路各情形業於上年十二

月十八日恭摺具

奏并聲明開印後即遵例前往南路巡察茲

於本年正月二十二日臣圖思義臣孟卯

輕裝減從由臺郡起程經由大湖等處至

鳳山縣城據該縣李桐呈送倉庫清冊經

臣等察盤存貯銀兩暨穀石數目均屬相

符查南路額設二營一駐鳳山縣城係泰

將圖兩郡所屬一駐鳳山之下淡水係部

司馬龍圖所屬臣等逐加考驗該二營官

兵年力壯健弓馬嫻熟施放鎗炮聯絡有

準一切軍裝器械俱極嚴整鮮明所過各

番社照例賞賚逐一宣布

皇仁番黎莫不樂業各勤耕作該處節氣微旱

禾苗亦皆秀簽至民間詞訟各有定限俱

飭令有司勒限完結惟查鳳屬之山豬毛

等處沿山居民約計二百餘庄俱與傀儡

山生番逼近從前設有隘寮六座派撥熟

番巡守但所蓋蓋屋無多所撥熟番亦少

於出沒不可不精為變通立法防範擬臺

則番跡罕到前此番跡罕到之區今則易

且今昔情形不同前此生番出沒之處今

灣府知府蔣元樞詳明總督鐘音會同鎮

道議于庄後山腳各生番出沒之所添建

隘寮并將舊有隘寮酌改移其圓墻或

用石砌或用木柵前後共建隘寮十六座

仍按地勢之陰夷酌派守番之多寡俱飭

令該丁掣眷同住并撥給就近無礙埔地

令守隘番丁墾種俾資衣食以堅防守之

心各庄民等均極同聲稱便臣等巡歷所

至查勘該處添設各隘寮房實為扼要

各庄內又有望樓營汛互相防守復經

臣董果不時派員稽查層層巡警邊境顏

稱寧謐惟是各該處從前原定界址以山

根及溪溝為限但查該處山形起伏地勢

綿長大小溪溝冲塞無定倘日久混清即

難保無民番侵越之患伏查臺屬北路番

界向俱勘築土牛挑挖深溝俾民番共知

遵守臣等愚心酌議即飭令地方官做照

北路一體築牛挑溝使界址犁然一望可

知庶民番各有界限兵役不難稽查仍飭

照例於每年農隙時派員核勘隨時修理

詳報務期永遠遵行以仰副我

皇上軫念番黎清釐界限之至意臣等於本月

二十九日回署所有巡視南路并查辦各

情形謹繕摺奏

聞再臣等於渡臺時取道澎湖候風十日察訪

該處情形四面環海額設一應一協實為

臺屬要區經臣等嚴飭文武員弁勤修職

守一切稽查各事件惟當實心辦理官兵

尤宜不時練習以資彈壓茲據澎湖通判

謝維祺會同署副將溫靖波申報該處軍

民相安地方寧輯官兵不時操演等因前

來理合循例附摺具

奏臣等拜摺後即便配船候風過洋仍由廈

門到省交印除照例另行繕本具

題回京復

命外為此恭摺具

奏伏祈

皇上睿鑒謹

奏

〈花押〉

《宮中檔》，乾隆四十三年二月初八日，覺羅圖思義等奏摺

乾隆四十三年二月初八日

奏為查看南路情形並抵郡城日期恭摺奏

臣福康安海蘭察鄂輝跪

聞仰祈

聖鑒事竊照鳳山縣兩屬地方為南路賊匪起事之

處莊大田居住小篤家庄首先在阿里港滋擾

嗣因賊勢蔓張鳳山失陷各處村庄多被搶奪

新圍金京潭下坪頭楠仔坑及打狗港竹仔港

皆係賊目佔據大兵南下痛加殲戮並分別嚴

飭各官兵在賊匪起事之處各實力搜捕現

已緝獲多犯仍需臣等親身周歷并將鳳山縣

城詳悉查勘又山猪毛一帶粵庄捐貲倡義實

為奮勇出力亦應前往撫慰宣諭

聖恩俾知感戴前自鳳港撤兵行至東港將應撤各

兵先令赴鹿耳門鹿仔港聽候配渡查東港地

方自去年九月官兵收復附近民人逃避該

處日聚日多鳳山縣知縣張升吉即駐該處彈

壓賑撫難民今地方平定恐民人等貪圖給賑

不即歸庄轉致荒廢田業商同徐嗣曾飭令暫

行停賑催令歸庄查明實在極貧丁口及廬舍

被焚者給予撫邱其府城避難民人亦飭行臺

灣縣一體辦理臣等於十三日自東港起程次

日至山猪毛粵庄庄係東港上游粵民一百

餘庄分為港東港西兩里因康熙年間平定朱

一貴之亂號為懷忠里於適中之地建蓋忠義

亭一兩前莆逆匪林奐文莊大田滋事不法經

永福楊廷理派傳滿教授羅前蔭赴粵庄招集

義民旋有賊匪涂達元張戴柏執旗到庄招誘

兩里民人誓不從賊將涂達元張戴柏即時擒

斬於十二月十九日齊集忠義亭供奉

萬歲牌同心堵禦挑選丁壯八千餘名分為中左右

前後及前敵六堆按照田畝公捐粮餉聚人曾

中立總理其事每堆每庄各設總理事副理事

分管義民勸殺賊匪攻破小篤家庄阿里港等

處賊營牽繳賊勢五十二年六月內挑派義民

副理事劉繩祖等帶領義民一千三百餘名由

羅漢內門山路赴援郡城即在郡城外割營槊

賊經常青奏明給予口粮九月內復派義民協
守東港該義民等一載以來打仗殺賊始終不
懈實屬義勇可嘉臣等親到該處義民總理事
副理事及各義民等紛紛迎接當即諭以爾等
急公慕義仰蒙

聖主俯鑒惻恤屢加獎因爾等隨征遠出惟恐賊
匪乘虛侵擾多方

體恤及閩粵庄守禦有方

聖心甚為嘉悅茲復

欽頒

御書褒忠匾額特加旌異亟示久遠

珠恩曠典實所罕覯今賊匪蕩平正值耕作之時又

蒙

蠲免兩年田賦即當各歸農業共樂

昇平亦不得以閩粵不和積習稍分氣類該義民

等踧踖聆諭歡呼感悅出於至誠查曾中立前

經奉

旨賞給同知職銜仍請

賞戴花翎以示優獎其教授羅前陰一員協同管理

義民頗著勞績請照曾中立之例

賞給同知職銜一併送部帶領引

見又義民副理事劉繩祖黃家塗趙秀周敦紀四名

最為出力隨同大兵在瑯嶠殺賊尤屬奮勉俱

請

賞戴藍翎以示鼓勵其餘義民首及義民等俱經分

別獎賞復親至莊大田所住之篤家庄查看莊

姓人等業經勦洗淨盡莊大田叔侄房屋亦已

焚燒隨將墻垣竹圍復飭鏈平焚燬村外有莊

大田屋基二塊蔗園一處荒田二處另行歸入

叛庄辦理十五日即由潮州庄新園渡下淡水

溪前赴鳳山查勘縣城南面在打狗山麓北門

即係龜山地勢低窪四面可以俯瞰城內從前

鳳山復陷時賊匪即由北門龜山撲進所有圍

城荊竹及衙署民居盡被焚燬一時不能整理

查有距城十五里之坪頭地方民居稠密為往

來要路已飭鳳山縣知縣即暫在該處租賃民

房辦事並酌派兵丁前往駐劄將來鳳山縣城

或即移於坪頭地方仍用荊竹圍插或因舊時

基址在附近山頂設立磚石卡座以資控制之

處容臣歸入善後章程內一併妥議具

奏臣沿途查閱南路一帶地方遠邇惟東港以南

禾苗暢茂粵庄亦皆栽插其餘因賊匪滋擾日

久農民失業田畝多已荒蕪臣於經過各庄逐

加曉諭民人逃避者俱已綏輯寧居廬舍被焚

者暫搭草蓋居住現在分委各員查明撫恤貧

民等仰戴

皇恩均可藉資接濟且臺灣地土膏腴一年兩熟現

在雨暘時若可冀豐收一俟刈穫登場間閭元

氣可復臣於十七日至臺灣府城閱城紳士庶

民人等扶老攜幼夾道歡迎城內市廛如舊景

象安恬民情甚為悅豫堪以仰慰

聖懷再軍務業經告蕆海蘭察應即馳京現在東風

甚大鹿仔港洋面較為平穩海蘭察於二十日

起程前赴鹿仔港登舟徑渡赴江所有回京巴

圖魯侍衛章京等亦應分起行走除普爾普已

帶十員赴京外茲海蘭察帶同伍森保帶領四

十員分為兩起春家帶領十員為一起烏什哈

達帶領十員為一起其餘暫留差遣俟臣回京

時一同起程所有查看南路一切情形理合恭

摺奏

聞伏乞

皇上睿鑒謹

奏

乾隆五十三年二月十九日

《宮中檔》，乾隆五十三年二月十九日，福康安等奏摺

勒方錡片

再同治十三年春末日本人藉營於近台灣之瑯嶠地方以二十四日撤去計七閱月其兵士死亡枕籍不止十數人鋒弩未交精銳先盡如再相持數月役當自走萬不能留於潮軍亦損耗三十有餘扶病者不可勝數夫以中國之□□藥相維饋餉易通摘此何況勞師遠襲隔海運糧者乎當時未知實曲應遺□意頗顧俟商輕率自發常欲就款彼已非常說津自應遺□病□□彼□□不支來□□就款彼已非台灣及高麗兩處高麗戍備當亦難圖俟從前受厄於台南若論以逸待勞即台灣亦可□□當國所慮者民番錯處須防其句誘內訌閩彼駐琅嶠時散旗於後山番社其附從者已三十餘處故遠欲接駐卑南當經撤委補同知各保知府之衰閩杯馳赴卑南等處招撫諸社生番遂將日本所誘各番均招歸乃令義閩杯就其地分屯綏靖一軍是日本懍有事於台灣終是其故智欲使番社之不為□用美如合民番而安設圍防蓋雖土民亦未必不動於利也查台地人民約分五類西面頻海者閩漳泉人為多興化

聖鑒訓示謹

奏

次之福州較少近山者則粵東惠潮嘉名處之人號為客民其一則為熟番又其一則新撫之番名之曰化番即後山各社稍近平坦處也至於前山後山之中眷淤林遠谷哨辟重□□□聚而歟處者為生番此五類之人保生番外其四類多隨西教者異時為惠不可殫言而就目前論之惟生番未馴教化其意雖漸久尚能就我範圍誠使撫取有方大可助俊山防枝雖不能從軍遠赴要不至為敵所資所謂曲實從新絢屬無形之蓋且番人補儆即時謂之出隊口粮亦正無多手時酌山防頭人善為撫縱但使閒思不溢自無難繼之虞前山兵力當單凡事安時當可勝拔歲山防勇刀一營以補前山虖儆似為兩得也是否有當謹附片密陳伏乞

旨新奏係為豫防勾結內訌起見□□□撫當與何璟會商淡安員相機撫馭以期消患未萌欽此

光緒七年二月初三日軍機大臣奉

《月摺檔》，光緒七年二月初三日，勒方錡奏片

好山好水
——閩浙總督劉韻珂遊臺灣

　　臺灣與閩粵內地，一衣帶水，閩粵先民絡繹渡臺，篳路藍縷，墾殖荒陬，經過閩粵先民的慘澹經營，臺灣遂成為一個適宜安居和落地生根的樂土。清聖祖康熙二十三年（1684），清朝將臺灣納入版圖後，設立臺灣府，隸屬於福建省，劃歸廈門為一區，實施和福建內地一致的行政制度，清朝政府的治臺政策確實有其積極性。

　　臺灣為海疆重地，康熙六十年（1721），朱一貴事件後，清朝中央政府認為有必要每年從京城派出御史前往臺灣巡查，將所見所聞據實具奏。康熙六十一年（1722），正式派出巡臺御史，滿、漢各一員。其職掌除了奏報臺灣雨水、收成、米價外，還要就地考察，簡閱營伍，兼理學政，匡正時弊。但因巡臺御史職分較小，不能備悉地方情形，有名無實。林爽文之役以後，自乾隆五十三年（1788）二月起正式將巡臺御史之例停止，改由閩浙總督、福建巡撫、福州將軍、福建水陸兩提督每年輪派一人前往稽查。所稽察的事務，包含吏治、軍事、經濟、社會各方面，包含原住民的生活習俗等問題。道光二十七年（1847），閩浙總督劉韻珂奉命前往臺灣考察水沙連原住民六社的經過，奏報詳盡，對研究清代臺灣史，提供了十分珍貴的第一手史料。

　　劉韻珂，字玉坡，山東汶上人。由拔貢授刑部七品小京

官。道光八年（1828），遷刑部郎中。旋出為安徽徽州知府。歷雲南鹽法道，浙江、廣西按察使，四川布政使。道光二十年（1840），擢浙江巡撫。道光二十三年（1843），擢閩浙總督。

　　臺灣水沙連六社，包括田頭、水裏、貓蘭、審鹿、埔裏、眉裏等社，地土沃饒，生界原住民，因不諳耕種，謀食維艱，而輸誠獻地，欲求內附。地方官多主張及時開墾，即可多產食米，亦可安插游民。道光四年（1824）、道光二十一年（1841），兩次議開，但因與原住民爭利，恐後患難防，而奏請封禁。道光二十六年（1846）十一月二十六日，軍機大臣奉上諭：

> 前據劉韻珂等奏，臺灣生番獻地輸誠，請歸官開墾一摺，當交大學士、軍機大臣會同該部議奏。茲據會議具奏，該番性類犬羊，羸居崖谷，忽因衰弱窮困，獻地投誠，懇請官為經理，恐有漢奸懷詐挾私，潛為勾引，一經收納，利之所在，百弊叢生，有非豫料所能及者。此事大有關係，著該督於明年二、三月渡臺後，將該處一切情形，親加履勘，悉心體察，籌及久遠，據實奏明，未奉諭旨之先，不准措辦，斷不可輕聽屬員慫恿，以為邀功討好，受其曚蔽，率行議准，致貽種種後患，凜之，慎之。原摺鈔給閱看，將此諭令知之。

軍機大臣遵旨寄信閩浙總督劉韻珂。同年十二月十五日，劉韻珂奉到寄信上諭。

　　道光二十七年（1847）三月二十四日，劉韻珂由福州啟程，逕至蚶江登舟候風，四月十四日放洋，次日，收鹿仔港

口，即由陸路按站前進。他辦竣應理公事後，即督同署鹿港
同知史密，署淡水同知曹士桂、北路協副將葉長春、嘉義營
參將呂大陞及隨帶文武官弁，輕騎減從，酌帶兵勇，於五月
十三日在彰化縣屬南投換作竹輿，由集集鋪入山，親自履勘
水沙連內山田頭、水裏、貓蘭、審鹿、埔裏、眉裏六社。

　　劉韻珂指出，水沙連是總名，在彰化東南隅，南以集集
鋪為入山之始，南投為其門欄。北以內木柵為番界之終，北
投為其鎖鑰。從集集鋪東行十里是風谾口。從風谾口前行五
里是水裏坑。從水裏坑南行三里折西登上鷄胸嶺，過嶺五里
是竿蓁林。又行五里是竹林子，從竹林子又行五里是田頭社。
越過田頭社南邊的蠻丹嶺東行五里為水裏社。從水裏社東北
行五里是貓蘭社，又行五里是審鹿社。又行二十里是埔裏社，
社名茄冬里，里北十餘里是眉裏社。從埔裏社西行十里是鐵
砧山，山南有溪水一道。過溪後西行二十里是松柏崙，又行
十五里是內國姓，又行五里是龜紫頭，又行十里是外國姓，
又行五里是太平林，又行五里是暸屯園。從暸屯園南行五里
是內木柵，又行二里是北投。從集集鋪起至內木柵止，計程
約一百五十五里。劉韻珂於五月十三日，在彰化南投換作竹
輿，由集集鋪入山，於五月二十日至內木柵出山，由北投一
帶回抵彰化縣城，計八日之間，履勘了水沙連六社。

　　劉韻珂將親加履勘田頭等六社，悉心體察的情形，於道
光二十七年（1847）八月十六日繕摺據實覆奏。原摺指出，
田頭社的可墾地約有七、八百甲，生番大小男婦二百八十八
丁口，番藔八、九十間。水裏社的可墾地約有三、四百甲，
生番大小男婦四百三十四丁口，番藔八、九十間。貓蘭社的
可墾地約有七、八百甲，生番大小男婦九十五丁口，番藔三

十餘間。審鹿社的可墾地約有四千餘甲，生番大小男婦五十二丁口，均已遷附水裏社居住。埔裏社的可墾地約有四千餘甲。在埔裏社南方一千餘甲，先經熟番私墾。其中也有部分生番自墾小塊片段，將稻穀撒在地內，聽其自然生長，並非插種法，以致秧苗稀散細弱。在埔裏社居住的生番大小男婦二十七丁口，熟番約共二千人。眉裏社的可墾地約有二千餘甲，生番大小男婦一百二十四丁口。統計六社的可墾地，共一萬二、三千甲。各社土地，都有溪流可資灌溉，而且日晡露水頗重，近山之地，無虞乾旱。

埔裏、眉裏二社，平原曠野，一望無盡，可墾地較廣，為各社之冠。劉韻珂躬親前往閱歷。埔裏、眉裏二社南有八仙嶺一路可以開闢，北有溪水一道可以疏通。東有觀音山一座，列岫拱環，山下悉數曠土，與社西鐵砧山遙相映對，萬霧溪繞其北，史老溪圍其南。西來諸水均注入史老溪，直達鐵砧山下，與萬霧溪合流，然後向西流，至彰化注入大肚溪入海。其合流處所，水勢較淺，加以潴鑿，舟楫即可通行。

水沙連六社的民情風俗，也受到劉韻珂的重視。劉韻珂甫至南投，即有田頭社生界原住民三、四十人匍匐出迎。他入山以後，水裏、貓蘭、審鹿、埔裏、眉裏等各社生界原住民或十數人，或數十人間段跪接，一見劉韻珂乘坐的竹輿。都爭相用手挽扶。劉韻珂每至一社履勘時，各社族眾，都俯伏道旁。其中薙髮、穿著衣履者十之七、八，其餘尚披髮跣足。男子以番布或鹿皮二塊護其下體前後，婦女以番布數幅裹其下體，上身亦穿番布，粗具襟袖。此外也有布質襤褸不能蔽體者。其乳哺嬰兒，多用布條縛繫於胸背間，身無寸縷，形似贏蟲。

　　臺灣生界原住民的習俗，與海南島黎族頗相近似。俗呼山嶺為黎，人居其間，稱為生黎。《職貢圖》記載，「男椎髻在前，首纏紅布，耳垂銅環，短衣至膝，下體則以布兩幅掩其前後而已，射獵耕樵為生。黎婦椎髻在後，首蒙青帕。嫁時以針刺面為蟲蛾花卉狀。」水沙連各社男子眉心間有刺一王字者，體畫較粗。女子眉心頜頰多各刺一小王字，且從口旁刺入兩脥至耳垂，有灣環刺下如蝶翅狀。所刺行數疏密不一，所塗顏色，黃白亦不同。女子許字後始刺兩脥。

　　日月潭位於水裏社，原名水沙連大湖，群山環抱，好山好水。劉韻珂所見日月潭南北縱八、九里，橫四、五里。水色紅綠平分，四圍層巒疊翠。潭心孤峙一峯，稱為「珠子山」，高一里許，頂平如砥，可容屋十數椽，倉庫數十間，依山繞架。潭東溪源，四時不竭，水邊漁箴，零星隱約於竹樹間，山水清奇，確實是水沙連各社的名勝。劉韻珂路過日月潭邊時，原住民爭相邀請乘船遊覽。遊潭的船隻，叫做蟒甲，以大木分為兩半，開刳其中，木質堅如鐵石，長者二丈，或丈餘，或八、九尺，闊三、四、五尺不等。劉韻珂見民情真摯，未便過拂，又欲遍勘全社形勢，隨即徒步登上蟒甲。原住民以七、八人盪槳行駛，到處涉歷，踴躍歡騰，督撫大員遊覽日月潭，劉韻珂是第一人。

　　一九八六年十月，新疆伊犁察布查爾錫伯自治縣六年制小學課本錫伯文第四冊，收錄「日月潭（ži yo tan juce）」一課，介紹臺灣日月潭的湖光山色，好山好水，課文生動流暢，圖文並茂。可將原書課文影印如後，並轉寫羅馬拼音，譯出漢文。

ži yo tan juce

ži yo tan juce oci musei gurun taiwan golo
i emu amba tenggin inu. ži yo tan juce i dolo
emu ajige tun bifi, juce be juwe obume
dendehebi, terei emu ergi aimaka muheliyen
šun i adali ofi, "ži tan juce" seme gebulehebi,
jai emu ergi aimaka gohonggo biya i adali ofi,
"yo tan juce" seme gebulehebi. juwe juce i
tenggin muke ishunde sirendufi, aimaka
niohon

日月潭

日月潭是我國臺灣省的一個大湖。日月潭裡面
有一個小島，把潭分為兩半，其中一邊因為好
像是圓日，所以叫做「日潭」，另一邊因為好
像是彎月，所以叫做「月潭」。兩潭湖水相連，

niowanggiyan amba gu i alikū ofi, ajige tun uthai gu alikū i dele bihe genggiyen tana i adali ilihabi. ži yo tan juce taijung hoton i hancireme bihe den alin de bifi, duin dere de gemu luku fisin bujan moo banjihabi. ži yo tan juce i muke jaci šumin. alin bujan juce i dolo fudasihūn fosobufi, tenggin i elden alin i boco mujakū giru saikan. bi giru saikan ži yo tan juce be hairambi. bi mafa gurun i taiwan tun be hairambi.

碧綠的大玉盤，因此小島就像是立在玉盤上的明珠。日月潭位於臺中市郊的高山上，四面都長滿了茂密的樹林。日月潭的水很深，山林倒映在潭裡，湖光山色非常美麗。我愛美麗的日月潭，我愛祖國的臺灣島。

　　劉韻珂詢問田頭社頭目擺典等情願獻地、薙髮易服的原因。各頭目以一手捫心，一手拍地，並以拍地之手作抄翻等手勢表達因不諳耕作，其獻地歸官，實係出自本願。劉韻珂回至埔裏社草藔行寓。各社頭目見行寓草藔卑隘，向劉韻珂表示下回再來時，願意起造高大房舍，以為駐宿之所。劉韻珂留住行寓草藔期間，各社原住民絡繹前來，有獻鹿筋數條者，有獻鹿角兩隻者，有獻鹿皮一張者，有獻鹿脯番餈二盤者。婦女則以番布一、二段，雛鷄一、二隻、鷄卵五、六枚呈獻。劉韻珂酌收些須，以示不疑，並賞給紅布、食鹽，以示體卹。

　　水沙連六社外，其內山南北綿亘，界分三港，南港番性柔馴，中港番族貧弱，北港生界原住民較為蕃庶。劉韻珂行至南投，有南港鸞社、毛註仔社、山頂社、巴轆頭社及中港社仔社、剝骨社、适社、木噶蘭社、扣社、干打萬社生界原住民男婦二百一十二人出迎。進入內山時，沿途一帶又有中港阿里鮮社、架霧社、包倒訓社、溪底社及北港致霧社、眉藐呐社、眉貓蠟社、嗎伊郎社等各社生界原住民，或數十人，或百餘人出迎，間有以番布、鹿皮跪獻者。劉韻珂諭通事當面獎諭各社男婦，令其回社後，抽藤弔鹿，勤謀生業，切勿作惡犯法。

　　劉韻珂訪知各社生界原住民所用器械祇有鐵矛、鳥槍、弓矢三項，鐵矛以竹木為柄，長僅四、五尺。操作的方法，祇知兩手握柄直向前戳，並不諳縱橫撥刺之法。施放鳥槍，必須用架，且一出之後，若再裝藥下子燃火勾機，必遲至半刻之久，方能完竣。弓矢則以竹為之，弦用苧繩，發矢不能及遠著物，亦不能深入。內山並無虎狼，打牲全恃猛犬，若

憑技藝，十不獲一。據臺灣官役稟稱，向來生界原住民殺人，每年多至一百餘人，近一、二年中殺人甚屬寥寥。劉韻珂亦指出，生界原住民逞兇殺人，亦祇伺單身入山樵採者而暗傷人，並不敢出山肆虐。

劉韻珂訪查內山生界私墾情形極其嚴重。查出埔裏社有私墾地一千餘甲，貓蘭社有私墾地五、六甲，眉裏社有私墾地二、三百甲。據埔裏社頭目督律供稱，其祖父在日，因不解耕種，曾招熟番佃墾社地，歲收租穀，足敷養贍。近年以來，熟番增多，每年給租有限，難資餬口。據通事稟稱，貓蘭社內私墾者，祇有二十餘人，俱係漢民。眉裏社內私墾者，男婦大小約共四、五百人，俱係外來熟番。漢民、熟番都是近年先後入社搭寮墾種，並未議租。

劉韻珂具摺指出，「番地膏腴，實為僅見。六社可墾之地雖多至一萬二、三千甲，而平坦者，十居八、九，絕少石磧沙壓之處，翻犁即成沃壤，開墾匪難，科丈亦易，即創建工程，材木固取之不盡，灰石亦用之不竭，經費充盈，興修自可迅速。」署鹿港同知史密之首先深入，創議開墾，確實是防微杜漸的措施。嘉義、彰化兩縣紳富，亦無不樂從。劉韻珂指出，「六社番地開之則易於成功，禁之竟難於弭患。」因此，劉韻珂具摺奏請「援淡水噶瑪蘭改土為流之例，一體開墾，設官撫治。」劉韻珂還將六社地輿繪具圖說進呈御覽。臺北國立故宮博物院典藏《職貢圖畫卷》含有彰化縣水沙連等社原住民圖像，並附滿漢文圖說，可將原圖影印如後，並將滿文轉寫羅馬拼音，照錄漢文。

jang hūwa hiyan i šui ša liyan i jergi falgai wen de dahaha eshun fandz, šui šan ① liyan, jai ba lao yuwan, ša lii hing ni jergi gūsin ninggun falgai fandz se, gemu elhe taifin hūwaliyasun tob i forgon de, neneme amala wen de dahaha, tubade amba tenggin bi, tenggin i dorgi emu alin umesi den cokcihiyan, fandz se terei ninggude tehengge wehei boo sirandume adahabi, ese tarire yangsara de kicembi, maise turi tarihangge labdu, iktambume asarahangge elgiyen tumin, beyede buhū i sukū nereme mooi uriha be gaifi adame ufifi etumbi, talude boso gahari eturengge inu bi, fandz hehesi monggon de wehei muheliyen monggolimbi, beye boso jodofi etuku arambi, keibisu jodoro mangga, indahūn funiyehe be sunja hacin i bocoi icefi moo i uriha be suwaliyaganjame jodohongge alha bulha junggin i adali. jui bure urun gaijara de loho suhe mucen hacuhan be hejere jaka obumbi, jahūdai udu hafume yabuci ocibe hoton i hūdai bade jiderakū, ememungge ju giyo liyo falga de genefi hūdašambi, aniyadari tofohon hule ilan hiyase jeku duin yan jiha i sukū i cifun i afabumbi.

彰化縣水沙連等社歸化生番，水沙連及巴老遠、沙里興等三十六社，俱於康熙、雍正年間先後歸化，其地有大湖，湖中一山簪峙，番人居其上，石屋相連，能勤稼穡，間有種多麥豆，蓋藏饒裕，身披鹿皮，鑽樹皮橫聯之，間有著布衫裙者，番婦挂圓石珠于項，自鐵布為衣，善織顧，染五色狗毛雜樹皮陸離如錦。婚娶以刀斧釜甑之屬為聘，雖通舟楫，不至城市，或赴竹腳寮社貿易，歲輸十五石三斗，皮稅四兩三錢。

① ša，按漢字「水沙連」之「沙」，當譯作"ša"。

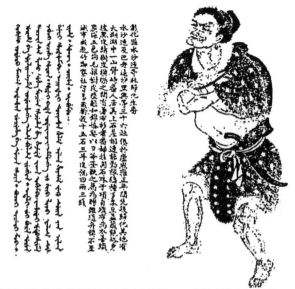

彰化縣水沙連等社原住民圖像，《職貢圖畫卷》

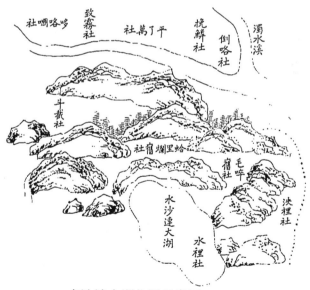

水沙連大湖位置示意圖

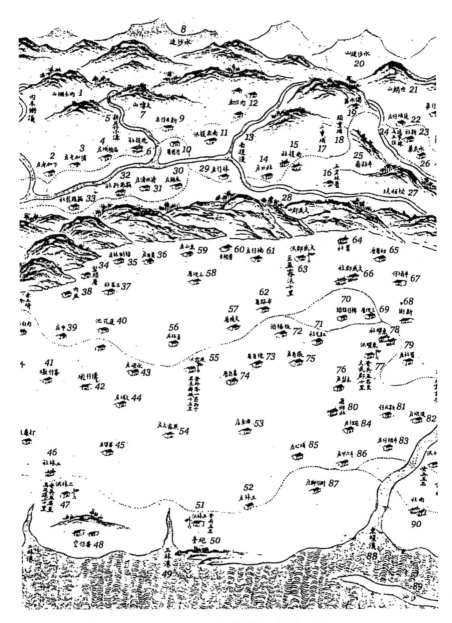

水沙連位置示意圖(局部)